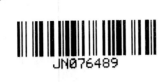

河童自伝

細川嘉六
生いたちの記・「放談」・獄中書簡

◉編・解説＝荻野富士夫・西村　央
◉協力＝細川嘉六ふるさと研究会

六花出版

目次

序　西村　央 …… v

第一部　自伝 …… 1

第一章　生いたちの記 …… 3

私の生いたち　4
小学校のころ　10
父と母から承けたもの　13
東京へ　20
小野塚喜平次先生　26
一高時代　32

第二章　青春の記 …… 39

読書と人生　40
ふるさとの人びと　48
高等学校時代　50
淡雪の恋　50／大逆事件への反応　52
大学時代　56
政治学史を学ぶ　56／ゼミ生・友人　58／母と弟たち　62

第三章　住友・読売から東大経済学部・大原社会問題研究所へ……71

住友時代　72

入社事情　72／夜の修行　74／住友辞職のてんまつ　77／二人の女性を助ける　78／米騒動の体験　84

読売時代　86

読売新聞入社の経緯　86／外交部記者　88／読売騒動で辞める　92／市川正一のこと　94

東大経済学部時代　96

クロポトキン事件　96／いかにしてマルキストになったか　99

大原社会問題研究所時代　101

大原社会問題研究所に入る　101／アナ・ボル論争を見る　104／河上肇先生　107／『大原社会問題研究所雑誌』への執筆　109／所内で煙たがられる　114／結婚　116／長谷川如是閑評　121／叩き潰せないもの　124

第四章　外遊……127

ベルリンからパリ、ロンドン、モスクワへ　128

途上の見聞　128／社会民主党・共産党の演説会　130／パリを歩く　132／ロンドンを歩く　137／ベルリンに戻る　140

片山潜の思い出　142

モスクワに着く　142／片山潜との出会い　144／モスクワでの見聞　148／スターリンについて　150／西尾末広のこと　151／片山潜との別れ　152／コミュニストとして　154

第五章　時代と社会に抗して……159

社会運動の激流のなかへ　160

大原社研での研究――中国革命・米騒動　160／共産党シンパ事件で検挙される　162／労農党解散後の新党をめぐる河上肇と櫛田民蔵　166

帝国主義・民族問題を論じるなかで　170

大原社研を去る　170／妻への感謝　171／倒れた友人、去っていった友人　175／満鉄嘱託として　177／近衛文麿へ進言　180／尾崎秀実のこと　184

横浜事件の虚構と戦う　185

「世界史の動向と日本」論文を書く　185／横浜事件の背後にあるもの　188／事件の予感　194／事件の深刻さ　195／獄中でふざける　198／出獄まで　200／共産党入党　204

第二部　「妻への便り」細川嘉六書簡……209

第一章　結婚まで……211

第二章　中国から……235

第三章　獄中から……243

東京拘置所から　244

横浜刑務所から　265

第四章　北京・平壌から……285

解説　荻野富士夫……288

年譜・著作翻訳一覧　318

◉凡例

一、本書第一部自伝は一九五三年に行われた聞き取りを元としており、第二部書簡は結婚前の一九一九年から一九五七年までのものを収録した。
二、原則として常用漢字を用いた。
三、仮名遣い・送り仮名は、原文のままとした。
四、難読の語・人名にはひらがなのルビ（ふりがな）を付した。カタカナのルビは原文による。
五、本文（自伝・放談・書簡）内の引用文、書名、人名などは明らかな誤記以外は原文のままとした。
六、本文中には差別的な表現が散見されるが、著作者がすべて故人であることから、表記と内容の修正はせず、そのままとした。
七、編集部の補記は〔　〕で記した。
八、画像資料は、ジャパン・プレス・サービス／細川嘉六ふるさと研究会／小宮山量平の編集室の提供による。

序

西村 央

第二次大戦さなかの一九四二年（昭和一七年）九月一四日、政治学者の細川嘉六は、当時の総合月刊誌『改造』（一九四二年八、九月号）に発表した論文「世界史の動向と日本」が治安維持法違反であるとされ、警視庁に検挙された。

これに先立つ同年七月五、六日、細川は出身地である富山県下新川郡泊町（現在の朝日町）に、日頃から親しくしていた研究者や編集者を招いて懇親の機会を持った。この懇親会が後に、共産党再建の謀議であったとされ、編集者らが次々と検挙された。細川は首謀者とされた。事件をでっち上げたのは神奈川県特高警察。「横浜事件」（泊・横浜事件）と呼ばれた。細川は、この言論弾圧事件により、三年間、世田谷警察署、東京拘置所及び横浜刑務所で過ごすことになる。

本書に収録したのは、この細川の人生を語る長文インタビュー、及び妻みね子にあてた書簡である。書簡には制約の多い獄中からのものが多く含まれ、当時の細川の心境や社会状況を知ることができる。

長文インタビューは東京の出版社「理論社」社長小宮山量平が企画し、一九五三年八月から一一月にかけて四回実施された。聞き手は、主に歴史家服部之総《しそう》が担当した。

この二つの資料は、一九七〇年代に理論社が『細川嘉六著作集』全三巻を刊行した際に、『補巻　河童自伝』として出版が計画された。当時作成された出版案内のリーフレットには、「著者の人間形成の歩みをたずね」た、と記されている。旧泊町での生いたち、生涯、師と仰いだ人物との出会い、東京での学生時代に帰郷した

小宮山量平　神田神保町にて

際に「米騒動」に参加したこと、読売新聞記者時代に後に治安維持法違反で逮捕され獄死した市川正一と同僚であったこともその印象を含めて語られている。

しかし、この補巻は小宮山量平の死去等の事情によってはたされず、原稿は一時行方不明になっていたが、小宮山の故郷である長野県上田市に作られた「小宮山量平の編集室」の倉庫で発見された。発見者は「資料室」を管理している小宮山氏の長女荒井きぬ枝さん。

二〇一九年に「細川嘉六ふるさと研究会」と「ジャパン・プレス・サービス」のメンバーによって発刊された『スモモの花　咲くころに　評伝　細川嘉六』（能登印刷出版部）では、その第一章「わが故郷」で、インタビューの最初の部分や「書簡」の一部を紹介している。

先行した努力を行った長野県上田市の「小宮山量平の編集室」の荒井きぬ枝さん、「細川嘉六ふるさと研究会」の金澤敏子さんからは、今回、資料の全体とそれに人物や歴史的事象へ可能な限りの脚注を付け、背景事情の「解説」を加えて出版することへのご理解をいただき、資料や写真の提供などで全面的なご支援をいただいた。今回の出版は小宮山氏の遺志の実現であり、『スモモの花　咲くころに　評伝　細川嘉六』の姉妹版の発刊でもある。

細川は戦前、治安維持法のもとでの野蛮な弾圧をうけながら、これに屈しない理論と強い精神力を持ち、家族、親族などへの限りない優しさと思いやりを示していた。暗い時代の先にあるものを見通すため、獄中でも旺盛な読書を続けていた。現在、「新しい戦前」という言葉が使われるほど時代の逆流が懸念され、人権や自由が軽んじられている。こうした時代にあって、「貴重な記録を世に出す」との小宮山の決意は年月を超えて今に響く。

なお、本書の表題に河童という名がついているのは、細川がその絵を好んで描き、河童老人と言われていたことに由来している。

さて、本書に収録したインタビューと獄中書簡では、それぞれが特徴を持つと同時に、第二次人戦末期に治安維持法違反として収監されていた「思想犯」が置かれていた状況について、当局側の苛烈な取り調べと家族との心温まる交流の両面から知ることができる。

細川はインタビューのなかで、横浜事件関係者への拷問が苛烈をきわめたことにふれつつ、自らに加えられた拷問について「私にも虐待を加えたよ。靴でこっちからこう打つんだ。椅子の上から滑り落ちたところをまた靴の踵で、野郎といって脅かすわけだ」と、その一端を述べている。予審訊問調書では「（特高警察の）二人が猛然として私に暴行を加えたので、私はそれがため健康を維持しがたく、生命を落とす危険に陥ると思い」と野蛮な拷問にふれている。

一方で、獄中からの書簡は思いやりあふれたものになっている。

収録した獄中書簡のなかでもっとも古い一九四三年七月五日付では、「私の修錬を喜び、更に私の将来を教導される親身の人の無事健在を祈念せずには居られません。長い間私のことで皆さんに御心配をかけ、甚だ申訳御座いません。しかし、いづれその内、片付くこと間違いなきこと、今一息きの辛棒と存じます」と、気遣いとともに未来も語っている。

終戦の年、一九四五年三月六日付書簡では、週刊の国策グラフ雑誌を差し入れた妻みね子に謝意を示しながら、「世の中のこと、国内の出来事、皆自分の掌の中に見るようです。従来私が深く考え発表してきた通りに続々発現し来り、誠に学問の偉力をしみじみ感じます」と自らの理論を検証しつつ、暗い時代の終焉が遠くないことを暗示している。こうした時代の見通しは、終戦直前の七月二日付でも細川の諸論文について「ここ幾年に亘《わた》る日本内外の重大な事態の推移変化によって、所論の正邪当否がこの幾千幾万人の前に証明されている」という表現で述べられ、意気軒高なところを示している。

泊・横浜事件の「現場」とされた朝日町の料理旅館「紋左」別館には、今も細川の筆による掛け軸等が残されている。その一つには「雪解けて村いっぱいの子どもかな」という句とともに河童の絵が描かれている。嘉六の思いがにじむ作品だ。細川が招いた一行が宴会を開いた料亭「三笑桜」は今は取り壊されてその姿はない。

日本海に面した朝日町の街並みも大きく変わった。しかし、細川の著作などは長く記憶されるよう町立図書館に保管されている。

細川嘉六の「肉声」とも言うべき、インタビューでの「放談」と獄中からのものを含む妻への書簡をまとめての刊行は、関係者のご理解、ご協力によって実現できた。とりわけ、長野県上田市にある「小宮山量平の編集室」で資料の保管・管理にあたっていた、故小宮山量平氏のご遺族、荒井きぬ枝さんは今回の刊行に深い理解を示され、「編集室」をご案内いただき、多くの資料提供をしてくださった。富山県の「細川嘉六ふるさと研究会」の金澤敏子さん、向井嘉之さんからは『河童自伝』を、二〇一九年に刊行した『スモモの花咲くころに　評伝　細川嘉六』の姉妹版としてとらえ、編集全体に惜しみない協力をいただいた。さらに六花出版の山本有紀乃さん、黒板博子さん、岩崎眞美子さんには、刊行にあたっての多大なるご尽力をいただいた。

関係者皆様に感謝を申し上げたい。

第一部　自伝

泊・横浜事件の証拠写真とされた「紋左」中庭での記念写真
後列左より小野康人、細川嘉六、西沢富夫、前列左より平館利雄、木村亨、加藤政治、相川博（1942 年 7 月 6 日）

第一章　生いたちの記

泊尋常高等小学校 1902（明治 35）年度（高等部）卒業写真
細川嘉六は前列向かって左から 6 番目と思われる

私の生いたち

私の生まれは、富山県の泊《とまり》という、日本海に面した漁港です。そこは越後の「親知らず子知らず」という難所からわずか三里ほどのところですから、越後と越中の国境《くにざかい》に近いわけです。

ひとつ家に　遊女も寝たり　萩と月

芭蕉が『奥の細道』の中でこんな粋な句を残したのも、このあたりのことだということです。

この泊という町はその一部が漁港ですが、周辺の農村の中心にもあたりますから、多少は商売もやれるといったところです。そして、いわゆる町方には地主上がりの財産家がおって、そこにはいろいろの旧《ふる》い生活のしきたりがそっくりそのまま残っているのでした。

子どものときに見て驚いた記憶が、今でも残っています。小学校の友だちにある財産家の子がおって、私もたまには遊びに行った。薬種屋などもやっておって、なかなか人の出入りも活発でしたが、その家の主人の前に出る人の中には土下座に近い格好ではいつくばり、そのまま頭もあげないで何かしゃべっている者もおった。そういう姿が、子ども心にも鮮やかに刻まれたものでした。

こういう小さな町で私の家は、当時の言葉でいう「稼ぎ人」の仲間でした。こんにちのいわゆる労働者にはまだならない。「稼ぎ人」というのは季節や暮らしむきの移り変りに応じて、実にいろいろのことをやっていました。また、男も女も一家がそろって働くのです。

母親はこの泊の漁村の方の出ですが、実家は半農半漁で、子どもの頃から働かねばならなかったようです。

父親は町方の者でした。私にはうろおぼえの記憶ですが、父の親の代には晒《さらし》問屋だったようです。ちょうどあのころは紡績が勃興していたころですが、その紡績の勃興よりも前からの晒屋です。つまり手織の晒です。だから紡績の勃興によって、晒の仕事というものはむしろ苦しくなってきたのでしょう。

　私の生まれは一八八八（明治二一）年ですが、その私が物心ついた時分《じぶん》には、この晒という仕事というものはほとんど終わりに近づいておったのです。紡績が日本でもおこなわれるようになって、晒工程がなくなってゆくという時代がすでに始まっていたわけです。つまり、近代産業としての紡績は私の生まれた頃から確立され、一八九〇（明治二三）年にはもう最初の操短をやるところまで行ったのですが、それ以前にも、たとえば河内《かわち》木綿《もめん》などのように手織の反物《たんもの》を問屋制であつめるという形の、いわゆる日本型のマニュファクチュア時代が続いたのでしょう。

　こういう時勢の中で、私の父の親たちはほんの数人の雇人と家内労働とで晒屋をやっていたのですから、その家の次男坊にあたる私の父なども、当然初めはそこで一生懸命働いていたわけです。この父が次男坊として別居したころは綿打ちをとんとんやる、あれが盛んであったようです。だが、それも私の物心つく時分にはもうよほど下火《したび》になっていたんでしょう。日本全体の趨《すう》勢としては、明治の一〇年代にはこの綿打ちが一掃されていたようですが、そういう遅れた技術がこの辺鄙《へんぴ》な地方にはまだ残っていたのでしょう。

　こういう遅れた地方にも、紡績業の勃興に伴う日本の第一次産業革命とでもいうべき時勢の波が容赦なく押し寄せてきて、地方産業がだんだんと倒れてゆく。私の地方でも、倒れるものが沢山出《で》ました。こういう波を受けながら、しかも時代遅れの産業にしがみついて生きてゆくものが、田舎ではわずかに残っていたわけで、私の父方の家もそういう歩みを辿っていたもののようです。

　当時、漁村や町方の女たちは自分たちでヨリ糸を紡ぐことを手仕事にしていたようです。私の幼い日の記憶の中には、なんとなくそういう女たちの姿が刻まれています。女たちは荒《あら》糸の木綿を作ったのです。私の母なども、こうして自家用のものを織っていたことを覚えています。たぶん高機《たかはた》というのでしょうが、それで母が機《はた》を織っていた姿は今でも眼に浮かぶのです。

　こんなわけで、父と母がいっしょになったころは経済的にも楽ではなかったらしく、祖父の家も没落していたわけです。私の伯父にあたる父の兄も当時のそういう若い者なみに、バクチを打ったりしてふらふらするようになっていた。私の両親もはじめはその兄の家に同居していたのですが、それがあまりうまく行かないし、またうまく行くわけもなかったのです。そこで無けなしの金をはたいたか、あるいはその兄に金を出してもらったか、借りたか、とにかく、その辺りに世間並みの家を建てました。むろん裏町ですし、貧乏人町で、稼ぎ人たちの集まっている地域でした。

　これらの稼ぎ人たちは決して「よそ者」ではなく、みんな土地の者でした。大体、富山県というのはひどく貧しい土地柄で、多くの人が稼ぎ人となり、これらの人々はある時季にはそろって出稼ぎにゆくのです。とくに、船に乗って鰊《にしん》獲りに行くのが多かったのでしょう。毎年契約しては親方がそういう者を引きつれ、北海道や樺太までも行くのです。私の父がそこまで行ったかどうかは知りませんが、東北の宮古などへは行きました。父が汽船に乗って出てゆき、かなり長い期間働いて秋になると帰ってきたことを、かすかに覚えています。

　稼ぎ人たちはそれぞれ親方や、あるいはその親方の下にいる者とちょっとしたつながりをもっており、毎年出かけてゆくようになっていました。捕鯨の組もあれば、鰊獲りの組もあって、いわば海の季節労働者であったわけです。私は祖父も祖母も知らない。父の兄はずっと存命していたので覚えていますが、むしろ幼い日の父と母をめぐる人間関係としては、こういう稼ぎ人の世界の結びつきが記憶に残っているのです。

　季節がくると、親子別れだ。そのたびに子ども心にも寂しかった思いがありました。だが、やがて皆が帰ってくるときのうれしさ。帰ってくるときには必ずみやげがありました。シャッポかなんか買ってくる。シャッポといえば、あの時分には日清戦争のあとで、兵隊さんのかぶるような帽子がはやったようで、私の親父《おやじ》もそんなのを買ってきました。また、鯨のようなその船で獲ったものもみやげになる。何ともいえぬうれしいものでした。

　こういう時代にこういう家の長男として、私は生まれました。兄弟は二人、いずれも存命です。ほかに本当は私よりも先にハツという名の長女が生まれたのですが、子どものうちに死んだのです。子どもの記憶というのは妙なもので、私は当時五つかそこらだったと思うのですが、妙に鮮やかにその時のことをおぼえています。田舎のことですから、湯棺の中に入れ、湯浴《ゆあ》みさせる。それから頭を剃る。棺の底や脇に杉を入れる。そうして、その上に座らせ、蓋をするわけです。その杉が実にはっきり記憶に残っているのです。私の生まれた家の裏庭に杉の木があって、そう年とった杉ではないのですが、それと姉の死とが結びついているわけです。

　ところで妙なことに、親たちの籍がその兄たちのところから独立して出てきたのですが、これには長女の籍が入っていないのです。そういうことが普通だったのか、どうか。柳田国男さんの「聟《むこ》とり」という研究によれば、とりわけ富山あたりのああいう遅れた漁村などではその習慣があったらしい。つまり、初め男が女のところに通って、女は多勢通ってくる男たちの中から相手を選ぶ。選んだ上で、覆面していた相手の男の面《おもて》を見る、これが「聟とり」です。この聟とりのときには聟の家から酒肴をもってくることになっており、これが結納になる。それが済むと、娘の家にとって労働力が大切だから聟はそのまま娘の家にいたり、両方の親の公認のもとに男が通ったりします。普通、子どもができるまでは娘は聟の家には行かない。女の家で子どもが生まれてからはじめて、子どもをつれて男の家へ行く。これが「嫁入り」といわれる。このように聟とりと嫁入りとは、一貫してつながった過程だった、と柳田さんは説明しています。

　こういう習慣があったり、そういう名残りがあったとすれば、長女が生まれるまで母が里にいたり、あるいは夫婦すでにいっしょになっていても籍だけはそのままにしていたとも考えられるわけで、私の親たちが一軒持ってからはじめて籍が独立し、その時には姉の籍はもう入らなかったことにもなりましょう。

一般には確かにそういう風習があったのだ、と思います。というのは、「糸よみ」という家があって、そこは娘たちの集まりどころになっている。私の母は、泊町の字《あざ》東草野というところですが、そこにもこういう家があって、そこに娘たちは糸の手仕事をもって集まる。そこへ若い衆たちが、町の方からのぞきにやってくるのです。まるで犬が集まってくるようなもので、さかんにのぞきにくる。その上で相手をきめるわけですが、決めるについては仲間たちと相談しあわなくてはならない。私の母なんかもそうやって決まったのかも知れませんが、しかし最後の決定は「彼が彼女を決める」のではなく、「彼女が彼を決める」ことであったようです。

のちに、私の「泊事件」が起こったときに厄介になった「三笑《さんしょう》」という家があるんですが、そこのおやじは私の父の友人で八四歳で数年前に亡くなりましたが、それが父と仲間だった。つまり、夜這い仲間というわけです。そのおやじさんはうちの父よりもちょっと前に結婚しているが、それがやはり私の母と同じ村から来ている。それでも分かるように、同じ仲間は同じ村から嫁を迎えるようになるわけです。そうして、お互い仲間であった者は、その後も、何かにつけて互いに助けあっており、そういう助けあいが私にまで及んだわけです。実際、あの戦時下で私が「共産党員」と呼ばれ、「国賊」とののしられて引っ張られている時でもビクともせず助けてくれたものです。

それで私は終戦後釈放されてから、すぐに田舎に帰りました。何といっても田舎の皆さんに苦労をかけたものだから、まずそのお礼やら何やらで気持ちがいっぱいでした。帰ってみると、あの事件の舞台として紹介された写真の旅館もそのままで、皆も達者でした。その旅館の細君というのが私と同級生で、その上そこへ聟に入った夫君が私の二番目の弟と同級生で、その人たちにも大変厄介をかけましたので挨拶に行きました。それは終戦の秋の一〇月でした。

話が思わず横道にそれましたが、そもそも私が横浜に未決で収容されていた時のことです。あの事件の証拠品として、私の描いた河童の絵があるんです。これには弱った。つきつけられて見てみると、われながらどうもまずい。それがどういういきさつで、こともあろうに刑務所でめぐりあうことになったのか知らないが、まさに何かの折りに私が「三笑」のおじいさんに描いてやったものに違いない。私はそれを見せつけられて、まず考えた。もし幸いにして生きながらえたなら、何としてもこいつは描きなおし、もっと良い絵をおじいさんにもらってもらおう……。

ところが、ついにその思いがかなったのです。郷里に帰った翌日、母の生家の私にとっていとこにあたる若主人がけさ網を引いたらカマスがとれた、といってピンピンしたやつをもってきてくれました。それを肴にして、ささやかながら一杯呑んだことです。そのときにありあわせの紙に河童を描きなおし、それをもってじいさんを訪ねました。それでこの河童について、いつかは描きなおしたいと思っていた念願がやっとかなったわけです。

そのとき、そのじいさんがこういいました。「あの時、検事《ママ》たちは大体旅費稼ぎでやってきたんだ。ところが、前に皆さんが集まったときの酒の席に出ていた芸者が、つい良からぬことをしゃべってしまったものだから、あの絵をとられることになっちゃったんだ」。つまり、その時、私が皆なに河童の絵を描いてやっていたとか何とか、その芸者が口をすべらしたのでしょう。そこで検事たちは、その絵を重大な証拠物件として持ち帰ることになったのです。その彼らの云いぐさがふるっている。実にこの河童の絵が党員たる証拠だというのです。今からいえばほんとうに笑い話のようだけれど、そういうふうにして彼らはデッチ上げをやる。つまり、河童は水にもぐっている、まさに党員たる象徴にふさわしい、これこそ党員たるお墨つきじゃという論法が堂々と通用したわけです。天皇が国の象徴であるということは終戦後言われはじめたが、河童が共産党員の象徴になろうとはまったくもって不思議な話でした。

小学校のころ

私は泊の小学校へあがりました。その少し前から日清戦争が始まっていましたから、私の記憶に残るものも、やはり軍国主義一点ばりです。日清戦争のとき、木製の鉄砲を子どもたちにかつがせた学校もありました。そのころをふりかえってまず思いだされるのは、

日清談判破裂して
　品川のりだす吾妻艦
西郷殺すもかれがため
　大久保殺すもかれがため
遺恨かさなるチャンチャン坊主

という歌です。「品川のりだす吾妻艦」というのは徳川幕府がアメリカに注文して作らせた船で、日本最初の鋼鉄艦だということでした。

育ち盛りの頃の時代の空気というものは、どうも良きにつけ悪しきにつけ、人間の一生につきまとうようです。もともと富山というのはひどい貧乏国で、搾取関係も厳しい土地柄です。そういうところから富山の薬売りとか、さきにお話しした沿岸漁業などの出稼ぎが、盛んなわけです。私自身は、そういう土地に生まれ、し

かもそういう季節労働者の子どもとして育ったのだから、いわゆるプロレタリアの出といっても良いでしょう。ところが、後年誰からも士族かなんかの出身かと思われたり、侍気質のところがある、などといわれたものです。じっさいに「家老閣下」などというアダ名をたてまつられたこともあります。こういう点はどうも私の生まれた時代の影響じゃないか、と思ったりするのです。日清戦争の当時といえば、流行の玩具にしてもみな鉄砲やサーベルでした。高等科の生徒あたりになると、鉄砲かついでサーベルさげて、先生が指揮官になり、兵隊の出征や帰還のたびごとに儀式をやる。事ごとに、いわゆる「尚武《しょうぶ》の精神」を叩き込まれたわけです。そういう時代を受けついだ私たちの少年時代というものはなかなか大変なもので、毎日の遊びといえば、ことごとく喧嘩と戦争ごっこ。それも同じ町内の子ども同士でやるんでなく、まさに一つの町と他の町とのあいだの戦争でした。

むろん、私もガキ大将の一人でした。自分たちで竹や木で刀をこしらえ、もっともらしく腰にさして、はなはだ意気さかんな毎日だった。こういう世界では町の有力者の子どもも、そうでない家の子どもも区別はなかったし、いわゆる「新平民[1]」の子どもも同じ小学校にきてはいたが、格別それを意識するようなこともなかった。

一つには、当時の泊の町などにはひどく目立つほどの大金持ちや大地主がいなかったのだとも言えましょう。地主や酒屋や質屋の出で、だんだん大きくなったという家は三軒ほどあったが、それとても現在の二代目三代目まで隆々としているほど強大なものではなく、中には没落しているのもいます。こんにち泊の町で財産家として残っているのは、むしろ当時の新興成金の方で、たとえば、その一軒の綿屋は私の家のとなりに住んでい

(1)「解放令」後「平民」になったにもかかわらず「新平民」などと称して差別されてきた、そのことばのひとつ。

た。私の家のとなりですから、もちろん稼ぎ人の世界の出で、綿商売からえらくのし上がって一代のうちに町の表通りに進出し、私の小学生時代にはもう大きくなっていました。旧い家柄の方はつぶれたが、こういう勢力の方はのびる一方で、後にはその倅《せがれ》が代議士にも出たりするようになりました。たぶん政友会だったと思うが、ひどく羽ぶりがよくなったものです。

泊の町の上層階級といえば、そのころ旧《ふる》くからの家柄とこの種の新興成金との両方から成立っていましたが、それらがすべて威張っていたわけではない。むしろ米が高くなって皆が困るという時など、進んで配給米を出したりした。私自身も、それをもらいにいったことをおぼえている。

だが、こういうのはどちらかといえば旧くからの物持ちに多く、そういう家は信望を集めていました。こういうことをしない強欲な方はやはり信望がなかった。ところが、こんにちまで残っているのはこの信望のなかった方で、信望のある方はあらましつぶれてしまいました。

こんなわけで、階級分化というか階級闘争というか、そういうものがあまりはっきりしていなかったが、稼ぎ人とそうでない人、物持ちとそうでない人とのあいだの差別待遇は、さきにお話した土下座の話のような面では実にはっきりしていました。いわば全体として時勢におくれて沈滞した田舎町の典型的な姿をとっていたわけでしょう。

だから、後に私が大学を出た時は、実に大変なことでした。その町でいわゆる「帝大」を出たというのは、私が二番目。しかも一番初めに理科大学を出た人は物持ちの出である上に、さらに他の物持ちの援助を受けて出た。それに対し、私の方は稼ぎ人の出である上に、素手《すで》で出た。それは、実際驚くべきことであったわけです。

それについておもしろい話があった。私が学校を出るや、待ち構えていたように結婚の話が出た。それがどういう相手かというと、町の有力な物持ちの妾《めかけ》の娘というわけです。妾の子だから私にちょうど良いというのか、そういう社会の人情です。旧い差別待遇というものはこういう形で、何ともいえずしつこい尾を引いて表れるものなのです。むろん、それはきっぱり断った。

だが、もう一つ私を驚かせたことがあった。ひとくちに稼ぎ人の世界といっても、それに対する世間の考え方も時代とともに変わってくる。よく働くということの値うちは、誰もが認めるようになりました。また、出稼ぎ商売ということから生まれる間口の広いさっぱりした気風を町方の人々がだんだん尊敬するようにもなってきた。そういう矢先に私が帝大を出たということが、稼ぎ人の気風に対する価値判断をよほど変えたと思うのです。身分的なしきたりの根は深かったけれど、それがだんだんとくつがえされる面も時とともに進んだわけでしょう。

父と母から承《う》けたもの

当時の尋常小学校は四年制で、その上に高等小学校が四年ありました。本来ならこの尋常小学校だけで止《や》めて、大工や石屋などの丁稚《でっち》にやられるのが稼ぎ人の世界の通例でしたし、また、実際にそうしなければ暮らしが立たないのでした。

ところが、私は小僧にも丁稚にもやられずに、高等小学校に入っておる。貧しさでは人後におちない私の家で、どうしてそのように恵まれたのかというと、一つには父親の気持ちがそうさせたのでしょう。父は小学校ではなく寺子屋に通った人で、成績も良かったらしく、文字についての興味もあって、子どもには勉強させたいという気持ちを常に持ち続けていたようです。また、母も半農半漁の下層の出ではありますが、その本家は網元でもあり地主でもあったことがあり、母方の祖父には多少の素養もあったのです。また祖母も三里ほど離れた土地の医者の家の出です。そういう環境から考えると、私の母も父の考えに素直に同調できるものを持っていたのでしょう。

そこで小学校を出た私は大工にも石屋にも出されず、いわば身分不相応にも高等小学校に入れてもらえたわけです。自分でいうのも変ですが、成績も良かったというわけでしょう。

だが、私自身はそれで満足しなかった。何とかして、中学に入りたいと思ったのです。それで、その頃から何とかして東京に出たい、東京に出て苦学をしながら中学へゆきたい、東京に行きさえすれば何とかなるだろうと思いつめてしまったのでした。

一六歳の春に高等小学校を卒業したのですが、その前年、父が四二歳で亡くなりました。それからは母ひとりが大変な苦労をしたわけです。三人の子どもをかかえて途方にくれるはずの母が、私の高等小学校も無事に卒業させてくれておりますし、次いで次男坊も三男坊も高等小学校に入れています。何ともまあ、よくやりぬけたものです。

それをやりぬくために、母は父のやっていた仕事をそっくり女手に引きついで、村里に魚の行商に出たのでした。さきにもお話したように、父はある季節には魚獲りとか薬売りなどの出稼ぎに出ましたが、郷里に帰ってくると休む間もなく魚を漁村から買って村里に行商していたのです。母はそれを受け継いだわけです。父が生きていたら、そんなことまではできる母でなかったろうと思うのですが、その母がまるで人が変わったように敢然《かんぜん》と天秤棒をかついで出たのでした。「敢然として」と私は言いたい。

まったく、よほど敢然として始めなければできないことだったでしょう。朝は四時には起きなければならない。その母の毎朝の姿や気配が今も生き生きとよみがえるようです。ところが、この母にひきかえ私ははなはだ「敢然と」しなかった。というのは、こういう一家の状態に同情し、高等小学校から帰ってきてから新聞配達をしてはどうかという口を私のためにもってきてくれた人がある。ところが、私にはどうもそれがいやなんです。変な話ですが、あのころは高等小学校に入ったらそういうことをやるもんじゃないと考えるようになる。今なら学生がアルバイトをやることは恥ずかしくも何ともない。それが恥ずかしいと感じられる時代であり、教育であったのです。親不孝な話ですが、一つには教育体系の欠陥でしょうか。

それにしても、実際の事情はそれをやらないわけには行かなかった。それで勇気を出してやりました。学校から帰ると、雨の日も照る日もとにかくやった。都会とは違って村里の新聞配達は一軒一軒が離れており、実に遠かった。そうやっているうちにどうやら馴れもするし、馴れるにつれてもっと働こうと考えるようにもなり、とうとうある商売を始めるようになったのです。

そのころ農村では、田植頃になると石灰を田んぼに入れるようになっていました。その石灰の注文を行商に出た母がもらってくる。その注文で近所のおかみさんたちの仕事ができる。おかみさんたちは前日のうちに問屋から石灰を出してもらって荷車につけ、翌朝三時ごろから出て、二里も先の村まで配達してまわるのです。このおかみさんたちの仲間に私も入れてもらったのでした。これはなかなか家の助けになったようです。[2]

この頃のことをふり返ってみるたびに、私は子どもに対する親の力というものは偉いものだとしみじみ思います。苦しくなればなるほど仕事に精を出すこと、どんなに貧しくとも盗みをしないように育てるということ、

---

(2)『北陸めざまし新聞』は「郷土出身人物月旦」の連載のなかで「泊町出身」の「法学士　細川嘉六氏」を二回にわたって取り上げているが、その一九二四年八月一一日付には「小学校時代大屋の米商荒尾の小僧となつてこき使われたり、朝は登校前に荷車を挽いて石灰を山崎村迄運搬したり、とても他の子供が真似の出来ぬ辛酸をなめて育つたのである。さらぬだに貧しき家庭が突然父の死によつて益々窮境に陥り、その日その日米塩の料にも事欠く位であつた」とある。

口でいえば何でもないことのようですが、この簡単なことを骨身にしみて教えこむためには、親というものは実に身をもって苦しみや貧しさに耐えてみせるのです。下手すると、盗みをします。卑しくもなります。貧乏というものには、そういうものを身につけさせるものがある。どんなことがあっても決して盗みをするな、嘘をつくな……貧しい生活の中でこの道義を教えこむのは、ただ実際の生き方をもって示す以外にないのです。

子どもの時に卑しくなると、もう一生涯ぬけるものじゃありません。その点で、私の母は実に大切なものを私たちの心に植えつけてくれたと思うのです。こういう母が私たちを励まし、そして苦しい中でも高等小学校へやってくれたりしたのは、いわゆる立身出世主義のためかというと、決してそうではなかった。ひとくちに云いきれない複雑なものですが、要するに子どもたちの心に宿った、学問をしたいという願望に素直に引きずられる。私が一生懸命なものだから、しようがない、思うようにやれ……といって、伸びようとするものを押さえない。そういう形で、母親自身も希望に生きる楽天主義があったともいえましょう。また父親が残した夢を母親として受け継ぎたい、という気持ちがあったことも確かです。私も意地っぱりだったが、そういう私を認めないではいられないものが母の中にもあったわけです。

貧しい生活の底を貫いているこういう一筋の性根は、単純ではあるが親から子へと、まっすぐに伝わり、そしてだんだんと強くなってゆくものではないでしょうか。私の父も薬売りなんかに出歩いていてもじつに喧嘩早かった。私自身その場におって、子ども心にも強く記憶に残った事件があります。となりの家に他国から流れてきた、いわゆる「よそ者」がいました。その家はだんだん食いつぶして、当時鋳掛《いかけ》屋をやっていましたが、そこへこの「よそ者」が流れてきたのです。ここへきて、彼はようやく魚売りの仕事にありついた。それがちょうど夏のことで、その時分は鮪《まぐろ》がとれていました。よそから来るのではなく、その辺の浦でとれたのです。それを漁師連中から買ってきて、冷たい清水の出るところに入れておき、それを夜明けとともに担いで村里へ売りに歩くのです。その鮪が夜の間にだいぶ盗まれた。そして、その嫌疑がこの「よそ者」にかかったのです。誰か一人がそう云いだすと、たちまち皆が同調する。田舎ではそういう噂の広まるのは実に早い。ところが、私の父はそういう人々に反対し、「この男は決して悪いことをやるような人間じゃない」ということを大勢を相手に説いて、根もない噂を消そうとしたのでした。田舎の環境ではそのように「よそ者」を守ることはなかなかできないことなのです。だが、私はそういう狭気《おとこぎ》の強い父を、この眼で見ることができました。私自身、これまでの生涯にも、しばしば進んでこういう局面に立ったことがありますが、そういう時には、いつもこの父の姿が頭をかすめ、「親ゆずり」といったような言葉の味わいが改めてよみがえり、何ともいえぬ微笑を禁じえなかったものでした。

母にも同じような性根があった。私の母は門徒宗でした。東本願寺派でしょうね。ところが、父は禅宗でした。母が門徒で、父が禅宗である場合、普通なら母の方が父の宗旨に従うものでしょう。だが、私の母はこの点では譲らなかった。頑として譲らない。どうしても禅宗はいやだというんです。それでしまいには父親の方が折れて、南無阿弥陀仏になってしまいました。そういうところが母にはあったのです。非常に意思が強いというのか、とにかく親鸞の教義を深く知るわけでもない母が、こんなにも頑固であったのは貧しいながらもこれまで生きぬいてきた一筋の生活体験を貫く、母自身の素朴な信条に変節の必要を実感することができなかった、ということじゃないでしょうか。

そんなわけですから、ただ意地っぱりだとか、意思が強いとかいうのではない。自分でほめるのも気がひけますが、卑しいことが嫌いなんです。たとえば、その辺《あた》りに物売りがやってきて、誰かにえらく値をたたかれているのを見たりすると、一つには身につまされたりもするのでしょうが、じっとしておれないのです。すっと出ていって自分からまともな値をつけ、さっと買っちゃったりしたものでした。こういう具合に人の弱みにつけこんで買いたたくというようなことが、どうしても許せなかったようです。そういう意地っ張りなところが、どちらかといえばとなり近所の人々からもかえって尊敬されていたんでしょう。この気性でどんどん働いて、まず借金を返した。返し終わると、今度は自分の方から困っている人になにがしかの金品をくれてやるとか、面倒をみるとか、とにかく私の覚えているだけでも、実によくやっていました。たとえば、近所の人力車夫がだんだん年とって働けなくなると、私の母はじつに親身になって面倒を見ていました。だから後に私の母が亡くなったときには、「おっ母さんに亡くなられて、もう頼るところがなくなった」といって嘆いてくれた、この種の男の人が何人かおったほどでした。

母の里方の両親はなかなか学問もあったのですが、母の成長盛りの頃には家運が傾いていたためもあって、母自身は読み書きはあまりできなかったのです。ところが、読み書きのできた父が亡くなって、自分から商売をやるようになると、どうしても帳面をつけなければならない。そこで一生懸命に習って覚えておりました。やはり、筋は良かったのでしょう。経文《きょうもん》なんか、文字は分らぬながらに一生懸命習っておって、だんだん字も読めるようになったらしいのです。私、どうも親不孝で、せめて高等学校や大学時代にもっと手をとって教えてやれば良かったものをとつくづく思うのですが、ついぞそういうことをやってあげなかった。とにかく親不孝でした。

親不孝の話のついでに、少し話は飛びますが、後の思い出を一つだけ記しておきましょう。大学を出た当座、私は住友へ行くようになりました。そのときのことです。郷里の人たちは「あんたも丸まげの一つも結って、京大阪の見物にも歩けるようになりましたなぁ」と母に向かってうらやましがったものです。すると私の母はただひと言、「いや、あれはあてにはならん」といったそうです。息子なんかあてにしようというのは間違いだ、という。それほど子どもにはよりかかっていなかったのです。また、「あれの厄介になるのはバケツの底の水をなめるようなものだ」ともいっていたそうです。私の親不孝はともかく、そういう言い方そのものは格別片意地な響きはもっていなかったと私にも思えるのです。自分の手で働いてきた人間の物の考え方、とでもいうのでしょうか。今に至ってもなお、簡潔な励ましのこもった力強さで私の胸を打つのです。

それでいて、いよいよ私が大阪の住友に行くことになりますと、私の方からは何もしてあげないのに、母の方ではいつの間にやら真新しい着物やふとんなどを作ってくれたりしましてね。毛頭私を頼らない。頼らないだけでなく、それほどに、母はしてくれた。そういう母親でした。

今にして思えば、何も私を頼りにならない人間だと思っていたわけじゃなく、何というか倅《せがれ》第一主義とでもいうのか、偉いものです。ありがたいものです。心の底から倅を信じてくれていた、とはっきり確信できるのです。

こんなわけでたとえ禅宗であれ、門徒であれ、きわめて単純な信条「盗むな、嘘をいうな……」といった考え方を貫いて生活を生きぬき、そのまともに生きぬく生き方のすべてをもって子どもたちへの何よりの手本としてくれた父や母が、いつしか私たちの精神の土台をつくりあげてくれていたということはありがたいことでした。貧しい稼ぎ人たちの世界ではこういう信条が、決して封建的とか何とかいうものじゃない。卑しくなるな、と両親が身をもって教えてくれたものは非常に尊いものだ、と日が経つにつれて考えます。単に思想として旧《ふる》いか新しいかの問題じゃない。卑しさというものに蝕《むしば》まれた人間には新しさも進歩もないのじゃないか、と思う。これは、まあ私ひとりの体験から割りだしたことに過ぎないが、私はもともと日本の社会主義者の精神の土台には、この私の親たちに似た信条がちゃんと築かれていると思うのです。コミュニズムという思想が流入してきて、それで新しい思想が始まるんじゃなく、そういうコミュニズムにとっても日本なりの精神的な前史を形づくっているものが土台になっているのです。時代の新しい思想や指導者たちは、必ずやプロレタリアートの中から出てくるということについては、私なりの身につまされた実感があるわけです(3)。

東京へ

先日、前進座の「頓兵衛《とんべえ》　矢口渡《やぐちのわたし》」(4)を見たとき、河原崎長十郎君と話したのですが、この芝居を私は五〇数年前に田舎で見たのでした。八つか一〇ぐらいの時だったでしょう。それは田舎の小屋で見たのですが、その芝居のもち味が、私の心にいまだにちゃんと残っているのです。久しぶりにそういうなつかしい芝居を見てみると、それからそれへと当時の私をとらえた文化的なものがよみがえってきます。何といっても芝居の思い出は大きい。とくに「重《しげ》の井《い》子別れ」(5)などは、子どもごころにもしみじみと泣かされたことが昨日のことのようによみがえってきます。演劇というものが、若い者に与える力はほんとうに大したものです。

それと並んで、むろん書物。やはり福沢諭吉の影響は大きかった。その「国権論」でしたか、町内の医学生が持っているのを借りて、高等小学校のころに読みました。また、『瘦《やせ》我慢の説』（一九〇一年）とか、『福翁百話』（一八九九年）とか、『西国立志伝』(6)なども相ついで読んだものです。これらの書物の影響も大きかった。

ところで、驚くにつけ、感心するにつけ、これらの文化的な影響から生まれるのは何とかしてもっと勉強したい、東京へ行きたいという気持ちで、とうとう我慢ができなくなって母に打ち明けました。その頃、私は高等小学を出て、小学校の準教員をしていました。準教員というのは正教員の下で、やはり試験を受けてなるのです。それでどうやら一家の生活が落ちつきはじめていた矢先ですから、さすがに気の強い母にとっても大変なショックだった。愚痴こそ言わないが、しばらくはとても心配し続けました。一つには東京へ行くといっても、わたしにとって格別の当てがあるわけじゃない。ただ当てずっぽうに東京へ行って苦学をするというだけなのですから、心配するのも無理はなかったのです。

そのころ、私を非常に可愛がってくれた横谷という先生がこういう私を心から助けてくれました。この先生は、私ばかりでなく少しでも見どころのある生徒を何くれとなく面倒を見て、自分は田舎に埋もれながら、若いものの志を遂げさせることには熱心でした。この先生が母とも相談して、私が相続人でもあることを考慮して、師範学校へ入ったらよい、ということを決めてくれました。私としては不承不承だったが、中学と同じ資格をとれるのだからというので仕方なく試験を受けました。ところが、学科試験にはパスしたが、口頭試験でみごとに落第してしまった。そこで、いよいよ決心してひと思いに早稲田の文科におる先輩を頼って上京することに決めました。

その先輩というのは、同じ町の人で、いまお話しした横谷先生の同窓生です。この人は、格別財産家の子弟ではなかったが、この町の金持ちの援助を受けるか借金してかして、東京に遊学していたのです。頼る先輩といっても、こういう人しかなかったわけです。

ちょうど日露戦争が終わった時で、世の中のテンポもあわただしく、どちらかといえば不景気で就職のあてもすぐにはつかない。上京するとは言ってみたものの、まったくのところ不安でした。いよいよというその前

(3)細川は「カッパの屁」のなかで、「わたしは自由民権時代のあの空気を子供のときにやっぱり受けて来ておるのです。私は富山県の最も遅れた田舎に育っておるが、そこでもやっぱりその思想は入ってきてゐたわけだ」(『ひろば』創刊号、一九四七年四月)と記している。

(4)「頓兵衛　矢口渡」　人形浄瑠璃及び歌舞伎の演目の一つ「神霊矢口渡《しんれいやぐちのわたし》」のこと。

(5)「重の井子別れ」　人形浄瑠璃「恋女房染分《こいにょうぼうそめわけ》手綱《たづな》」全一三段中、一〇段目の通称。

(6)『西国立志伝』　これは中村敬宇によるスマイルズ『自助論』の翻訳、一八七〇年~七一年。福沢の『西洋事情』と並ぶベストセラー。

の晩は、さすがに夜っぴて眠れなかった。明日の朝は荷物を持って、汽船に乗って魚津から直江津に行って、それから汽車に乗って……と考えるのですが、それがどうも我がことのように思えません。とうとう土壇場まで上《うわ》の空で、不安な気持ちのまま出発しました。

そのころ北陸線は、私の高等小学校の頃に富山までは来ておったのですが、その時、私はとにかく船で乗り出した。今でもありありと覚えているのですが、直江津に近く鳥首岬《とりがくびみさき》というところあたりまでくると、船には酔うし、魚津の町は見えなくなる。去ってゆく魚津の方を見ながら、とめどもなく涙を流したものです。こうして直江津について汽車に乗ったのですが、これが私にとって生まれて初めての汽車の旅でした。

小学校の先生を二年やってからですから、その時が確か一八歳でした。田舎者だし、夏のことでもあったから、くたくたになっちゃって上野に着いた。今の上野駅と違ってちっぽけなものだったはずですが、この田舎者はそれでも度肝をぬかれたのでした。荷物を背負って傘を持って駅に降りた途端、お定《さだ》まりのとおり宿引きにひっかかったりしましたが、それをどうにか断ると、何はともあれ人力車に乗りました。着くところまで着かぬことには、と必死に考えて緊張しきっていたのです。むろん、迎えにきてもらうような身分じゃない。無理を承知で頼みこむわけですから。その先輩は神田の今川小路あたりに住んでいたが、横谷先生から教えられたことを唯一のたよりに探してどうやらすぐにわかりました。

こうして転がり込んではみたものの、困ったことに就職口がない。一ヵ月も二ヵ月も下宿屋にいるわけにもゆかず、あっちに頼んだりこっちに頼んだりしたがだめなのです。そこで泊の物持ちから没落して、本郷の前田侯爵家の編纂係かなんかを務めておった人が口をきいてくれ、本郷の弁天さん近くの医者のところに入ったのでした。ところが、学校に出してもらうつもりで入ったのに、なかなか出してもらえない。代診だとか書生だとか沢山おる中に入ったものだから、私の仕事といえば掃除とか使い走りでした。そういう仕事はいとわないのだが、のべつ用事があって勉強のために解放される時間がない。これには一番困りました。そこで、すぐに辞めることにしてしまった。

それが明治三八年のことで、その頃の思い出として日比谷の交番焼き討ち事件[7]のあったことなども記憶に残ってはいるが、むしろ、私の頭にはごく身辺のつまらぬ印象が強く焼きつけられているのです。それは、秋《しゅう》海棠《かいどう》の花の記憶です。私の寝泊りしていた書生部屋の窓の外にこの花が咲いていたからでしょう。だが、それだけじゃない。秋海棠にとってははなはだ迷惑なことかもしれないが、この花とたくあんとが離れがたく結びついているんです。一生くっついていたんじゃ困るんだが、いまだに離れない。私はこの花が好きで、今も私の家の庭に咲いていますが、それにもたくあんの臭いがくっついているんです。

思えば、その家に勤めたのも、その花の咲いている間ぐらいのことだったのでしょう。辞めたら先輩がまた困りだした。まだ夏の間のことで、同じ郷里の町の稼ぎ人の世界からきている者が飯田町で氷屋をやっておった。そこでアイスクリームも売っており、それを売り歩いてみてはどうか、元手は何とかしてやるからというので、やむをえずそこへ弟子入りをしました。だが、やっぱりどうもおもしろくない。第一に、「アイスクリーム、アイスクリーム」といって呼び売りをする勇気がないのです。ついこのあいだまで、小学校の先生だったんですから、何といっても高踏的だったわけです。そういう妙なプライドがある上に、実際に商売として始めてみると、なかなか非人情な面があります。私が当時、上富坂あたりにあった砲兵工廠《ほうへいこうしょう》の前に荷車を引いてきた時のこと、あまりの暑さに当のアイスクリーム屋である私の方が参って倒れてしまったのです。ところが、

---

(7)日比谷の交番焼き討ち事件　一九〇五（明治三八）年九月五日、日比谷公園のポーツマス条約反対国民大会に集まった民衆が、警察署・国民新聞社・内相官邸などを焼き打ちした暴動事件。

私の商売上の先生たる氷屋ときたら、まことに冷淡で、氷水一杯のめばなおるといって他人《ひと》ごとのような顔をしているんです。これにはまったく腹がたちました。加えてこの仕事がなかなか厄介で、警察の眼をくぐって場所を変えて歩かねばならない。そういう芸当が、およそ私にはできません。そこで、あっけなく生徒たることを辞めちゃったのです。

こうして私が辞めるたびに、同居の先輩がすぐに困りだす。せっかく世話してやるのにどうも、といって明らさまにいうのです。その頃、この先輩は、早稲田の鶴巻町に移っておりましたが、私もそこへ付いていっておった。むろん、金は、私の分は私が払ってはいました。しかし、先輩をこれ以上困らせては、と考えて、その人の話で知ったアンコというのになってみようと決心しました。アンコというのは、当時砲兵工廠の前あたりに立ちんぼしていた自由労務者たちのことです。なぜ、アンコというかといえば、鮟鱇《あんこう》という魚はでかい口をあけて餌の飛び込んでくるのを待っている、その「あんこう」からきた隠語ですね。この魚のように口をあけて、仕事を待ちかまえているわけです。

私もとうとうこの世界に飛び込んだ。この世界には親分がおって、その日その日の臨時仕事について、めぼしい奴を選んで斡旋してゆくのです。そして、とうとう斡旋してもらえずに仕事のないときは「アブれた」というわけで、その頃すでに「アブれる」という言葉を使っていました。私自身はこの親分から印半纏《しるしばんてん》のようなものをもらい、砲兵工廠の中でトロッコを押したりするような仕事にありつき、したたかものの仲間に入ってアンコ生活を続けました。そういう仕事をしながら、正則《せいそく》英語学校へ通いはじめたのです。

この仕事にありついてからは、とにかく先輩の下宿から氷水の先生の家に移りました。そこの払いが日割りで二〇銭ずつで、六畳一間に親子五、六人が寝ておるようなところでした。日露戦争直後のその頃の賃金は、本所亀川町あたりで暮らしている日雇い労働者の女が六〇銭、男が最低八〇銭の最高三円、ふつう一円二〇銭といったような水準でした。私もまずこの一円二〇銭の口でした。そんな生活をしながら正則英語学校へ通ったのですが、そのころそこには斎藤秀三郎[8]というえらい先生がいました。今でも忘れないが、神保町の古本屋でアジソンというイギリスの作家がエチオピアを書いた小説を二〇銭かそこらで売っていました。そんなことが当時とすればよほどの楽しみでもあり、ぜいたくでもあったわけでしょう。

その頃のことですが、アンコという形での砲兵工廠の仕事もアブレが多い上にあまり先行きの見込がないので、ちょうど私より年下の同郷の友人と語らって、何か商売を始めようということになりました。とりあえず飯田町の氷屋の宿から足を洗って、小石川の方に二人で間借りをしましたが、何といってもその頃がどん底でした。商売などといってもやすやすとやれるものではなし、よほどのことに旗をまいて田舎に帰ろうかと思ったりしたことでした。だが、それほどの覚悟があってのことなら、よほどつらい仕事でもできようかということで始めたのが納豆売りです。

だがこれも第一歩からつまづいてしまいました。肝心の「ナットーウ」という声が、どうしてもうまく出ないんです。まったく教育のたたりでしょうか。思えばあの頃の教育の芯《しん》は上品で、それも帝国の官僚を作り出すのが骨格になっていたわけで、その余波が私の身心にもしみこんでいたのでしょう。とどのつまりが納豆屋もやれんということになって、相棒の友人の方は思いきりよく郷里へ帰ってしまいました。私もへとへとになって、よほどその後を追って帰ろうかと弱気になりきったことです。

後に母親の話と合わせてみると、ちょうどその頃、母は夢をみているんです。どうも息子がしょげて帰って

（8）斎藤秀三郎　英語学者・教育者（一八六六年—一九二九年）。多くの教科書を執筆するほか、辞書・文法書の編纂をおこなう。正則英語学校を設立し、後進の指導にあたった。

くる、なにもかもだめだったのだということを、まざまざと夢の中で見た。そこで元気を落すな、何とかなるということを夢の中ながらに心の底からいって息子を励ましたというのです。私は、そういうことは不思議なことというより、むしろありうることだと思い、人間の愛情の結びつきは微妙なものだと心から考えているのです。

結局、こんな田舎者の苦労をなめたあげく、先輩や友人たちの心配によって同県人の司法省役人を紹介してもらいました。同じ郡の出身ですが、私の町からは大分離れているところの出で、貧しい家柄の人でしたが、当時帝大出の法学士で参事官になっており、穂積陳重《のぶしげ》(9)さんに非常に可愛がられていた人のようです。その人の口添えで、ともかくも司法省の雇いにしてもらいましたが、これまでの苦労が身にしみていましたので、私も一生懸命やりました。

その頃の給料がいくらだったか、私も覚えていませんが、何でも神田の錦町辺で間代が月当り六円ぐらいの時代です。毎日歩いて通ったりして節約すると、月いくらか残る。賞与ももらえる。それやこれやで二年間働きましたが、そのあげくそれでも二百円ほどの蓄えができました。それで正則英語学校から予備校に転じ、その貯金があればどこへでもゆけるという気で、私はせっせと一高へ入る準備をしはじめました。

小野塚喜平次先生

そのころ帝大におった私の郷里の先輩で、私の町からかなり離れた村から来ておる人がいました。何でもその村の小地主の次男坊で、分家の家などは持たしてくれなくとも良いから大学に出してくれと親にせがんで、帝大に入ったのだそうです。その人が、小野塚喜平次《おのづかきへいじ》(10)先生の家に私を書生として入れようと奔走していました。それはどうも私のためばかりではなかったようです。そのころの帝大の学生心理の一面を物語るものですが、そのようにして恩師の先生にとり入ろうということでもあったらしい。むろん、先生はそういう気持ちは十分に承知していたようですが、表面的にせよ余り熱心に頼まれるものですから、とうとう置いてやろうということになったらしいのです。それでは私としても困るのですが、せっかくの先輩の好意という形であらわれているものを断るわけにもゆきません。不思議なゆきがかりの縁で私は小野塚先生の家にご厄介になることとなり、しかもそれが先生の晩年にまでわたる深い縁となったのでした。

そのころ、私はもう司法省をやめて、貯金を細々と使いながら勉強に専心していたのでした。小野塚先生との関係は、この私の向学心にとっては大へん恵まれたものとなりました。だが、先生にとっては私という野蛮人がほとほと手に負えないものとなったのです。たとえば、美濃部達吉さんなどがよく訪ねて来られたが、そんな時でも私の応対ときたら、すこぶる悪い。私が庭掃除かなんかをしていると、美濃部さんも心易いものだからどんどん断りなしに入ってきます。私にしてみれば、それがいまいましい。「分かりません」と、私も思いきりぶっきらぼうに答える。「庭におって分かりません、ということがあるか」と客は大変機嫌を損ねる。およそこんな応対がいちいち小野塚先生の耳に入ってしまうのです。「君、少しは気をつけてくれよ」などといわれるのも当然のことで、毎度のことながら先生もずいぶんてこずったことでしょう。

ところが、私の方には「おれは学生だ、苦学をしようとしているんだ、天下の学問をやろうとしているんだ

(9)穂積陳重　法学者（一八五五年―一九二六年）。英・独に留学後、東京帝国大学教授。民法・刑法など多くの法典を起草する。法理学講座を開設する。貴族院議員・枢密院議長などを歴任する。

(10)小野塚喜平次　政治学者（一八七一年―一九四四年）。ヨーロッパ留学後、一九〇一年東京帝国大学で最初の政治学講座教授となり、国家学から政治学の独立に努めた。日露戦争開戦では対露強硬外交を主張する七博士の一人となる。「衆民政」を唱え、デモクラシー論の先駆となった。一九二八年から総長。吉野作造や南原繁らを育てた。

ぞ」といった生意気な気持ちがあります。金儲けや出世のための奉公じゃないんだぞ、という気持ちが素振りにもあらわれる。なかなか素直に頭を下げません。おまけにそのころ特に坪内逍遥さんに惹きつけられたりして、ひとかどの文学青年的な気風もあった。だから、ずいぶん鼻っ柱の強い勉強ぶりでした。ところが、先生には叱られはするが、それでいて妙にウマが合うのです。ずいぶん気位の高い書生だのに、先生の方からは寛容に可愛がって下さる。終《しま》いには私の方から暇を願って、私を紹介してくれた大学生の下宿へ移ってしまったようなわけです。

この間、約半年ぐらいだったでしょうか。まだ貯金は残っていたから、せっせと学校へ通い続けました。ところが、小野塚先生の方ではよほど私のことを気にかけてくれたようです。終いには、奥さんがこの下宿までわざわざ訪ねてきて下さるという次第でした。そういう情にほだされて、また戻りましたが、戻ったとはいっても態度の方は相変わらずの野蛮人です。今でこそ、家内とも「あの頃もう少し素直であったら……」などと話しあったりしているのですが、当時は先生に対し随分ご苦労をかけつづけたのです。しかも、そんな私を見捨てようともしない先生を裏切って、さらに半年も続かぬうちに、結局また暇をいただくことになってしまったのでした。[11]

こうして飛び出したあげくが、自分から好んで苦境に飛び込んだようなもので、やがて新聞配達などをしなければならなくなりました。その新聞取次店は江戸川べりにあり、小石川から牛込にかけての広い範囲を領域にし、二〇何人かの配達人が働いていました。私もその一人として働きながら、錦城中学の四年に編入させてもらいました。[12]むろん五年に入れてもらおうとしたのですが、それがどうしても許されず、四年から始めなければなりませんでした。結局、それから五年の卒業までこの新聞配達をやりながら通学したのです。むろん、多くの友人たちが私を助けてくれ、そのおかげもあって無事に中学を卒業することができたのです。

この卒業をお知らせしようとして、小野塚先生のところへ挨拶にゆきました。先生は非常に喜んで「どうしているかと、心配しておった」とまったく親身な迎えようでした。「いよいよ中学を卒業しましたが、これから文学にしようか、哲学にしようかと迷っているのです」と、私はその頃考え続けていた胸中の想いを訴えました。すると先生は「法科に入っちゃえ」と、きわめてあっさりおっしゃる。それで法科へ進むことにしてしまったのです。

私の一高入学がきまると、先生が喜んだ。えらい喜びようでした。「哲学はあとからでもいいから、法科から政治科に入ったらいいよ」と、ひとりで定《き》めていらっしゃる。私にしてみれば、何を専門にするかということよりも、その先生の親身な喜びように心を打たれ、それで生涯が決まってしまったようなものです。その時先生は私に一〇円もお小遣いをくれた。当時の一〇円は大へんな金です。それから二人で江戸川べりを散歩しました。別れ際にかつて私を先生のところへ紹介してくれた男について先生が語った。「ああいうのはよくな

(11)一九二四年八月一一日付『北陸めざまし新聞』「郷土出身人物月旦」には、次のようにある。

先輩の世話によつて小野塚博士の書生に棲み込む事になつた。小野塚博士は当時東大法学部長をしてゐたかと思ふが、非常に細川氏を愛してくれた。博士夫人は石黒忠悳《ただのり》子爵の令嬢で、これもまた大層細川氏を愛してくれた。どうでも自分の思ふ型にはめて理想的の学生に仕込んで見たいと思つたのである。細川氏その恩愛の情にほだされぬじゃないが、さりとて一種の窮屈な型にはめられるのが何よりつらい、憤然として博士邸を出てしまつた。どんな苦学をしても自我を滅却して迄周囲に盲従はせぬといふのが当時細川氏の意気であつた。

(12)細川は「書斎の思い出」のなかで、「私の学校経歴では、この中学に入るまでは、当時英語学界で最も有名な斎藤秀三郎先生の正則英語学校、その兼営していた正則予備学校に通っていて、当時中学四年の中途編入を許可していた錦城に入学し卒業したものである」（『思想』一九五四年四月）と記している。

いね」といったような、ずばりとした批評でした。その男の先生に対する態度や私に対する態度というものを、先生が実によく見ぬいておられるのにびっくりしたものです。そして最後に先生は「君とおれとはどうも悪因縁だな。切れても別れても結局またいっしょだ。変なものだよ」と言われた。それは何ともいえぬ愛情に満ちた言葉だった。その言葉は生涯私の耳に残り、先生との深い結びつきも、この頃から一段と進んだのでした。

　こうして、高等学校は先生に保証人にまでなってもらうことになりました。その上、金が要るだろうからというので、小野塚先生の友人の財閥で奨学資金を出しておるのを紹介し、それに入れてくれました。月々六円か七円でした。さらにもうひと口、加賀の殿様の奨学資金も心配してくれました。この二つをあわせて、割合に順調に高等学校から大学へ進むことができたのです。

　ところが、この奨学資金が原因となって、終いにはまた喧嘩をしてしまいました。私は、運動としては剣術をやっていたんですが、ある時やりそこなって胴の裏からたたかれ、肋膜をやってしまった。小野塚先生も心配してくれて、入沢達吉さんなどにも看ていただいたりしました。こんな際でしたので、その奨学資金を私の友人に取りにいってもらったのです。ところが、それが相手を怒らせることになった。せっかくの金をいただくのに友人を代理によこすとは不届きじゃ、というわけです。あげくのはてに、そもそも病気などするのが不都合だ、と言わんばかりの権幕でした。そこで今度はこっちが怒っちゃった。もうそんなものは要らない、大学なんか卒業しないでもいい、やめてしまうといった調子です。結局、困ってしまったのは小野塚先生です。「まあ、そういうな。これはやはり、おとなしく謝って、いただくものはいただいておけ」といった具合で、その時ははなはだ現実的なたしなめ方でした。

　だが、その後しばらくしてから先生にお会いした時のことです。「君は何者だね。殿様か。一方が金を出してやるというのに、受けとる方の君の態度というのはまるで殿様じゃないか」。先生としては、せいぜい皮肉をまじえて叱ったつもりでいながら、その言葉の裏で感心もしている。「あいつ、とうとう金の前には頭を下げぬ」などとも人に語られたということです。せっかくの心配を無にするような私の行動を、はなはだ迷惑に感じておられるような口ぶりで、実は自慢の種にもしておられた。そういう先生でした。

あの頃、高等学校の点数は実にやかましくて、何点何分という計算をしています。そこで、たとば穂積陳重に取入ろう、何某の受けをよくしようというのは、いずれもこの点数をあげたいためでした。そういう空気である上に、私は奨学資金を受ける関係上、ほんとうに成績をよくしなければならなかった。それが私にははなはだ不向きでした。最初の試験の時は大変よくて、たしか二番かになっておった。これには私自身が驚きました。そんなはずはないと思っていると、小野塚先生は「君がやればこうなるんだよ」と格別激励するでもなく、あっさりとおっしゃった。だが、私の成績の上首尾もそれきりで、あとは誰の言うこともきかず、勝手なことをやっていました。英文学をやったり、古典を読んだり。しまいには友人たちからも、「君、少しは考えろよ」と意見されたことがあるくらいでした。

それでも一高時代は、英文学と哲学との興味が半々に入りまじって、それはそれなりの勉強でしたから成績はだめだったが、落第はしなかった。だが、いよいよ帝大を出る時には、われながら危ないと思いました。ところがふたをあけてみると、どうやら半ばぐらいのところに入っていたのですから、考えてみれば他の連中も何をしていたのか、とにかく時代がのんびりしてもいたのでしょう。

そんな勉強ぶりでしたが、それでも小野塚先生にはほめられたこともある。問題はなんであったか忘れましたが、何かのテーマについて報告するときに、星野直樹[13]君がなかなか秀才型の整った報告をしました。ところが同じテーマに関する私の報告ときたら、およそ秀才型もくそもあるもんかといった八方破れの報告でした。報告が次から次へと進んで、最後に先生の批評になる。その時先生が、こう言いました。「細川君はいろいろ読んでおる、読んではいるが、単に読むだけじゃない、いちいち批評しておる」というのです。

私としては望外なお言葉でした。それというのも、当時、デモクラシーの立場に身をおいて、その立場から未熟ながらも批判精神に燃えつつ読書していたからで、そういう精神の根本が学者としての先生の本質と触れ合うものがあったのだろうと思います。こんなわけで、私は先生のいうことは毛頭聞かないし、成績をあげる努力もしなかったけれど、それにもかかわらず、何かにつけて先生は私を学問上の弟子として扱って下さった。先生は優れた教師だったと思います。

一高時代

懐かしい恩師の話にふれて、思わず話が先に進んでしまいましたが、やはり一高時代をもう少しふりかえっておきましょうか。同じ頃の仲間には藤森成吉[14]、菊池寛[15]、松岡洋右[16]、星野直樹、小畑忠良[17]、矢内原忠雄[18]、森島守人[19]などという連中がおり、その時代の校長が新渡戸《にとべ》稲造《いなぞう》[20]先生でした。その新渡戸先生が、私たちの二年から三年にかけてアメリカとの交換教授として出かけて留守になったことがあります。それが学生の間で問題になった。学生たちにしてみれば、新渡戸先生を頼って入学し、その先生の信頼で毎日の学生生活をやっている。その先生が留守がちだというのですから、ひとつには裏切られたような気持ちもあって、これを問題にしたのです。これには教授連も困ったようでした。

そこで私たちが二年のとき、新渡戸先生が一旦帰って来られた。その時の記念祭に私たちは問題を起こしたのです。いわゆる新渡戸校長弾劾演説というのを、私がやったわけです。それはおよそこんな意味のことでした。「校長は日頃、修養修養と口ぐせのようにいうが、校長のいわゆる修養は果たして真に人間をつくる道であろうか。校長の修養論からどういう人間が生まれる結果となっているか」[21]。こういって、校長の回答を迫っ

(13)星野直樹　昭和期の官僚・政治家（一八九二年―一九七八年）。大蔵省から「満洲国」に転出、国務院総務長官などを経て、帰国後の一九四二年に企画院総裁。東条内閣では書記官長となり、大きな発言力をもった。

(14)藤森成吉　小説家・劇作家（一八九二年―一九七七年）。一九二七年、戯曲「何が彼女をさうさせたか」などで注目される。二八年、全日本無産者芸術連盟（ナルプ）の初代委員長。三二年の検挙後は、歴史小説『渡辺崋山』などを執筆する。

(15)菊池寛　小説家（一八八八年―一九四八年）。一高在学中、芥川龍之介らと雑誌『新思潮』を創刊。戯曲「父帰る」や小説「恩讐の彼方に」などで作家としての地位を確立する。一九二三年『文芸春秋』を創刊、のち芥川賞・直木賞を設けた。「文壇の大御所」と呼ばれた。

(16)松岡洋右　外交官・政治家（一八八〇年―一九四六年）。外交官を経て、満鉄理事・副総裁となる。一九三三年の国際連盟総会では主席全権として「満洲国」否認の採決に反対して退場。第二次近衛内閣の外相として、四〇年日独伊三国同盟を、四一年に日ソ中立同盟の締結にあたる。A級戦犯として東京裁判中に獄中で病死した。

(17)小畑忠良　実業家・官僚（一八九三年―一九七七年）。住友総本店経理部長などを経て退社。一九四〇年に企画院次長となる。大政翼賛会事務総長、愛知県知事などを歴任する。戦後は平和運動に尽力した。

(18)矢内原忠雄　経済学者（一八九三年―一九六一年）。新渡戸稲造、内村鑑三の影響を受けた無教会派キリスト者。大学卒業後、住友総本社に入社するが、一九二〇年東京帝国大学経済学部助教授となる。『帝国主義下の台湾』などの植民政策を講じるが、三七年に反戦思想を理由に大学を追われた。戦後、東京大学に復帰、総長も務めた。

(19)森島守人　外交官（一八九六年―一九七五年）。一九三一年の「満洲事変」時の奉天総領事代理、その後ハルビン総領事を務め、独走する関東軍については『陰謀・暗殺・軍刀』（岩波新書、一九五〇年）に活写した。日米開戦時のニューヨーク総領事。戦後は日本社会党の衆議院議員となる。

(20)新渡戸稲造　教育者・農政学者（一八六二年―一九三三年）。札幌農学校卒業後、アメリカ・ドイツに留学。一高校長・東大教授などを歴任。国際理解と世界平和に貢献。

たわけです。私たちも修養ということに反対じゃない、しかし、こういう形で校長の修養論にたてつくについては、それなりに当時問題となるようなことがあったのです。すなわち、校長の修養論から直接に生まれるのは立身出世主義であって、現に校長が成績の良いものに対して華族の娘を世話するようなやり方が学内でも問題となっていました。こういう点を深く考えなおしてもらわなければならない、というのが第一の問題です。

次に、校長の修養論は偏狭な道徳主義を生みだし、現に学内の右翼と組んで修養団を興している。これが第二の問題です。こういう事態ですから、校長の「修養」などという本を見てもそれをありがたくうけとる学生は、修養というものをたんなる社交と解釈しているありさまでした。新渡戸校長が就任当初、いわゆる当時の一高生徒の弊衣《へいい》破帽《はぼう》に表れていたようなバーバリズムは問題で、もっと社交的でソシアルな修養が大事だという一見もっともな訓示をしたのですが、実際にはその点取り虫や立身出世主義を支える考え方となり、そこにぴったり合ってしまったのです。そこを私が衝いたのでした。

もともと私は好んでそんなことの先頭に立つ方じゃなかった。そういう私がこういう弾劾演説に起ちあがったについては、その動機となる事件があったわけです。それは、さらに前の年の記念祭のときのことでした。そういう場合には教授が記念講演をやるのですが、その会場の一角に辰野先生の弟で柔道二段三段とかいう人が一党を率いて、その会場を造るために上げた畳の積んである上に陣どって、一杯のんできた勢いで野次の采配を振っていました。そういう右翼ゴロみたいな蛮風で他人の言論の邪魔をしている姿は、私にしてみれば腹にすえかねるものがあったのです。ついに見かねてムカムカっとした勢いで、私の足はたたたっと踏み出していた。そして、「降りて来い！」とどなりつけたものです。つぎの瞬間、私の足はもう相手のキン玉を蹴とばしていました。その気勢におされてか、野次はぴたっととまった。これはえらいことになったと満場シーンとしていました。だが、それっきりでしたよ。体の小さな私が大の男をやっつけたのですから、それが反《かえ》って相手の気勢をおさえる結果にもなったのでしょう。

だが、私にしてみれば、そのときの気持ちは命がけでした。あとでしみじみ考えたけれど、これも先にお話した親父からの遺産でしょうか。少々荒っぽいけれど、ひとたび喧嘩をやらねばならんとなると必ず勝たなければならない。急所を狙って、一気に決することだ。やってみてどうなるかはわからないが、そういうことは気にしません。味方のために、自由のためにという気持ちがあったものだから、何の迷いもなくこの速戦即決がやれたんでしょう。まあ、こういう実績があるものですから、翌年めぐりきたった記念祭にはこの弾劾演説に起つということになってしまったわけです。

こういう私の速戦即決主義は、私の剣道にもよく表れていました。剣道は中学でも少しやり、高等学校でも少しやりました。高等学校では塩谷先生の息子さんというのがおり、この人が人格者で、非常に無邪気で、酒も愉快に良くたしなみました。この人、剣術には一つの風格がありました。さっきお話したように、私はこの剣道で胴をやられて肋膜炎にまでなったのですが、そういうところをひっぱたくような剣術は中山師範というのがきて教えるようになってからです。私自身は塩谷さんのような、一本で技を競う勝負が望ましいと考えていたのです。いつも面を狙って、胴なんか決して狙わない。そういう根性でしたから、剣術としては一向に伸びません。むろん、段までゆかない。当時の点は辛《から》くもあったが、せいぜい五級か六級といったものでしょう。

---

(21)同級生だった西春彦の回想によれば、「桜鳴堂で生徒大会が開かれ、学生が代るがわるさかんに留任を叫んだとき、細川嘉六君が立って、諸君は何のために留任を叫ぶのか、一高出の某秀才に権勢家の娘をめあわせたのは誰だ、と怒号し、暗に新渡戸校長が後藤新平氏の令嬢を鶴見祐輔氏に紹介したことを非難して冷水をかけ、一同をしらけさせた」という（西「向陵春興」『向陵駒場』第一三巻第二号、一九七一年四月。木村亨『横浜事件の真相』から重引）。

だから、選手にはなれません。試合などに出たこともありますが、いずれも補欠だったわけです。だが、成績は悪かった。それも、出来不出来が甚だしくて、たまに大変ほめられることもありましたが、まあ大方負けました。まあ、とりえといえば攻撃精神です。何しろ、打込み一本鎗ですから。

つい、横道にそれましたが、当時の考え方や行動をふり返ってみると、一種の国粋主義に通ずるものがありました。だが、そういう面のプライドのようなものをもってぺらぺらした出世主義と対抗していたのでしょう。昭和時代と違って、いわゆる進歩派のほうが剛直で、保守的で要領の良いのがハイカラであったわけです。そういうことだから、新渡戸先生に対しても、私怨などがあってのことじゃない。この校長が品川沖から出発する時などは学校の方の札は出席したことにしておいて、品川まで歩いて行き、大いに万歳をとなえて良い気持ちになっていたものです。むしろ、気持ちのどこかでは尊敬し愛していたのですが、その修養論を出世主義の看板にする連中とは違っていたわけです。

この出世主義に反対する連中も、大いにおった[22]。先輩の末弘厳太郎《がんたろう》[23]などは新渡戸校長に辞職の勧告に行ったりしたものです。この空気は文部省の参事官あたりにも伝わって、省内でも新渡戸はいかんというような声も起ったようです。そんなことから新渡戸校長が辞任し、新しい校長として瀬戸虎記[24]が着任しました。

そこで、新旧校長の事務引継ぎにつづいて、祝賀会がおこなわれました。私も参加した。その席で新渡戸先生は、先日の私の演説に腹を立て「学生の中にこういうことをいうものがある、私を攻撃する怪しからぬ奴がいる、それで私は辞任を決意した」とその罪をすっかり私に着せてしまいました。私は修養道にかんする演説はしたけれど、個人的には彼にひっかかった覚えはない。ところが彼は最後に「私は攻撃を忘れないけれど、許してやる……」とキリスト教らしい言い方をしました。私にしてみれば、とんでもないことだ。何だか得体の知れない執念にとりつかれ、蛇にでも巻かれたような気になって、どうしたものだろうかとしばらくは思い悩んだことでした。その思いが余って、とうとう末弘さんのところへ相談にゆきました。それも、夜寝ているところをたたき起したわけです。

むろん、相談に行ったについては具体的に新しい問題も発生していたからです。私自身、公開の席上でこれだけやっつけられたこともあるが、その上に新渡戸校長留任運動なるものが始まったわけです。森島守人という人が大将になり、矢内原忠雄なんかも持ちあげられ、寮の二階で評議が行われました。私も行ったけれど、そのときにはもう新渡戸先生のためにストライキを敢行しようというところまで決定しており、今さら後戻りはできない、仕様がないじゃないか、とにかく新渡戸先生の面目を立てるためにもとにかくストライキをやろうじゃないかというわけです。こういう性根は恐ろしいものだ、としみじみ思いました。官僚的な要領の良さが、こういう局面にまで顔を出すわけです。

そういう及び腰じゃストライキなんかやれるもんじゃないと私は言ったのですが、なかなか思い切れないらしく、何とかして学生を文部省と闘わせようという方針なのです。そのこともあって、私は思い余った気持ち

---

(22)細川は「カッパの屁」のなかで、「籠城主義とソシャーリティの態度の争い」があったとして、「ソシャーリティに反対するものには柔道部、撃剣部の連中が多い。そのとき末弘厳太郎君らが籠城主義流の先輩であり、それから他方ソシャーリティの方は鶴見祐輔、前田多門の諸君とか言論部を中心とする先輩であった、その二つの派の抗争は激しい争いになっておった。わたしは末弘君側に属していた」と語っている（『ひろば』創刊号、一九四七年四月）。

(23)末弘厳太郎　昭和期の法学者。東大教授として民法を担当、その後、労働問題に関心を深め、労働法学を樹立。生年は細川と同じ一八八八年。一九五一年死去。「がんちゃん」と親しまれた。

(24)瀬戸虎記　教育者（一八七〇年―一九二〇年）。東京帝国大学理学科卒業後、東京高等師範や第六高教授などを経て文部省視学官兼第一高教授となる。一九一三年に一高校長となり、一九年まで務める。

で末弘さんを訪ねたわけです。ところが、とうとう連中は形だけでも勝たせようと思って文部省まで行き、いろいろと偉そうなことは並べたてたが、根が及び腰ですから、結局、文部省から追立てられて帰ってきました。続いてあれこれと交渉もしたのですが、いずれもだめで、そのあげく新渡戸先生を送る会のときは、新渡戸さんも泣く、矢内原も泣いた。星野も泣いたというありさまでした。闘うものが真に闘うべきときに堂々と闘って、敗れて悔いなしというのじゃなく、一つのお膳立ての中でめそめそしている感じだった。

　ところが心外なことに、それらの事実というか、当時の考え方というか、そういうものとまるで反対のことが書かれている。不都合にも、と敢えて私は言うのだが、そういう及び腰で闘った当の矢内原が、『余の尊敬する人物』という本の中で、新渡戸さんのことを書いている。[25]それが当時の真相とまるっきり違うものであり、私などはおよそ怪しからぬ存在として書かれているのです。私のことは良いとしても、そういうふらふら腰の闘いがまともなものであったように思われては当の新渡戸さんをも辱しめることになります。それよりも大切なのは、当時の私たちの弾劾は、新渡戸個人に対するものでなく、日本の教育についての弾劾なのです。それを分かってか分からないでか、とにかく新渡戸個人に関する擁護者のような立場で、しかも事実と逆の書き方をしている。それを聞くと当時の一高の連中は、今でも怒るんです。

---

(25)矢内原忠雄は『余の尊敬する人物』（岩波新書、一九四〇年）に「在職中の事を顧みて、元来感情的な我輩は折々失敬な事も耳にしてムッとする事も多かったが、これも皆若い人故と、一つはつとめもして、成るべく忘れてしまひたいと思つて来た。しかし感情的な我輩には生憎《あいにく》忘れ難い処もある」という新渡戸稲造の一高を去る際の演説を引用し、「泣かじと歯をくひしばつては居たが、堪へ兼ねてしばしば泣いた。泣いたのは僕一人ではない。僕の隣に立つて居つた一年の人は声を立ててないた。一滴の涙も出でなかつた人は、恐らく一千人の生徒のうちに一人もなからう」と記している。細川に言わせれば、それは「事実と逆の書き方をしている」ものであった。

第二章　青春の記

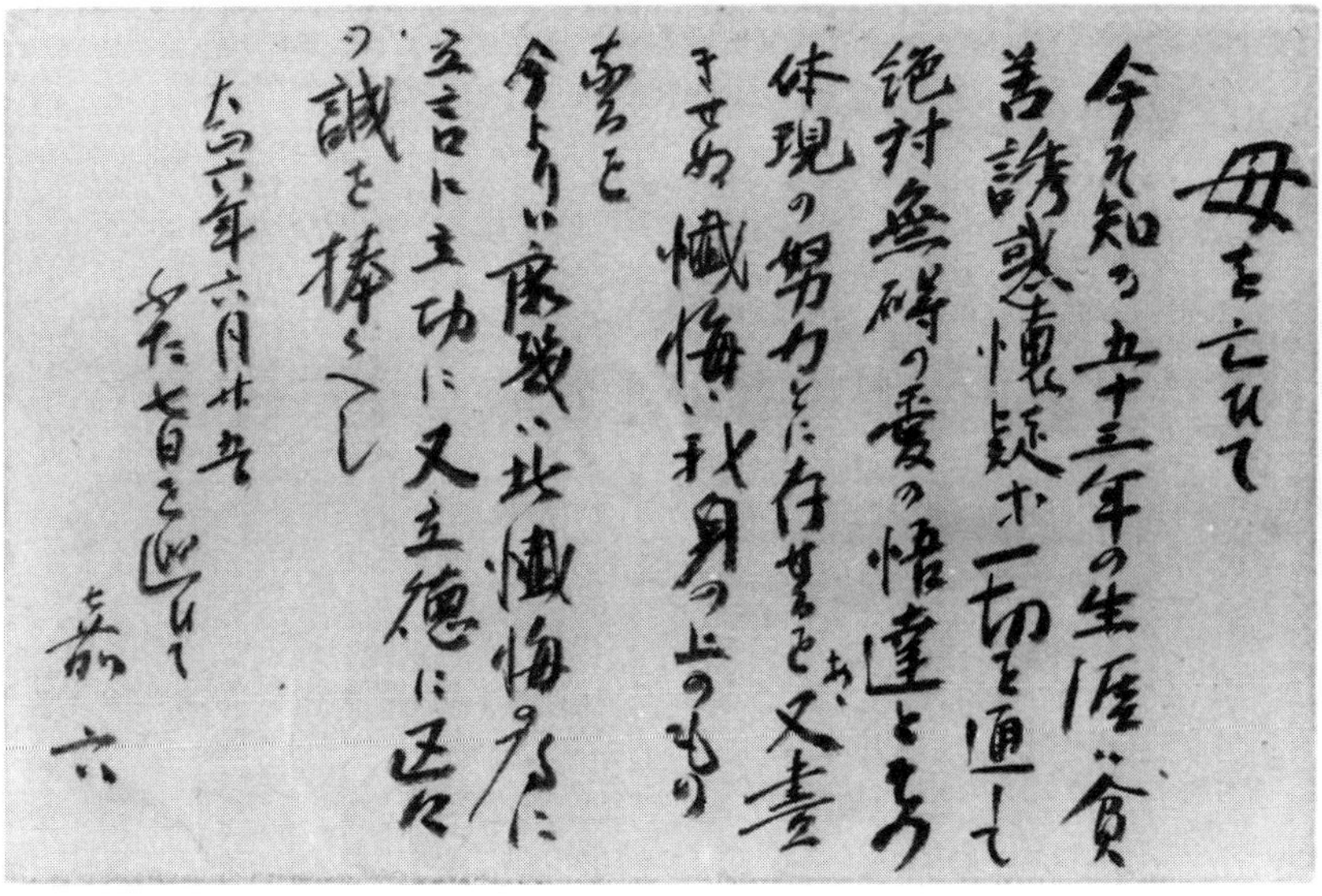

「母を亡ひて　今そ知る五十三年の生涯……」　母没で記した文書

読書と人生

私自身の生いたちや青年期までのコースをひとわたりお話したのですが、このように私を育ててくれた時勢や環境について、もう少し肉づけしながら振りかえってみましょうか。

少年時代の私の心に強い影響を与えたものとして、私はよく日本海に面した郷土の自然の力を思いだします。富山湾の波は荒い。よく馴れているものでも、ちょっと逃げ遅れると、やっつけられる。自分たちが遊んでいる時の恐ろしさばかりでなく、この海を相手に生きている人々に対するこの海の厳しさや恐ろしさが私たち子どもの胸にも刻まれていたのでしょう。私自身、これでもう終《おしま》いかなと思ったようなことが何度かあります。大きな波をかぶったときに考えさせられるのは、決意というものが大事だということです。巻きこまれたらいかん、駄目だと思うような時には、しっかりするんだ、それがこんにちに至るまで刻みつけられています。荒海であり、子どもでもあったから泳ぎとしては巧くはならない。むしろ海の脅威だけを感じて育ったのです。小学校から家に帰るのにも、五、六丁先にいつも海が見えたものです。それはいつまでも頭にこびりついていて、子ども時代の環境といえば、それがまず頭に浮かぶのです[26]。

そういう暗鬱《あんうつ》で寂しい土地柄に育ったものにとって、書物というものは希望の灯であり、夢であった。私はそういう希望や夢の楽しみを早くから覚えました。

先にお話した横谷先生というのが私を可愛がってくれましたが、この先生は田舎の学童どもを集めては論語の読みなどを授けてくれた。それから小学校の図書館もあって、私は朝早く出かけていって、この図書館の本を読むのが実に楽しみでした。博文館の「世界歴史譚」というような絵入りの本は吉田松陰その他、いわゆる偉い人の伝記を集めたものですが、実に印象に残っています。それからもう少し大きくなってから、福沢諭吉のものや中村敬宇（正直）の『西国立志篇』などに親しんだことは、前にもお話した通りです。それらの書物の中から、最後に心に刻まれるのは横谷先生に教えられた「天は自ら助くるものを助く」という努力型の考え方だったと思います。ベンジャミン・フランクリンの『自叙伝』なんかはたしか原文対訳本の訳文の方で読んだと思うのですが、特に細かいことまではっきりと覚えているのです。フランクリンが大将になって、子どもたちが村の墓場をつくる、ところが石屋どもから文句が出てえらい問題になる、家では親父に叱られるというようなことを読んで、皆のために正しいことをするのは良いことじゃないかと義憤を覚えながら読みふけったりしたのでした。それでフランクリンにならって、子どもたちだけで墓場をつくったり、毎日を反省して、十何項目かの徳目をあげて点数をつけたりしたものです。

それらいずれも子どもの立身出世の夢と結びついているものですが、明らかに立身出世の方便だけを書いた

---

(26)この箇所について、「放談」原稿には次のようなやり取りがあった。

細川　それでどうしても九死に一生を得たときのことを考えると、それが出来るんです。強いものとは考えていないけれども、そういうものが確かにあるんですよ。

山崎　十才ぐらいの時分ですね。

細川　そうです。十才ぐらいですね。

山崎　ついでに徴兵検査のときのお話を……。

細川　それは大学の方になるんですがね。

服部　延期されたんですか。

細川　そう、延期したんだ。

服部　われわれのときから在学中に受けることになったのですから……。

細川　そうですよ。もう少しでとられるところだった。輜重兵卒だって高等学校の書物も何も半端にしなければならないからね。

ような本は読むことは読んだが、格別心に残っていません。たとえば何とかいうアメリカ人の書いた『パスト・アンド・プレゼント』というような本は当時ずいぶん流行《はや》ったし、私も読みました。また、そういう本にちなんで『成功』[27]という雑誌も読まれた。アメリカその他における成功の例を集めたもので、私も読みました。だが、それらの影響はあまり残っていません。結局、「学問」の貴さや「自由」の貴さなどが最後には残る。それが、あの高等学校での弾劾演説にまで育っていったわけです。

少年時代の読書でちょっと面白いのは、そのころに『渡米案内』[28]というものを読み出したことです。中学校に入りたい、東京に行って勉強したいという夢がアメリカまでも行って見たいという夢になったのでしょうか。ところが何とこの本は片山潜さんが渡米費用か何かを稼ぐために書いたパンフレットで、それが横谷先生のところにあったのでしょう。後年、一九二六年の春だったと思いますが、モスクワで片山さんに会って『渡米案内』を読んだという話をして笑ったことがあります。

東京で中学の上級へ編入した頃には、大いに英語の勉強を兼ねて英文学関係の原書にかじりつきました。たしかエマーソンの『エッセイ』や『プレゼンタティヴ・メン』、カーライルの『ヘロー・ウォルシップ』のようなものは、いずれも高等学校へ入る前に読んでおった。それでよほど影響が強かったのか、高等学校時代に何かの文章を書いてもどうも癖がある。ある回覧雑誌を同級生の間で作って私も一文を寄せましたが、これがエマーソンそっくりというわけです。そこでいろいろ考えたあげく、自分の文章が伸びないのはごく限られたものの影響に縛られているからだ、もっと視野を広げて多くのものに触れなければいけないなと考えたわけです。

そういう反省が起縁となったわけではないが、哲学の本を読もうと思い出したのはその頃からでしょう。「哲学」といえば、どうしてもやらなければならないことのように頭から思いこんでいた。そういう時代だったんです。ところが実際に手をつけてみると、いわゆる哲学というものは、私のイメージにあったものとはよほど違うようです。実にわかりにくい。哲学史のようなものから読んでみた。西田幾多郎の『善の研究』（一九一一年）なんかも読んだ。どれもこれもチンプンカンプンで、まったくのところ哲学というのは仕様のないもんだと思いこんだものです。カントなども私の学問が浅いから分からないのだろう、ともかくも飛びついてゆこうといった覚悟で食いさがったものですが、これもよく分からない。三宅雪嶺の哲学報に『宇宙』（一九〇九年、政教社刊）というのがあって、これなどは分からずながら読みきったものです。とにかく、哲学についてはとても私などの手におえるものじゃないと思って退散したかっこうです。

私の高等学校入学が確か明治四二年で、その翌年には「大逆事件」[29]が起きているのですから、私の読書や思想の遍歴などにもそういう社会的な事件の影響があっても然るべきですが、どうも私はあまり影響を受けてはいないようです。中学時代には『平民新聞』（日刊、一九〇七年）の存在も知っておったし、木下尚江の『火の柱』（一九〇四年、平民社刊）などは大いに感情を湧きたたせて読んだ。だが、啄木などは私に影響を与えるほど有名にはなっていなかったし、与謝野晶子の「君死に給ふことなかれ」なども雑誌『明星』などによって知ったのではなく、むしろ『日本人』といった雑誌の側から知り、そっちの方の立場で見ていた方でしょう。[30]この『日本人』というのは私たち田舎者にまで食いこんでいて、そのせいもあっておよそ天下国家のことを考

(27)『成功』　アメリカのビジネス雑誌『サクセス』をモデルに、「立志独立進歩之友」を掲げた雑誌。「立身出世」をめざす地方青年・苦学生を読者とした。一九〇二年創刊、一六年廃刊。

(28)『渡米案内』　片山潜の著作。一九〇二年に労働新聞社・渡米協会より刊行。

(29)「大逆事件」　一九一〇（明治四三）年、明治天皇の暗殺を計画したとして、全国の社会主義者や無政府主義者ら二四人が死刑判決を受けた思想弾圧事件。一二人は無期懲役に減刑されたが、幸徳秋水ら一二人は翌年に処刑された。

えたり論じたりという段になると、どちらかといえば国粋主義的になるのがむしろ自然な成りゆきだった。むしろ、漱石の作品や藤村の詩などがすでに一定の地歩を築いていたせいもあって、私などの心にも人間的なものを響かせたものであったと思います。

たしか高等学校の三年の時だったと思うが、徳冨蘆花が一高へ来て演説し、烈々として大逆事件に触れた話をしました[31]。この演説は当時世間でも問題となったが、私の心にも響いた。少なくともああいう死刑の宣告の仕方は無茶だなぁと考える程度には響きました。国粋主義的な考え方に深くとらえられていた私としては、社会主義というものに同情を感ずるのには程遠かったが、といって社会主義は怪しからんと考えるほどの知識もなく、カンカンに固まっていたわけでもありません。人道主義的に素直に物ごとを考えるゆとりは失ってはいなかったのです。それで大逆事件に関しては、そういう立場からの普通の同情を感じました。むしろ矢内原などはクリスチャンであったが故に蘆花の考え方に動かされたろうし、一般に新渡戸系統の学生の方が悲憤慷《ひふんこう》慨《がい》したのではないかと思うのです。現にその翌年の一月、いよいよ死刑が実行された時には新渡戸校長も演壇に立って、その話をしています。あの時の薄暗い会場とうそ寒い春先の思いは私も覚えており、政府のやることはひどいなぁ、という程度のショックを受けたのですが、末弘さんなどを始め、大方は私のような感じ方ではなかったでしょうか。

この高等学校時代の私に影響を与えたものに、漢籍があります。漢籍そのものというよりはそれを教えてくれた先生の影響、といった方が良いかもしれません。塩谷《しおのや》時敏、号を青山《せいざん》といって、乃木大将などと親交の厚い人でした。この先生が小石川の久堅《ひさかた》町に塾を開いており、私はそこの熱心な塾生でした。そこで論語などの講義をうけ、老先生といっしょに散歩をしたり、剣道場へ出向いたりしたものです。この人は人物として非常に立派で、深く敬愛しましたが、この大逆事件の頃から次第に私の考え方が変わってくるにつれてこちらから離れてしまうようになりました。結局、この先生から受けたものは論語の内容でもなく、先生の考え方でもなく、ひたすらその先生の無欲さ、名誉を欲しない日常、偽りのなさ、剣術でいえば一本勝負のすぱっとしたもの、そういうものではないでしょうか。その深い影響はいかなる読書にもまして、今でも自分の身内に生きているような気がします。

考えてみると、どんな書物に触れるにせよ、またどんな新しい環境にぶつかるにせよ、私という人間はすでに一つの物さしをもって相対しておる。小野塚先生の言い方をもってすれば「読んで、批評している」のです。それが格別すぐれたものの見方だなどとは、もとより思いません。むしろ、田舎者の頑固さみたいなものでしょう。しかし、そういう物さしというか、芯棒のようなものを私の身内に作りあげてくれたものについて、何かにつけて思いあたる。思いあたっては、ありがたいなぁと思うことが多いのです。

前にもお話したような、父や母によって与えられたものもその一つですが、実は稼ぎ人であった父や母が特別偉かったわけじゃありません。むしろ、単純で素朴な人たちであったが故に親から子へと、確実に受け継がれるべきものをしっかりと、わかりやすく与えてくれたというのではないでしょうか。そして、そういうものは歴史や宗教や学問などが長い間に積み重ねてきたものを、存外、生活の知恵として立派に生かしているもの

---

(30)正しくは雑誌『太陽』。一九〇四年、『明星』九月号に発表された与謝野晶子の「君死に給ふことなかれ」に対して、大町桂月が『太陽』一〇月号で痛烈に批判すると、晶子は『明星』一一月号に「ひらきぶみ」を発表して反論した。『太陽』は「日本主義」を掲げていた。

(31)徳冨蘆花（一八六八年―一九二七年）は幸徳秋水らの死刑執行後の一九一一年二月一日、一高で「謀叛論」と題する講演をおこない、幸徳らの処刑をするどく批判した。これを不敬とする非難が寄せられ、新渡戸校長らの譴責問題がおこった。「岩波文庫」に収録。

なんでしょう。

母が門徒宗であって、親父の禅宗も改宗させてしまった話は前にお話しましたが、母をそういう信者にしたのには私の姉に当たる娘のハツを幼いうちに失った悲しみが、一つの動機になっていると思うのです。親が子どもを失う悲しみの深さというものは、よほどのことでないと救われません。母としてはさんざんに苦しんだあげく、親鸞の教えにすがった。その教義のどこがどうということじゃない、「南無阿弥陀仏」を信じる、信じないじゃない、自分から苦しんで和《なご》やかな諦めにまでたどりついたということでしょう。そういう和《なご》やかさというか、ゆとりのようなものが、親鸞の教えに従うということの実際の内容だったのでしょう。

父が亡くなる直前の頃、母は長い間の念願が叶って東本願寺詣《もう》での講に加わり、初めて京都まで行ってきました。父が病気で倒れ、母が働きはじめた頃ですから、家計の面からすれば苦しい盛りでしたが、一つには父を助けたい気持ちもあってのことだったでしょう。誰もみな倹約なもので、握り飯を背負って出かけます。ゆくと、「おかみそり」というのがあって、頭にかみそりをあててくれる。洗礼みたいな意味があるんでしょうか、これで心からありがたくなるわけです。えらい喜んで帰ってきました。何だったかは忘れましたが、とにかく瀬戸物で作った本願寺みやげを子どもたちに買ってきてくれました。そういうことが子どもたちにとっては大変なことなんです。単なるみやげというんじゃなく、この貧しい一家の中では大変大切なものを子どもは親から受け取るのです。

その門徒の寺で、大安寺というのが泊にありました。この寺の坊さんがなかなか偉かった。伊東さんという人で、この町の十村《とむら》といって十ヵ村分の頭領をやっている名主の次男坊でした。この伊東家というのが、伊豆の出で富士の巻狩りなどに出てくる伊東祐宗《すけむね》の流れというのだそうです。それが越中の高槻《たかつき》在に落ちつき、後に加賀藩から格別の待遇を得て、十村になったわけです。この辺りでは屈指の財産家となり、当主は代議士などにも出たりしておりましたが、その家の次男が、先祖代々の供養の念も込めて開いたのが、この大安寺です。私の家などはこの寺に新しく仏壇を作って檀家となったわけですが、貧乏人からは格別金を取るのでもなく、何から何まで世話してくれました。この家の祖先の中には用水を作ったり、運河を作ったりしてこの地方の役に立った人も出ており、明治天皇からいわゆる従六位というものを与えられたりして、ずいぶん信用がありました。そういう家ですが、行ってみていると出入りの人たちは土下座かなんかやっておる。妙なことだと思いました。こういう一家の次男が開いた寺だから、木の香も新しいような寺でした。この坊さん自身はこの地方至るところを飛び歩いて説教して廻っていましたが、母も私も格別寺へ説教を聞きにゆくようなことはありませんでした。ただ今思い出してみても、お坊さんの側にも、宗教家としての徳があった。私の母たちのような貧しい信徒の中にも宗教の教えが、生き生きと表れていた。ヨーロッパのキリスト教みたいにはゆかないが、宗教が生きていたことは確かで、それが父や母を通じて子どもたちにも何らかの教えとなって生きていた時代だったと思います。(32)

---

(32)この箇所について、「放談」草稿では次のようなやり取りがあった。

服部　先生、お母さんに連れられて、寺に説教聞きに行ったことがありますか。

細川　小さいときにそれはありますね。高等小学校に入る頃は、そういうことはなくなってしまったけれども。とにかく親鸞は私に限らず、町の信仰を動かして居ったんですが……。

服部　それから東京に行って、クリスチャンに引かれる時代はなかったですか。

細川　何もない。宗教に引かれたのはまあそのことだけですね。

ふるさとの人びと

私という人間を作りあげてくれたものとして、自然や書物や宗教などについてお話してきましたが、何といっても人間が人間を作る力ほど大きいものはない。中でも親の力ほど大きなものはありません。私の母についてはしばしばお話しましたが、この母からはその後にも私はいろいろと与えられました。むしろ、与えられっ放しで、私の方からは何ものをも報いることができません。

東京での生活にどうやら方角が分かるほどの落ちつきを得るにつれて、私はすぐの弟をどうしても勉強させたいと思って、東京へ引っぱりました。母も息子のためになることだから、といって手離しました。当時、この弟は私に代わって母といっしょに家の支えになっていました。郵便局に出たり、私のあとを引きうけて新聞配達をしたり、じつによく働いたのです。これも小学校のできはよかった。それが母のことを思って、このように働いていたわけですが、私にしてみれば自分でも思いあたるものがあって可哀そうでならなかったのです。この弟は私よりもさらに商才などもあって、町から少し離れた宮崎村というところで夏場に獲れる棒鱈《ぼうだら》――それが実においしいので、町の者が競って食べるのですが――それを船から直接買ってきては、生きの良いのをすばやく売りさばき、友達三人ほどで組になって儲けたりもしていました。こういう働きのある弟を勉強させたいから、というので引っぱったのです。

その上、やがてその次の弟も私は東京へ引っぱっちゃったんです。それぞれ本人のためとはいえ、母には実にむざんなことをやってのけたわけです。前の時はまだしも我慢できた。しかし、この三番目の男の子を手許から奪われた時には、さすがの母も参った。あとから私の耳にも入ったのですが、「あれを送って停車場から家まで、泣き続けて帰ってきた」ということです。ちょうど、母の姉も末っ子が東京へ出るというので、おくればせに見送りにきてこの母と途中で出会ったのですが、ひと言も口をきけないほど、どん底につき落とされたような顔をしていたということです。

それからの母は一人で仕事をしながら暮らしておったんですが、私がようやく大学を出た頃上京し、その迎えたり送ったりが済んだ一ヵ月後には胃癌で亡くなったのです。こんな病気で亡くなったのも、母をひとりぼっちでおいて、寂しくまずい思いの飯を食わせたことが積りつもったあげくのことではないだろうかとまじめに考えたものです。世間からは「あんたは息子が法学士になって、大変なものじゃ、幸せなもんじゃ」といわれた母も心の中では「底のないバケツ」のような私を思って、ずいぶん寂しかったことでしょう。

こんなわけで、兄弟三人が富士見町に二階建ての家を借りて自炊生活していました。それで母は、冬になると手伝いに来ておったりしました。可哀そうにどこへ連れていってやるわけでもないのでしたが、それでもこの短い期間は母にとってのわずかにも幸せな時であったようでした。その頃の母の言葉で今も耳に残っているのは、「東京の水は冷たい」というのです。田舎は井戸水だから、冬は温かい。東京の冬は存外に寒くもあり、水も冷たくこたえたことでしょうが、それでも母はよく来たり行ったりしておりました。

その頃、弟たちはそれぞれ就職して夜学に通っていました。上の弟が鉄道の飯田橋の車庫でしたが、これはしまいに体を悪くして、郷里に引っこみました。つぎの弟は鉄道省の給仕をやっておった。そうやって兄弟三人、もちつもたれつやっておったのですが、そのうちにやっと私が卒業しました。その春には、母はどうも胃の具合が悪いと言い出し、そう言いながらも、私の卒業を見届けに上京してくれたのでした。前にもお話したように、夜具一式を新調して送ってくれるという母でした。それで帝大の病院へ連れてゆき、胃を診てもらったのですが、癌だという。もう命は決まっておるわけです。そこで、卒業式も済み、就職も決まったことで安心している母に兄弟三人付き添って、郷里へ帰ったのです。そんな旅行も医者は危ないといって気をもみました。そこで母には残念なことでしたが、胃癌であることを告げたのです。ところが、少しもがっかりしない。

しゃんとしているんです。「大丈夫だよ、家に帰るまで死にやせんよ、さあ帰ろう」というので、むしろ母に促されて帰ったようなわけです。

帰ると、母が自分でもうけた金でお祝いをしてくれました。いつものことながら留守を謝して、近所へのお礼やら挨拶にもゆきとどいたこともしておりました。そうやって、きちんとやったあげく、一ヵ月の後には亡くなったのです。母の葬式の日は、あの夏の日にふと秋めいたたたずまいの透きとおったような空をみせる、よく晴れた日でした。まことに母の生涯を象徴するかのような澄んだ日で、私の心にはその日の空がいつまでも印象に残っています。

高等学校時代

淡雪の恋

服部　もう一つ聞きたい問題は……載せる載せないは別として、まず高等学校時代からのおのろけの話を聞こうじゃありませんか（笑声）。

細川　よかろう……。しかし弱ったね（笑声）。弱ることは一つもないんだけれども……。まあ多くの点において君等をがっかりさせるな。というのは、恋というものは、身も心もという、その人は美しい、その人の顔を見なければ落着かぬというんだろう。

服部　そういうんではなくてもいいんです。淡雪の如きものでも……。

細川　それなら多少ないでもない。淡雪というんなら高等小学校の時代を辿らなければいかんな。それは近所の年頃の娘なんか、少年時代によくあるけれども、そういうのと仲がよかったというのはあります。それなんか何だな、むしろ高等小学校なんかに入ってね、紡績に通っているうちに死んだとか、家をもってから死んだとか、子供を一人生んでから死んだとか、そういうのでばたばた倒れる、その中には懐かしいのもありますよ。それから高等小学校に行ってから、同じ学校にきている娘さんで……一々こういうことをいったらきりがないが、その中で非常に出来のいい娘が頭に残っておった。それならそれを訪ねて行くかというと、訪ねても行かなければ何もないんだ。それがまた不思議なもので、大学に通っておるとき、本郷で会ったんだ、

服部　バタッとですか。

細川　来ておるということは聞いておったのが……。その家は没落した瀬戸物屋かなんかの店だった。ちょっとした財産家の分家だった。立派な家だったが、没落して、私が東京に出てから間もなく、その娘も東京にきておることを知った者から聞いて、懐かしく思ったことがあるんだ。子供のときのことを思い出してね。それが本郷の大学に行く朝、途端に会ったものだからアッとしたが、子供を一人負《お》んぶしている、相当難儀しておるらしい恰好なんだなァ。向うは知らないで行ってしまった。私が角帽かぶった大学生になっておるとは思わないからね。それでも言葉かけようと思いながら、かけずに終った……。

服部　なるほどね、これはいいね、全く……（笑声）。漱石調だ。

細川　彼女は貧乏暮しをやっておるんだよ。

宮川　古典的ですね。

服部　鄙《ひな》にも稀な美人でないと面白くない。

細川　まあそういう中ではね。子供のときで、勉強は出来るし……。

宮川　そういうところに惚れ込んだわけですね。

細川　やっぱり小綺麗ではあったようだ。

服部　それはやっぱり小綺麗でないと面白くないですよ（笑声）。そういう気持ちを開放しましたか。

細川　いや、全くしません。あまり君達失望させてもいけないけれどもね……。

大逆事件への反応

宮川　一高に入られたのは何年ですか。

細川　あれはと……明治四三年かな。

宮川　そうすると大逆事件と同じ年ですか。

細川　大逆事件は四三年ですか……。そうするともっと前かな、四二年に入っているかもしれない。二年生のときだから。四二年に入って、大逆事件は四三年ですか……。

服部　死刑は翌年の四四年です。

細川　そうすると、明治四二年に高等学校入学だ。

宮川　大逆事件は四三年の五月で、死刑になったのは四四年の春、一月です

細川　私が覚えておるのは、高等学校の三年のときかな、徳冨蘆花がきて演説したんだ。それが問題になって……。

宮川　死刑のあとでしょう。死刑は四四年一月です。

それで錦城中学に入学当時、『平民新聞』は『週刊』が出て、『日刊』が出て、禁止されたんですが、それを直接には御覧になりませんでしたか。

細川　そこで『平民新聞』だが、中学時代の友達と、木下尚江の『火の柱』なんか読んで、大いに感情を沸き

立したものですよ。それからさっきの漱石の詩じゃないが、藤村の詩集なんかも読んだ。

宮川　啄木の影響は……。

細川　啄木の影響は……その時分はまだ啄木は読まなかった。啄木はもっとあとじゃないかな。高等学校のときだ。

宮川　『明星』なんかお読みになりましたか。

細川　いや、その時分は『一握の砂』……。

宮川　それは四一年ですか。

細川　だろう、中学で読んだんだ。

小宮山　その頃の総合雑誌は『太陽』(33)、『日本人』(34)ですか。

細川　この『日本人』には大分引張られておった。

服部　「君死に給うことなかれ」というあれだな。

細川　そのときのことをついでに話すと、そういう場合の与謝野の話じゃないが、国粋主義ですよ。高等学校時分はどっちかというと……。

宮川　したがって同じようなお考えで大逆事件に対されておるわけですね。

---

(33)『太陽』　月刊総合雑誌。一八九五年一月、博文館から創刊。九七年に主筆となった高山樗牛（一八七一年―一九〇二年）は国家主義的な「日本主義」の論陣を張り、論壇をリードした。

(34)『日本人』　政治評論雑誌。三宅雪嶺や志賀重昂らの政教社によって一八八八年に創刊。高島炭鉱事件を報じる。国粋主義を掲げ、欧化主義を批判し、政府攻撃も激しかったため、しばしば発禁となった。陸羯南《くがかつなん》の主宰する新聞『日本』と連携する。一九〇七年に『日本及日本人』と改名した。

細川　やはりそういう感じですね。『日本人』の働きでね。

服部　大逆事件に関する徳富蘆花の演説、これに対してどういう感じですか。

細川　それは蘆花の演説に感心したり、無茶だなという程度ですね。やり方は無茶だなと思っても、それについて感情に激したというのは感じないのです。だから国粋主義の思想をうけていますよ。それで先輩では何とも気があうのは末弘厳太郎、それから撃剣の方の塩谷温《しおのやおん》。[35]

服部　ちょっと……。先生方のジェネレーションは、大逆事件を如何に感じたかというと……。今先生はどちらかというと国粋主義だったというようなことを伺ったのですが、国粋主義者はどうだったんですか。

細川　とにかく大逆事件の与えたショックというのは大変なものだから……。

服部　しかし、社会主義は怪しからぬというように感じましたか、あるいはそうじゃないと受取られたんですか。

細川　そこまでいったんではないですね。そこは私に何か違うものがあったからだ。国粋主義カンカンになっていったかというと、そうじゃないんだ。やはり人道主義の何かがあるからね、それからさっきの親鸞の影響もあるしね。

服部　先生の同級生達は、どういう感じ方をしていましたか。

細川　矢内原忠雄はクリスチャンの方だから徳富さんの考え方に動かされたが、多くの者は僕の程度のものだったらしい。

服部　末弘厳ちゃんなんかどうでした。

細川　厳ちゃんも僕等と似たものじゃないかな。政府のやり方は、ひどいことをやるなというぐらいのものじゃないかな。

宮川　ひどいことというと、やはりデッチ上げだということを感づいたわけですか。

細川　何となくそうじゃないかなァという……。二四人のうち半分を殺して、あとの半分をなにしたという、あのあたりだね……。

服部　話が横に飛びますが、今の先生のクラス、矢内原忠雄とか大内兵衛、安部能成《よししげ》なんかのクラスね、今は中老か初老組かしらんが、大逆事件時代に青年だった連中でね、今リベラリスト、平和の問題としてはこちら側に立っている、ああいう連中を一遍集めて、「大逆事件をわれわれはどう経験したか」という座談会を、どこかの雑誌で取上げたら面白いと僕は思うんだがどうでしょう。そのときには失礼ながら僕が司会者になって……。僕、いろいろそういう記録をとっておきたいとおもうんですよ。

宮川　記録は出来るだけとっておかなければならない。出来るだけ計画しよう。

細川　そうだなァ、高等学校のときの先生塩谷時敏、号を青山といって、乃木希典《まれすけ》大将と親交のあった人ですよ。この人は小石川の久堅町に菁莪《せいが》塾を開いておって、私はそこの熱心な塾生だったんですよ。そこで『論語』の講義をうけて、老人と一緒になって散歩をしたり、撃剣《げっけん》の道場まで歩いたこともありますよ。これは人物として非常に立派な人だし、初めはそうだったけれども、段々大逆事件時分から私の考え方が変ってきて離れてしまった。

その老先生に何故引かれたかというと、人間が無欲なんだな。名誉を欲していない。そうして偽りがない。そこに撃剣では一刀流の、そういうスパっとしたものがあるんだな。撃剣は下手だけれども、そういうよう

(35)塩谷温　漢学者。東大教授。父は漢学者の時敬。中国近世の小説・戯曲を研究。生年は一八七八年と細川の年長だが、撃剣を通じて親しかった。一九六二年死去。

なところはやはり感化をうけておりますよ、誠実なそういう面でね、あと高等学校で影響をうけたというのは大したことない。

山崎　大逆事件のとき、高等学校の学生の間にそれを中心にした論議みたいなものを起してはいないですか。

細川　大体私みたいな人間が多いから……。論議はむしろ新渡戸系統の間に多くあったと思う。

山崎　先生が御存じの中で、相当悲憤慷慨しておる人というのは、当時全くなかったですか。

細川　悲憤慷慨したというのは、むしろクリスチャンの方だ。

宮川　大逆事件が起って、すぐに死刑になってしまった。

山崎　非常に早いんだ。

宮川　四三年に検挙されて、翌年の一月、先生の一高在学中、五ヵ月で死刑になったのですよ。

細川　蘆花の演説のときに新渡戸校長も演壇に立つが、あのときは薄暗い、寒さを感ずるような春のことだった。

山崎　原敬はやはり何か感じたらしい。原敬は、やはり相当デッチあげらしいということをいっておるね。

宮川　『原敬日記』のなかでね。

細川　そこで高等学校は大体それで尽きておるな、一応……。

大学時代

政治学史を学ぶ

小宮山　それでは一応大学時代から明治四三年の日韓合併について……。

宮川　先生が大学に入られたのは日韓合併の年ですか。

細川　もっともそういう場合、大体は『日本人』の影響はあるからね。やはり国威発揚だ……。そういうようなことだな。

宮川　それで大学入学は二六才ですね。

細川　とにかく大学に入ったのは高等学校のときもそうだけれども、小野塚喜平次先生が保証人だ。

服部　小野塚先生は法科ですか。

細川　法科から政治学に入った。この前《まえ》話したかしらんが、政治学がよく分らなくて困っておった。実際高等学校時分にその問題は解決されない。入学当時法科に入って、小野塚先生の意見を聞いて、また政治科に再び問題なしに入ってしまった。そういうわけです。

そこで小野塚先生というのは唯物論者で民主主義者ですが、あの当時民主主義者という言葉は使わなかったのです。大逆事件の当時、小野塚先生は何という言葉を使ったかというと「衆民主義」といったりして、言葉にまどったらしい。それほど弾圧も激しかった。「社会」という言葉なんかも使わないんだ。雑誌や何かでも……。そういう弾圧を、私等も段々感じてきたわけです。

大学に行ってから……。小野塚先生は政治学史と政治学とを受持っておった。私は先生との関係で、特にそういう方面の興味をもっておった。そこでいろいろの本を読んだですよ。もう忘れたけれどもね。ブライスの『アメリカン・コモンウェルス』をあのとき古本屋から買ってきて読みましたよ。その他もう忘れたけれどもね。家には常にそういう本がありましたよ。たとえばクレという人のアメリカの学者ですが、それが世界各国の民主主義を研究したもの、そういうものをなけなしの金をはたいて買っては読んだのです。

その時分はカーライルやエマーソンから離れて、デモクラシーの方なんだな。あとでつまり、ブライスのやつを読んでも、結局デモクラシーの弊害は取り除き得ないと、政治における矛盾を解決しない、堂々めぐりというようなものを感じた。それはあとではよく分るんですよ。小野塚先生はそれを一生懸命勉強なさった。ブライスの『アメリカン・コモンウェルス』についてとか何とかいう論文[36]がありますよ、それはあとになって読んでみますと、やはりデモクラシーでは解決されないということは、ここにも出ておるということを感じました。

僕が大学二年か三年のときか、デモクラシーを大いに議論したわけです。そのときにはもう「民主主義」というより「デモクラシー」と原語でいっておったようですね、そうして筧《かけい》克彦、上杉慎吉が天皇中心説というのをやっておった。

服部　それで大逆事件で非常に力を得たんですか。

細川　上杉は穂積八束を受継いで、もっと専制主義に入った。筧克彦というものは神がかり式で、その点では小野塚先生とかそういう連中は、あああれは筧のいうことだと。向うは向うで、あれは俗学だといっておる。で、われわれ政治学史や政治学の講義を聞いておると、筧克彦の信者は「弥栄《いやさか》」をやっておる。それを聞くと、えらいことをやっとるな、おかしなことをやっとるなと思うほどになっておるんだよ。

ゼミ生・友人

山崎　そこまでの思想的の移り変りがちょっとはっきりしないのですが。そこまでいけばもうデモクラットですよ。吉野作造さんの影響をうけられたんですか。

細川　うけたな。それでも影響を受けたのは小野塚先生だな。吉野は小野塚先生の弟子ですよ。やはり小野塚先生が一番しっかりしているという感じがしました。

そこでこの間ゼミナールのときの話をしたと思うが、私は小野塚先生のゼミナールをうけて、私も報告することになって……、何を報告したか、大分《だいぶ》昔のことだから忘れてしまったが、あのとき僕を褒めてくれた。そうしていろいろ批判をして貰って、面目をうけて、先生のいう通り勉強した。

服部　そのとき小野塚先生のゼミナールをうけた人は……。

細川　星野直樹、亀井寛一郎[37]、井上庚二郎[38]、それから中国人の陳啓修[39]、これは蒋介石政権と心中したらしい。それでそれぞれ報告をやって、今でも覚えているのは、星野は非常な読書家であったが、これが結局意見されておるんだ。つまり褒められたのは僕一人だ。

それから大学時代に面白いことは、肴町からくるところに停留所があるのですが、そこに前田侯爵の別荘に道場をもち、そうして漢学の講義をやっておった。そこの仲間には平沼騏一郎がおった。漢学の先生で織田小覚[40]というのが、一軒家の離れをもっておった。本家との間に一軒家をもって、廊下づたいに暮してお

---

(36)小野塚喜平次「ブライス卿の「近世衆民政」」『国家学会雑誌』第四一九号〜四二二号（一九二二年一月〜四月）、のち小野塚『現代政治の諸研究』（一九二六年）に収録。

(37)亀井寛一郎　昭和期の政治家（一八九二年—一九八七年）。外務省を経て、社会民衆党・社会大衆党の衆議院議員となる。近衛文麿の新体制運動に参加、四二年には東条首相を批判し、軍機保護法違反に問われる。

(38)井上庚二郎　外交官（一八九〇年—一九六七年）。外務省欧亜局長、駐ハンガリー公使などを歴任。

(39)陳啓修　経済学者・文学者（一八八六年—一九六〇年）。東京帝大法学部で細川と同期、一九一七年卒業。帰国後、北京大学教授。二六年、国民革命に参加、国民党機関紙『中央日報』の編集長となる。中国で最初に『資本論』を翻訳した。

(40)織田小覚　官僚・漢学者（一八五八年—一九三六年）。司法省・内務省を経て病気療養後、前田侯爵家の学事顧問となる。一九一五年平沼騏一郎らと無窮会を創設、調査主任となる。

った。そうして平沼が講義を聞いておった。主宰しておったのは高等師範の漢学の教授で、名前は今ちょっとでないけれども、『周公と其時代』というものを出しておった。

宮川　それは林泰輔[41]じゃないですか。

細川　それが文字の方にきた高尚学派だな。それが講義しておる。そこに大学におったときに通っていたよ。それからもう一つは、水戸学の三論の講義もやっておった。それにも出ていますよ、出ておるが、既にデモクラットの方に変ってきておるのでしょう。それをやはりデモクラシーの方に利用するとか、材料にしようとして書いておったものです。それが一つと支那の古典の……。

服部　『日本人』の系統を引いてはおるんですか。

細川　入っている。さっきいった平沼、塩谷時敏、これに石川という策士がおって、それが「ああいうやつは余程望みのある男だ、何とかしてこっちの方へ固めよう」としておったらしい。あとで分ったのですが、そのグループの方に固めようとした。第一そういう方でくっつけて、育英会の金をつくっておるわけだ。ところが本郷の前田家に勤めておる同じ町の年寄りがまた漢学が好きで、これのうしろに廻って、細川みたいなああいうのは真剣に飛込むやつだから何とかしたいということを、その年寄りにいっておったということがあとで分った。で、前申したように思想的には『日本』とか『日本人』から、段々と小野塚の方にいっちゃった。デモクラットの方にいっちゃった。

そういうわけで大学時代というものはいろいろの講義は聞いたけれども、とにかく卒業すればいいという程度になっちゃった。それから早くも卒業式がせまってきたが、卒業する間際に肋膜を起して熱を出してしまった。これは撃剣で「お胴」と下から突上げていったものだから胸に当った、そういうことから肋膜になって熱を出した。これでは大抵落第するだろう、もう一遍やり直さなければならないと思った。それが及第したわけだ。

そのときの話だけれども、卒業証書も取りにいかなかった。小野塚先生の世話で大学病院に入っているので、湯沢達吉というのが友人なので湯沢に取りにいってもらったところが、ほかの人には渡せないという。肋膜で寝ているというのに。助手連中は君の病気のことしか私等には分らないが、専制主義だよ、そういうことをいうのは……。その間療養しているとき、医科大学の学生教室で食事が出るんだが、そこで食事をしておったときに小野塚先生がきて、何だと思ったら「君は世話をかけるのも大抵にしてくれよ」というのです。卒業証書もまだあそこに置きっ放しで、あまり取りにいかないので事務所の方から私に催促がきたという……（笑声）。

そういうお方なんだな。そういうわけで、小野塚先生というのは几帳面な人で、大分私に手を焼いておったらしい。越後の金持から奨学金を少し借りてそうしてやらしたら、途中で喧嘩して受取らぬという。そういうことをいったらいかん、こういうことは和かにやるものだ——そういうことでさんざん厄介をかけて、さんざんな目に逢わした。そうして大学はようやく出たわけだ。

大学を出ても、こういう者はあまりないな。新渡戸派なんかにも相当大きな印象を与えたと思うのは、僕は第一に「一高一高というけれども怪しからん、秀才だと思って他の高等学校のやつをものとも思わん」、それが第一腹の虫のおさまらぬところで、どっちかというと他の高等学校から来たやつと仲がいいんですから、同窓の中では末弘先輩、あれは助教授になっておるが、気があうわけなんだ。その他友達という友達も

（41）林泰輔　漢学者・歴史学者（一八五四年―一九二二年）。朝鮮史研究とともに中国古代史を研究し、甲骨文字研究の先駆となる。『周公と其時代』は一九一六年刊。なお、細川は横浜事件の獄中で同書を読んでいる。

ないんだよ。一つにはないわけは、こっちは穢《きたな》い風をして冷飯草履をもって学校に通っているし、彼は青木堂[42]にいくね、あるいは銀座にいく。そういう仲だ。

服部　青木堂はその頃からあるんですか。

細川　われわれ酒一ぱい飲む方にも入らないんだ。穢い、変人のようになっちゃって……。

それでね、こういうことがあるんだ、一九四〇年に星野直樹が企画院総裁になった。これは非常な出世だというので、学士会館で会合をやった。それで私も世間を狭くしてもいかんかなと思ったから、出たよ。とにかく皆は出世だ、出世だといって騒いでやがるんだ。ところが写真撮るということになったら、星野の横に誰も行かないんだ、空いているんだよ。そこに行って僕座っちゃたんだよ（笑声）。

服部　それは愉快だ。

細川　そんな写真撮ったんだよ。阿呆共が遠慮してるものだから、僕はあまり世間を狭くしてはいかんと思って行ったのだが、まるで僕のために席を空けてくれてるようになるので、そこに行ってちゃっかり座ってるんだ。そういうようなわけで、ほかの学校の奴とは終戦後までもやはり何かかんか素直に話もする、それが皆派閥以外の奴なんだ。

母と弟たち

服部　それでは今度、先生の御家族の話を伺いましょう。

細川　僕は弟[43]をどうしても勉強さしたいと思って、それで結局二番目の奴、今《いま》田舎にいるんだが、これを引張ったわけだ。母も息子のいうことだからというので……。それまでも母と一緒に家の手伝いをしておった。郵便局に出ていたり、僕のあとに新聞配達をやったりして母を助けておった。これも小学校の出来はよかった。そいつがまた母親のことを思って、郵便局に入る前に新聞配達をやっておる。また私の町から一里外れた宮崎村というところで、夏場になると棒鱈が獲れる。それがまたおいしいんだよ。それを町の者は争って食べる。それは時間を争うので、船から直接買ってきては、友達と三人で儲けておる。それを僕は勉強させたいというので引張った。

それから三番目の弟だが、これも引張っちゃった。母親には相済まぬけれども……。最後まで取上げちゃったんだよ。母親はあとでいっておったそうだが、あれを送って行ったときに、停車場で別れて泣きながら家に帰った。そこにおっかさんの姉さんが、末っ子が東京に行くというので遅ればせながら送りにきて、途中で会ったけれども、口もきけないくらいどん底に突落したんだ。

それから母親は一人で仕事をしながら暮しておったんだよ。母はあとで胃癌で亡くなるのです。私が大学を卒業して、一月あとに死んじゃうんです。その胃癌で亡くなるというのも、母を一人おいてまずい飯を食わして寂しい思いをさせて、それが積り積って亡くなったと思うのです。世間からは「あんたは息子が法学士になったんだから、やがては大変なものじゃ」ということをいわれた。そのときのバケツの話じゃないけれども、そんなことを話しておった。

それで、私等兄弟三人で富士見町に二階建の家を借りて生活しておったんですよ。自炊して。で母親は冬になると手伝いにきておったりした、可哀いそうにどこに連れ歩くわけでもないんだ、それで母がいったこ

(42)青木堂　東京・本郷の喫茶店。夏目漱石の『三四郎』に登場するほか、森鷗外・平塚らいてう・魯迅らも一階の小売店で買い物をしたという。

(43)弟　三歳違いの直次郎と七歳違いの常次郎。

とで一つ残っているのは、「東京の水は冷たい」というんだ。田舎は井戸ですからね、

小宮山　ああ、井戸の水は冬は温いんですね。

細川　東京の冬は寒いが、子供のためだといってよくきたりしておった。それからまた田舎に帰った。それで弟共は就職して、夜学校に通ったんですよ、

服部　その辺をもう少し詳しく……。

細川　一人は鉄道、飯田橋の車庫に勤めておって、しまいにからだが悪くなるまでやっておった。もう一人は鉄道省の給仕なんかもしておったよ。そういうことで、もちつもたれつしてやっておった。

そこでその間に卒業する春になって、母親がどうも胃が変だというので、そういいながら迎えにきたんだ。この前お話したかと思うが、息子が就職すれば夜具一切を送ってくれるという母です。それで胃が変だというので、東大の病院で診てもらったら癌だという。もう命は決っておるわけですが、そこで卒業するし、就職口は決ったし、兄弟三人付添って田舎に帰ったわけですが、そのときも医者は危ないといって気を揉んだ。それで母親に残念とは思ったけれども、胃癌といったんだがちょっともがっかりしない、しゃんとしておるんだ。「いや、大丈夫だよ、家に帰るまで死にゃァせんよ、帰ろう」ということで帰ったようなわけですよ。帰って、母の儲けたお金でお祝いをしてくれて、そうして一月程あとなんですよ。亡くなったのは。

服部　実際、そういう人は稀だね、偉いね、実際……。

細川　それで近所の人とか、商売のことで一緒だった者だとか、親類の者だとか、そういうものに配り物をするんですからね。だから立派なものですよ。それでバケツの水のことじゃないが、子供の厄介にはならんと、なろうとしても駄目だよ……と。

服部　お幾つでしたか。亡くなったのは。

細川　五三ですよ、そこでおっかさんのお葬式のときは、秋晴れ――ではない、夏だから……天気はまことに透きとおったような天気なんだな、カッカとして。だから僕にはとても印象に残ってるんだ、まことに天気まで母親らしいんだ。

そこでそろそろ就職の話だ。

服部　いや、弟さんのことをもう少し、その後どうなっておられるのか。

細川　弟は母の病中、実は嫁を貰いたいという気持ちだったらしいのです。そこで安心させるために、年頃に弟もなっておるので、それで婚約したんだ。町の材木商でね、それと婚約が出来たわけだ。それで一応安心させて死に別れたわけです。そこで私が住友に就職したから、その足で住友に行くし、それから弟達はまた東京に出たわけです、そうしてそれぞれの仕事に従事して、給仕だった弟は公務員として判任官になった。

そうしておる間に、私は何とかして二番目の弟を中学校に入れようとした。そこで住友に勤めるようになって、その当時ほんの僅かで生活出来たので月々送って中学校にやらそうと思った。その前までは弟は汽車に乗って東海道を歩いておったが、その間にどうもからだが弱っていたので、それを止めさして中学校の方にやることになったけれども、年はいってるし、弟も困ってるんだな。それで小野塚先生に相談したら、それは君無茶だよ、幾ら君の兄弟だからってそれは駄目だよ……。それでその間止めておった元の鉄道に還った、それで婚約の者もきて家をもつと。

今度は三男だが、こいつに一高の試験を受けさせようと思った。農学部に入るということで、農学の試験を受けたけれども落第して、二回目も落第した。それでこれも鉄道の方でということになって、夜学で早稲田大学に出たんだ。

それで今日次男坊は嫁さんの方がどうしても田舎に帰りたいというんで、それで帰ったわけです。とにかく帰って、弟が向うで土地の周旋だとか、家屋の周旋とかを商売にしておる。都会におって何とか智慧をもっているものだから、そういうことで生活の道を立てております。現在田舎におるのです。そうして共産党の若い連中を庇《かば》っておるわけだ。さっき話した、共産主義に関する五十の質問やら何やら、若い者と一緒になってやってるらしい。警察が行って何かかんかよからぬことをしてはいないかと探りにくるが、ちょっと手に負えんらしい。若いのと年寄りと一緒になってやるんだから。

服部　それで泊におられるんですか。

細川　ああ、おるんだ。だからそういう連中がおるものだから、何か催し物をやっても立派にそろばんがとれるんだな。とにかく大谷竹山[44]が講釈して歩いて、泊にきて初めて黒字だというわけだ。それから去年のことだが、弟から書面がきて、前進座[45]の国太郎一座がきたということを報らせてきた。そうして前進座が「神霊矢口渡《やぐちのわたし》」をやったら、もう小屋が溢れる程いっぱいで、文句なしに皆の人をうならせた、喜ばせたという報告がきたんだ。それで当てたものだから、今度は公三郎[46]君の一座を招《よ》ぼうというので相談もしているらしい。

それから何か一つのグループがあって、非常にいい本、理論社からもらった書物なんかあって順覧させておる。その宿に僕の弟がなっていて、ゆくゆくは図書館でもやったらと思っているんですがね。

それから愉快なのは、前進座ならば必ず観にくると、この前進座を見なかった連中は口惜しがってる、今度前進座がきたならば必ず観にくる、こういう立派な芝居なら必ず観にくるというんだよ。私は「神霊矢口渡」というものは五十年前、九つか十くらいのときに観たきりなんだが、非常に感激したもので、芝居に修養を積まれてきておる。僕は五十何年振りでもう一遍観たいと思ったのだが、そのときちょうど忙しくて、とてもそんな暇なんかないというのを、徹夜なんかしてやっと暇をつくり、隙を狙ってある晩もぐり込み、用事があったら前進座に電話をかけてくれといって、到頭観たよ、[47]五十年ぶりで。

服部　それは吉祥寺ですか。

細川　そう、それを僕より先に田舎の人達が見て喜んでおるんだ。

服部　それで三番目の弟さんは。

細川　これは兄貴のことをいろいろ心配してね、今は東京にいますよ。吉祥寺に。それが兄貴が恐いもので……何の影響があるか分らないというので、なるべく交際を避けようとするし、性質が合わないんですよ。まあ放っとけといってるんですがね。到頭やつも役人の犠牲になったか、威張ることと金勘定のことだけは一人前らしい。

服部　役人としては一応成功されたのですか。

細川　高等官までいったよ、鉄道で。停年で出されて長く失業していたが、また仕事に就いたらしい。また息子共はこれは秀才らしく可愛がられておるが、東大を出てから東宝の方に入りたかったらしい。私の知らないうちに映画に興味をもって、そこの科学の方に入った。高等学校の先生が推薦してくれたが、その履歴書で細川嘉六との関係が出たものだから、それでは駄目だということになったらしい。血は水よりも濃いとい

---

(44)大谷竹山　社会運動家、講談師（一九一一年―一九九七年）。農民運動を経て、講談により社会運動の啓蒙にあたる。神田山陽の門下で、真打となる。

(45)前進座　歌舞伎の門閥制度から独立して、一九三一年に創立。河原崎国太郎（一九〇九年―一九九〇年）は同劇団の女形。

(46)公三郎　前進座の中村公三郎（一九一二年―一九九三年）。脇役として活躍。

(47)前進座稽古場における一九五三年五月の上演。

うところがあるからというので落第しちゃった。これには僕も弱ったね。弟の奴は小さなうちから自分は犠牲になり、あんなものになって、今度は罪は悴に及ぶと思ってるんだね。それから家内が行ったときにね、何なら会社の方に弟が必要なら捻じこんでやるといったのですが、そんなことせいでもいいと。学校の先生もえらい怒ってるというわけです。先生、そんなこというならこっちはこっちで心配するからといったらしい。そこで僕は浮かんじゃったが、それで奴は今大学院に入っておる。

服部　そうですか、ではお三方とも健在なわけですね。分りました。では問題を変えて……。

山崎　次に、弟さんの思想的影響はいつ頃からですか。終戦後からですか。

細川　いや、そうじゃない。

山崎　兄さんを尊敬してますか。

細川　そうですね。

服部　泊事件のときにはひどい目に逢わされたんでしょう。

細川　まあえらい目に遭うたんだろうね。兄貴が東京でスパイしておるというのだ。

服部　えらい事件がデッチ上げられて……。

細川　いや、そうばかりでもないんだ。私の母方の家が半農半漁の家ですが、これの細君が弟のところに涙を流してやってきた。今までは村では評判のよい家だったが、子供が学校で皆にいわれる、お前の親戚にスパイがいる、東京でスパイをやった、といわれるのが堪らない。それで僕の弟も、何とでもいわしておけと、兄貴はそんなものではないからといって帰したらしいが、非常に心配したらしい。それはひどいものです。

山崎　その頃から急角度に変わったんでしょう。

細川　ああ変わった。この事件を指して町の奴は、事件は分らないけれども、到頭勝ったといっておる。それで私は、終戦の年に横浜を出ると間もなく、一度顔を出しに行ったんです。こういうわけだからといって。それで皆から歓迎されてきましたがね。それで段々と弟も確信をもつようになり、私より勉強しますよ。それで老人組が固まっておるわけだ。それで第二回の選挙のときには私は第一位ですよ、泊でも。それで皆は、社会党から出てくれればもう少しいいんだけれどもというわけなんだな（笑声）。そういいながら、では皆投票せんかというと、郷里の人、特に僕の生まれた町のおかみさん達、今まで字を書いたことのないおかみさん達が一生懸命稽古して投票してくれたりしている。中には票を開いたらわけの分らないようなやつが出てきたというのだがね。

山崎　そいつは郷土観念ですね。郷土から出た人を推すというだけでなく、やはり先生を向こうが尊敬しているわけだ。

服部　愛されておるんだな。

細川　おっかさんの影響もあるんだな。二回目の選挙のとき、紡績工場が泊に出来た。その女工をつかってじゃんじゃんやった、全国区から出たときに。町は引繰り返るような騒ぎだった。マイクをつけて、そうして女工さんなんか乗って盛んに宣伝をやってくれたり、第一回のときと違うんだよ。全く猛烈だった。共産党、共産党といって自転車に乗って通っていくんだ。共産党の細川嘉六を頼みまァすと。それが際立っているんだ。弟は弟で、でかい行灯のようなものを立てて町を練り歩くんですよ。今度も前からみれば票は下ったけれども、一位ですよ。

服部　これは面白い。

第三章　住友・読売から東大経済学部・大原社会問題研究所へ

大原社研研究室にて33歳の細川嘉六

住友時代

入社事情

山崎　それでは住友に入ってからのお話を伺いましょう、住友時代のね。どうして就職したのかということを伺いましょう。

細川　そこで大体僕の大学の成績というものは真ん中だ、よくも真ん中におったと思うよ。ほかの奴等何を勉強しておったかと思うくらい（笑声）。まあそういうわけで卒業した。そこでまた小野塚先生、心配した。これをこのままでおくと飯を食うことの出来ぬ男だ、そこで飯の心配をしてくれたわけだ。当時住友の重役だった人で、久保無二雄《ぶじお》[48]、これはいつも文無しで、久保の文無しといわれておったが、ドイツに一七年もおった人だ。それがドイツにおるときに小野塚先生が留学した際に知り合った親しい友達で、帰ってきて学習院の教授にもなった人です。そうしてやっておるときに総理事の鈴木馬左也《まさや》[49]の推挽《すいばん》によって別子銅山の支配人となった。

そういうわけで小野塚先生が心配して頼んだんだ。頼んで僕は入れられることになったんだがね、あいつ変り者だ、これこれの変り者だというようなわけで、久保と総理事の鈴木馬左也に話した。鈴木がそれに乗ったんだな。そうして私は鈴木が出張している牛込弁天町の彼の宅で会うということに俄《にわ》かになった。まだ卒業とならないんだけれども、鈴木も学校の成績は悪くてもいいというようなことで、私に会うということで採用試験をやってもらったわけだ。

私に小野塚先生から使いがきた。そのとき学校の友人と何か話しているところにやってきた。そこで行きましたよ。そのときはね、小倉正恒[50]なんか鈴木の下なんだ、あれは支配人だからね、それで私は鈴木に会ったよ。会って何といったかというと、就職願いに行った奴がまたひどい奴で、実は新聞社に入りたいと思うと。親の心子知らずで、小野塚先生の気持ちを察せず、新聞社に入りたいんだ、実は。[51] ところが鈴木が何といったかというと、君、新聞社はあとにせい、最後に十年経ってからにせい、損はしないよ、ということで、それで僕は大いに確信を得たわけですよ。それから親はどうしておる、何をやっておるかというから、親は魚を獲っておる。鯨を獲ったりなんかしておると……（笑声）。鈴木は笑い出して、それでは海賊の息子だな……（笑声）、それが非常に利いたらしい。無欲恬淡《てんたん》、こいつに仕事さしたらきびもてると思ったらしい、それで採用になった。

服部　いいね、この話……。

細川　それくらい僕に惚れこんでいるんだ、娘を僕にめあわせようということまで考えておるんだ。

---

(48)久保無二雄　実業家（一八六八年―一九三六年）。欧州から帰国後、学習院教授を経て、秋月左都夫の推薦で住友入社。別子鉱業所支配人を経て、住友総本社理事となる。退社後も住友家の顧問を務めた。農商務省『職工事情』（一九〇三年）の調査もおこなった。日本で最初にドストエフスキーを知った人物という。

(49)鈴木馬左也　実業家（一八六一年―一九二二年）。内務省・農商務省などを経て、一八九六年に住友本店副支配人となり、別子銅山支配人などの後、本店総理事に就任し、組織改革を実行した。

(50)小倉正恒　実業家・政治家（一八七五年―一九六一年）。内務省を経て、鈴木馬左也の勧めで住友に入る。一九三〇年に住友本社総理事に就任、合理化を進め、グループ各社の株式会社化を進めた。近衛内閣の下で国務相・蔵相を務めた。戦後、公職追放となる。

(51)細川は「書斎の思い出」のなかで、「大学時代から私は、学者生活よりもまず、言論界に立つことを理想とするようになった。福本日南や池辺三山のような一流の評論家になろうというのである」と記している（『思想』一九五四年四月）。

服部　別子に入ったのは何人くらいでしたか。
細川　六人ぐらい入っておる、いや、もっとかな……。
服部　それは誰々です。
細川　矢内原忠雄、小畑忠良、しまいに星野も推されてきましたがね。
服部　それも小野塚先生からですか。
細川　いや違う、それは私だけだ。特別にそうされなければ新聞記者になっておったかも分らない。そこで私の方は、小畑忠良と一緒に大阪の住友合資会社総本店におったんですよ。
服部　矢内原さんは別子だ。
細川　いやお膝元だ。それで小野塚先生が外国で着ていた洋服を一つ貰って、それを着て行ったんだ。洋服を買うことが出来ないだろう……。
服部　小野塚先生の洋服が先生に合ったんですか（笑声）。
細川　合うですよ。形は古い型だけれども立派な洋服だ。
宮川　それは卒業なさった年ですか。
細川　そうそう。母のなにが終えて……。それからが大変なんだ。それほど買われたんだよ。

夜の修行

山崎　総本店に行ったわけですか。
服部　大阪にいらしたんですね。
細川　そうそう、それからが大変なんだ。大阪に行って今までの生活を全然変えなくちゃいかんというので、大いに酒も飲むし、芸者遊びもするし……。

山崎　先生の芸者遊びというのは面白いだろうなァ。

細川　それから心を入れ替えて、いろいろ修養しなければならぬ。大学時代には俺はボロを着ていたが、これからは人と付合いもしなければならぬ、これが命をかけての仕事なんだと……（笑声）。どうも話が変な話だけれども、そこで下宿を天王寺に取替えた。そこのおかみというのが、元陸軍大将閣下の妾で、元は士族出かもしれないが、そこに踊りの師匠がおるんだ。

服部　面白いね、それは。

細川　大いに修養したよ、踊りの……。

服部　カッパ先生[52]もいいね、全く。

山崎　段々分ってくるね。

細川　その近くに斎藤悠輔[53]というのがおったよ。今最高裁判所の判事か何かやっておるが、これとは高等学校時分から知り合っておって、私が大阪に行ったとき彼は大阪の裁判所詰めになっておった。家に遊びに押し

---

(52)カッパ先生　細川が「カッパ老人」などのあだ名で親しまれたのは、一九四〇年前後の若い世代との活発な交流を通してであった。西沢富夫は「細川夫妻の想い出」のなかで、次のように記している（『細川夫妻を偲ぶ』、一九七七年）。

細川さんは、当時五十才を越えたばかりでしたが、大きなヒゲをたくわえ、いつもステッキをついて、晩年の感じとあまり変らない枯れた風貌をしていました。私は二〇才後半の青年、他の仲間たちも同じ世代でした。

私たちは、細川さんを「細川老」とか、「カッパ老人」とか、「老人」とか呼んでいました。これは、年令上の大きな開きにもかかわらず、細川さんが私たちを仲間のようにあつかってくれたことの反映だったと思います。

かけていったときに、彼は踊りを稽古しておった。そういうわけでね、踊りを稽古し出した。それから住友の総本部におった加賀の財閥の一人、それが宝生《ほうしょう》流の謡《うたい》が相当のものでね、それが社員を集めて謡の稽古をやるというので、それで僕も行ったよ。行ってやってみるとさっぱり駄目なんだ。腹から声が出ないんだ（笑声）。そうしておる間に止めて、踊りだけになった。その間に本社におるといろいろな奴が入ってくる。それらと一緒に飲む方の稽古を始めた。

服部　先生はそれまで一滴も飲まなかったんですか。

細川　ほんの僅か飲んだことはあるけれども、飲む稽古を始めた。今でもよく話が出るんだけれども、その当時ボーナスを貰って二、三人の奴と飲んで歩いて、大阪市外の法華寺の庫裏に泊っておった。これは今重役になったけれども。そこの庫裏に泊ったことがあるんだ。そこまで飲んで歩いた（笑声）。

そこで感心なことはね、私は大学を出ると田舎に蓄音機を一つ寄付しておるんだ。というのは、ボーナスの中から蓄音機を贈ったり、そういうものもあった、飲んだり食ったりするばかりじゃ決してない。それから一日、小野塚先生に僕の出来る範囲内で、湯沢先生にも灘万《なだまん》の菓子を贈ったりしましたよ。そうしたら先生達から挨拶がきましたよ。湯沢さんはどこかの温泉に行っておったときで、まことに志は嬉しいという挨拶がきた。それだけはやったけれども、あとは飲んで歩いた。それから芸者遊びもやったよ、女郎屋にも行ったし、何でも稽古しようと思った。

服部　高等学校や大学のときは飲まないんですか。

細川　飲めないんだ。今は少し飲んでおるけれどもね。まだその余裕もないしね。別に好きでもないし。ところが大阪に行っておる間に大分飲めるようになった。誰かいってたそうだが、かれは一升飲んでいるぞ、と。それが最高潮で、住友を辞めて東京にきてからはほとんど離れてしまった。一合飲めばそれで大変なことで、そういうふうになってしまった。

山崎　やはり新しいジェネレーションはね、何ですよ、細川先生など芸者なんか見たこともない人、謹厳そのものに見える。その先生に、過去にそういうことがあったということは、近づき易いですよ。

細川　それだけ蔭じゃ笑ってるんじゃないかな（笑声）。

山崎　僕は思ったんだが、先生の踊り、やっぱり素養があるんだ。

服部　銭がかかってるんだ。

細川　そう、銭はかかってる。どうもこの住友関係は……。

住友辞職のてんまつ

服部　住友は先生いつ辞めるんですか。

細川　一九一八年だ。住友をなぜ辞めるかというと、折角きたけれども、どうもこの金の世界にいたのでは安心して死ねんから駄目だ、それなら儲けて儲けて宜《よろ》しく文化運動に投ずるやら、文化的施設をやるなら話は分るけれども、それはやらない。しみったれなことばかりやってる、それでいやになったんだ。

俺は当時そろばんなんか稽古しない。そういう小さいことはやらない。それで行った当初に友達は心配しだして、細川、そろばんを稽古しなければおれないんじゃないかといって、小畑忠良なんか私に意見したことがある。おるんならおるようにしてやらなければ駄目だと。そのときにはもう肚は決っておる。それで、

（53）斎藤悠輔　裁判官（一八九二年―一九八一年）。一九一八年に大阪地方裁判所判事任官、敗戦後に広島・大阪各控訴院検事長、四七年に最高裁判所判事となる。

君達はそう細かいことをいっていじめるなよといっておった。[54]

　大きなそろばん、小さなそろばんということはないけれども、とにかく辞めることにして久保に話した。久保はもう辞めておって、そのときに別子の所長だった鈴木馬左也は辞めることをとめた。君がここの仕事がいやなら別子にいってみる気はないか。実にやりようによっては大きな仕事が出来るんだよ。五分の値引きをやっても住友の大きなプラスになる。行ってやらぬかといった。友達と喧嘩したのか、私達は喧嘩はしておらぬ、しかしここにおるべきじゃないということを考えたわけですが、そこで一時別子にでも行こうかという気持ちになったんです。久保も承諾して、一時その気になったんです。そのときの課長は歌よみの川田順[55]ですよ。川田順は計理課長で、その上の支配人が小倉正恒です。それで困ったんだよ。

服部　川田がですか。

細川　あの繊細な心理で僕と合わないんだ。私は馬鹿野郎、細かいことばかりいいやがってと思っているわけで、とにかくそろばんなんかちっともしない。毎晩飲んで歩いて遅刻するし、人の取り扱いはへただし、これには先生困っておった。別子銅山の関係をはっきりいっておって、その下で僕はやっておった。それで私もとどまって別子に行くことに決めてしまった。その上、久保無二雄というのは有名な恬淡な男で、総理事になる候補までいって辞めた。それで僕の方としても辞めるということにしたんです。久保もいないんだし、もう住友にはおれないというので肚が決ったわけですよ。

二人の女性を助ける

細川　僕が実は大阪で行った女郎の一人、それは東京郊外の者ですよ、烏山の女の子なんだ。それの姉というのが元々その道にいて、その姉にだまされてその道に入っちゃった。どこか百姓の娘でね、それを一人知った。

　それから私の郷里で一人知った芸者なんですが、それは卒業する前の年、おっかさんが健在のときに、さっき話した留学生の陳啓修君、それを招待したわけだ、それを温泉で一席設けて、そうして芸者を呼んだわけだ。そのうちの一人の芸者、これは芸も出来る。富山市の者ですよ。元は士族の流れだ。そのときはおっかさんも同じ部屋におったが、それが馴れ染めなんだ（笑声）[56]。

服部　馴れ染めのときにおっかさんもおったんですか、芸者と一緒……。あなたのおっかさんという人は……。

---

(54)小畑忠良は細川の葬儀に一高同窓生代表としての弔辞のなかで、次のように細川の住友退社時について述べている（『故細川嘉六葬儀の記録』、一九六三年）。

　僕がひる飯の為めに立ち上ろうとした時、君は僕の机の傍に来た。そして今辞表をだして来たと云うのだ。僕は驚いたね。「昨日君は僕が変らねばならぬと云った。僕もそう思う。僕は変る能力を持ち合わせて居るつもりだが、変る価値を認めないのだから辞表を出した」と平然として居る。「どこか外につとめるあてがあるのか」と聞くと「いやない、これから考える」と云う。僕は腹が立った。勝手にしやがれと思った。

　かくして君は颯爽《さっそう》と住友を去っていった。

(55)川田順　歌人・実業家（一八八二年―一九六六年）。住友入社後は経理畑を歩き、一九三六年に常務理事で退職。『新古今和歌集』の研究でも知られる。戦時中は愛国歌を多く詠む。

(56)一九二四年八月一八日付『北陸めざまし新聞』「郷土出身人物月旦」には、次のようにある。

　一日小川温泉に遊び芸妓菊治の舞踊を母に観せた、母は大層満足して喜んだが、程なく此世を去つてしまつた。此等の関係からして氏は菊治の身の上話をも聞かされて大に同情し、遂に尠《すくな》からぬ金を投じて菊治を足抜きさせて親元へ返してやつた。……爾来《じらい》菊治との会見はおろか葉書一枚やつたこともない、実に光風霽月《せいげつ》さつぱりしたものである。世間は如何様に噂しても一向やましき節のない氏は平気なものであつた。

細川　ああ、おった。そこで僕のヒューマニズムというものが出てくるんだ。そこでいよいよ住友を辞めるわけだけれども、俺が出る場合、何か人の気のつくようなことをしたいと思った。それでこれは一つ女を解放してやりたいと思った。あの女郎を解放してやろう、それを土産にして出ようということを考えたんだ（笑声）。

服部　面白い。田舎の芸者と女郎と、二人ですか。二人の女の人を助けるという話、人道主義からでかいことをやるということ……。

細川　そうそう、そこでね、何とかして二人の女を自由にしてやろう、しかしそれには金がないだろう、それで久保無二雄に話した。それがちょっと約束したことがあるんだ。久保さんが浪人になって、僕も浪人になるときだ。それで浪人になったんだよ。正式に辞めたのは一九一八年の九月一〇日、辞めたけれども、困ったんだ。それで久保に相談したよ。久保もそういう事情は分るんで、そのときに僕は例をひいたことがある。名和長年の例を引いたんだ。

服部　どういう話ですか。

細川　何か約束を守ったということだと思う、詳しくは忘れたけれども。そうしたら久保は幾ら金が要るんだ、千円あればいいだろう……そうしたら久保はぽんと千円くれたよ。

服部　そのときの先生の月給は幾らですか。

細川　三五円か四〇円だ。そのとき千円ぽんとくれたんだ。

服部　千円くれたの、偉いね、それは。

細川　僕の話を聞いて感心した、それでぽんと千円くれた。それでまず田舎の芸者のところにもって行った。これで自由になりなさいといって。それを一つ片付けて、次の女郎は、女郎のおやじを呼んでそのおやじに金を渡した。こういうことだったんだよ。そこでおやじはこの娘貰ってくれんかといっておった。恩義に感じて……。

山崎　それはいいところだな。

細川　そうしたら、それは駄目だよ、私と一緒になる場合は、ある場合には野宿もしなければならぬ、そのくらいの覚悟が要る、これから仕事をやるのに俺はどうなるか分らぬ、捨身だからね。とにかく家に連れていって田圃や何かさせなさい、そのうちに私も考えるということで、納得して連れて帰った。初めは難波の女郎だよ。それでようよう自分もさっぱりして東京にきたわけだよ。

山崎　そこで野宿するかもしれないという問題……。

細川　その時分には明治維新の吉田松陰、高杉晋作だとかいろいろあるでしょう。ああいう連中のことが頭に入っておって、いやしくもそれだけの覚悟がなければ駄目だということで、そのときには民主主義者じゃないんだ。単なるヒューマニズムなんだ。

服部　それからロシア革命の影響は……。

細川　ちょっとあるときですね。

宮川　一八年に先生は辞めて……。

山崎　住友に入って翌年ですね。住友に入った年はロシア革命の起った年、ほとんど同じ頃ですね。

小宮山　入ったときにロシア革命ですね。

細川　そこでロシア革命なんかの影響をうけて吉野作造、あれがそのあおり、影響をうけて、ずっと民主主義が伸びていった。そこで今度はロマンスだ。

服部　ロマンスを梶棒《かじぼう》にしてふんぎりをやるわけだ。

山崎　解放運動のね。

宮川　そこでね、住友を辞めたのは九月一〇日頃ですね。そうすると八月に米騒動があるんですか。

細川　あるんだよ。

宮川　それがどう響いたか……。

細川　その時分はそのことで一生懸命でしょう、それに米騒動の本場から離れておるんだよ。それから夏帰ったんだよ。小野塚先生に相談しようと思って。ところが小野塚先生は夏になると皆で軽井沢の別荘に行って駄目なんだ。また同僚であった矢作栄蔵[57]、この人も軽井沢に来ておって、鈴木君から聞いたが君が辞めるという法はないという、とにかくこれは辞める覚悟をして報告したようなことになっておるんですよ。それは米騒動から相当離れておりますよ。とにかく私の転身はさっき話したようにロシア革命、デモクラシーが基礎なんだ。

服部　決意は米騒動の前ですか。それで田舎の恋人である芸者のところに金をもっていったのは翌《あく》る年ですか。

細川　いや、その年だ。米騒動が起る前にもいってる。

服部　それは現在いう芸者の身請けですね。それは大体……。

細川　大体四百円、そのくらいだろう、女郎の方もそんなものですよ。

山崎　そこのところは先生の決意やなんかあって、波瀾にみちて……。それでほかの人をもってきても妻帯する気はないわけですね。

細川　それはそうだ。野宿でも何でもして、貧乏もとことんまでやる、それに耐えられなければ僕は一緒になれないというわけだ。そこで恋の話はうっちゃって。

それから読売に入って、パリに行く秋月左都夫を停車場に送りに行って、ピタッとその東京に帰っていた女郎に会ったよ。

服部　偶然ですか。アレッ。

細川　それがだ、やっと家に帰った女郎がまた売られて大阪に帰るらしい恰好なんだ。情けないと思ったね。

知らないらしかったけれどもね。

服部　先生は口聞かないんですか。

細川　もう文句をいってても何にもならないと思ったからね。子供でもあったらそうはいかないが、その点非常にあっさりしてるんだ、綺麗なもんだよ。そこでうまいことしよったらもうお終いだ、今なお最後まで終りはせん。だからそういうことは打ち込めば打ち込む程駄目だな、だからサパッとする。

それからもう一人の田舎の芸者は、私に大いに律儀を尽してどこにも行かないんだ、母親のところに帰って。母親というのが妾になっていて、そこで踊りの師匠かなんかやっておる。それらで僕はさんざん友人から一体あれをどうするつもりだ、何とか片付けてやれよといわれて、それで一度帰ったことがあるんだ。帰って会ったよ。

で結局、とことんまで貧乏をやれるかやれないか、もしやれる覚悟があれば一緒になろう、だが何も私に義理を尽すことはないんだよ、そういうことで結局問題は僕のなんで離れていった。そういうことで貧乏をとことんまでやれるか、その覚悟があるかということになったら駄目で、その母親も娘もこれは駄目だということで離れていった。これでラブ物語は一応終りだ。

(57)矢作栄蔵　農業経済学者（一八七〇年―一九三三年）。東京帝大農学部・法学部教授。一九一九年に法学部から経済学部が独立し、経済学部教授となる。

服部　分りました。それで先生、東京駅で会って、一言も交さずに……。

細川　ついでだから申すと、軽井沢で小野塚先生に会ったときに、君どうして嫁が出来ないんだと。その前に住友に入ったとき、工科出の先輩がおるんだ。田舎の方、九州の炭坑にいる優秀な人ですよ。これが一人世話しようとした。それは女子大出の女郎屋の娘で……それで何とかしてまとめようとしたんだが、例の野宿でも何でもして構わんという気持ちがあるかという問題になって、また逃げ出した。それでなぜ結婚は駄目なのかと僕に聞くから、こういうひどい生活に耐え得るか耐え得ないかで話が決ってしまう、皆逃げ出すんですよ、と……。

服部　そうして読売時代ですか、今の奥さんとの結婚は……。

細川　ああ、読売にいたときだ。

米騒動の体験

宮川　最後に先生、米騒動というものについての印象を伺いたいのですが。

細川　印象といってもピンとこないんだよ。ほかの方が忙しいものだから。印象はむしろ子供のときにある。それはまたあとで話そう、深いんだから。

服部　だから米騒動について、子供のときのことをここで加えて下さって……。

細川　米騒動については、私の小学校時代に何回もあるんだよ[58]。米が高くなるというと、米商売の方におしかけるんだ。あるいは物持ちの方に押しかける。その他例になっていて、米を積んだ車が私の町の浦から直江津方面だとか、ほかの方面に送る、あるいは北海道に送る。そうすると値段がカタッと上る。それで皆出るわけですよ。その出る場合はね、使者が通る、あっちこっちを女達が歩く。今日は出るというので、夕方になるとそろそろと集まってきて、請願に及ぶんだ。

服部　その女達というのは、亭主は稼ぎ人ですか。

細川　どこかの稼ぎ人だろう。まあそれが女達の仕事なんだが、私等も子供の時にくっついて歩いた。おっかさんも出ておる。そうして請願するんだ。一ついい、二ついいして。まあその程度だな。それにも拘らず車に荷つけて浦から米を運ぶという段になると、今度はいつ幾日に出るというので、船に廻る。これは秘密裡に行われるが……。そうすると今度は荷車につながるわけだ。そうして押さえるんだ。ある場合にはこの間話したように、大金持ちが金を出して片付けるとか、なだめるんだ。それで何とか解決するということになるんだ。

服部　なるほど。そういう伝統があるんですね。

山崎　やはり先生、三つ児の魂が残っているんですね。これが分らないと……。

細川　それから高等学校のときに一度あったね[59]。そこで私のおっかさんも、足の商売だけれども出られない。私はどうも気になる。夏帰っておったときですよ。おっかさんはもう出るなよというんですが、出ずにおられない。そのうちに結局向かいの人力車夫のおかみさんがつかまって、警察に連れていかれた。そのときは大分警察に引っ張っていかれた坊さんやおかみさん達がいた。それを貰い受けに行って、それで警官とやり

(58)富山県警察部調の「明治以降の米騒動」（『米騒動の研究』第一巻所収）には一八九八年のこととして、「（八月頃）泊町細民婦女は役場及資産家へ救助方を哀願したるに、適時細民婦女団三、四〇名、有志者より寄付を為して救助せり」とある。一九〇三年にも、泊町細民の嘆願があったが、「救助迄に至らず」に終わったことが記録されている。

(59)前掲「明治以降の米騒動」には一九一二年のこととして、「下新川郡泊町細民婦女子は、役場及有志者の宅を訪い、救助方を哀願せり。婦女三、四〇名の一団。町は有志者より寄付を募りて給与す」とある。

合った。とにかく家には年寄りがおるんだ、こういうことで引っ張られては困るということで出した。お前は何だ、俺は高等学校の生徒だといってやり合ったが、そういう交渉に行ったこともあるんですよ。それが米騒動に直接参加した例ですね。そういうわけで、私というものはそういう場合に、正邪の問題になってくるとじっとしておれないんだ。

服部　だから米騒動の場合は、味方の気持ちで聞くことが出来るんですね。

細川　まず母親の血を受けておるんだよ。もしここで喧嘩でも始めたら、正邪を問わず友達に加勢する方だよ（笑声）。

服部　それでは今日はこれで……。どうも有難うございました。

読売時代

読売新聞入社の経緯

細川　そこで一期が終ったわけだ。それで私は朝日新聞に入りたかったんだが、鈴木馬左也が手を離そうとしないんだ。それで西村天囚[60]にも会った。西村という男は文学博士で偉そうだけれども、これは駄目だと思って断った。

　長谷川如是閑《にょぜかん》[61]なんかもおるわけだ。そうそう一九一五年のあの二十一ヶ条問題[62]、あれ政府とやり合っておったよ。その当時、大正四年だ。当時鈴木馬左也は鳥居素川[63]、もちろん長谷川如是閑なんか問題にしとらん。そのとき私は思った。朝日の鳥居素川、長谷川如是閑は駄目な男だ、長谷川なんか。その当時鈴木の影響をうけて、問題でなくなった。長谷川は文化人みたいな顔をして威張っておるが、実際問題として駄目だということになっちゃった。

それで鈴木の方は、読売新聞を主宰しておる兄貴の秋月左都夫《さつお》[64]が、本も読んでおるし、君の先生になる人間としていいよというのだ。他の家に養子に行っている、この秋月というのがまた変り者ですよ。外交官、大使として大きな仕事をしている。頭が非常に冴えておるんだよ。それで実際の交際面においては政治家じゃないんだな。で、とにかく行った。そこで東京にきて、まず秋月に会って入社が決った。一九一九年の正月、読売に行ったんだ。

---

(60)西村天囚　ジャーナリスト・文学者（一八六五年―一九二四年）。一八九〇年に大阪朝日新聞社に入り、日清戦争では従軍記者となる。主筆となり、コラム「天声人語」と名付ける。退社後は漢学者として活動。

(61)長谷川如是閑　ジャーナリスト（一八七五年―一九六九年）。一九〇八年に大阪朝日新聞社に入り、「天声人語」も執筆。「白虹《はっこう》事件」（注(121)参照）で鳥居素川らと退社、大山郁夫らと『我等』を創刊、デモクラシー陣営の一角を占める。二二年、大原社会問題研究所の嘱託となる。

(62)二十一ヶ条問題　大隈重信内閣が中国の袁世凱政権に突きつけ、大半を飲み込ませた「対華二一個条」のこと。ドイツの山東省権益の継承と日露戦争で得た日本の権益の拡大を図ったが、中国の激しい反発を招いた。

(63)鳥居素川　ジャーナリスト（一八六七年―一九二八年）。一八九七年に大阪朝日新聞社に入り、憲政擁護の論陣を張る。「白虹事件」で退社、『我等』を創刊する。『大阪日日新聞』を創刊するが、短期間で廃刊となった。

(64)秋月左都夫　外交官（一八五八年―一九四五年）。住友総本店総理事鈴木馬左也の兄。スウェーデン、ベルギー各公使、オーストリア大使を務めた後、宮内省御用掛を経て、一九一六年一二月に読売新聞社社長となり、社説も書いた。西園寺公望の求めで、パリ講和会議の全権団顧問となった。この読売入社時に知己を得た細川は、その後も交友をつづけ、横浜事件での獄中からの書簡では「秋月老人」への親しみと感謝を記している（本書第二部書簡編参照）。黒木勇吉『秋月左都夫：その生涯と文藻』（一九七二年）がある。

それから秋月の弟子になってやろうとした。[65]ところが、一九年、西園寺老公[66]なんかがパリにいく際、秋月も非常に懇望されたわけだ、一緒に行ってくれと。

外交部記者

細川　読売に入った当時、その社長は元オーストリー大使秋月左都夫、これはこの前話したように、住友総本店の総理事鈴木馬左也の兄さんです。私が住友を辞める当時、朝日新聞に入りたがっているのを聞いて、兄貴のところに行けと、兄貴は本も見ているし、君のいい先生になるだろうというので紹介されたわけだが、それほど見捨てられなかったんだ。

　それで最初私見習として外交部に入ったのです。外務省係だったんだが、その当時の部長は、まだ生きているが奥野七郎という同県人です。外語出のえらい変り者です。そのほか青野季吉《すえきち》、[67]市川正一[68]がいた。

　あの当時読売っていうのは、何というか、古武士というか、一癖ある奴が集まっておる。他の新聞は近代的な者が、ビジネスティックに近代的にやっておる。それで京橋の橋際に当時あったが、社長は元外務大臣だった本野一郎[69]、それが持主だったが、その主人が亡くなって夫人が所有者だった。それで秋月が昔から親しい仲で、あとを頼まれた。外務大臣をやっておったときに頼まれて、社については代表者としての実権をもっておったわけです。だから私を入れるときも、雑作《ぞうさ》なしに入れられたわけだ。

服部　秋月さんの略歴をちょっと話してくださいませんか。

細川　略歴は外交官で、オーストリー大使になる前は北欧地方の公使なんかもやっていました、そのあたり詳しくないのですが。ロシアと非常に親交をもっておった。ですからああいう方面の、アナーキストやサンジカリスト、マルクス主義者の思想については興味を持って理解しておったのですね。[70]

服部　市川正一なんかいたのですか。

細川　そうでしょう。

（65）細川は「書斎の思い出」のなかで、「秋月氏は、フランスのサンヂカリストたるソレルの愛好者であり、沢山の書物を読んでおり、鋭い政治批判を紙上に発表したりしていた。鈴木氏がその兄に私を紹介したのも、兄のもつ学識に感化させようという思いやりからであった」（『思想』一九五四年五月）と記している。

（66）西園寺老公　西園寺公望（一八四九年―一九四〇年）。政治家。日露戦争後、桂太郎と交互に二度内閣を組織した。パリ講和会議の全権となる。一九二〇年代後半から最後の「元老」として後継内閣の奏請にあたった。

（67）青野季吉　文芸評論家（一八九〇年―一九六一年）。一九一五年に読売新聞社に入る。争議を指導して解雇される。プロレタリア文学運動を指導し、『文芸戦線』で批評活動を展開した。一九三八年の第二次人民戦線事件で検挙された。

（68）市川正一　社会運動家（一八九二年―一九四五年）。一九一六年に読売新聞社に入るが、一八年に退社。河上肇『社会問題研究』を通して社会主義の研究を進め、二二年の日本共産党創立に加わり、検挙される。出獄後、共産党再建にあたるほか、『無産者新聞』主筆となる。二八年にコミンテルン第六回大会に出席。二九年の四・一六事件で検挙され、統一公判では後に『日本共産党闘争小史』となる陳述をおこなった。無期懲役の刑を受け、網走刑務所で服役。四五年三月、宮城刑務所で獄死した。

（69）本野一郎　外交官・政治家（一八六二年―一九一八年）。父親は読売新聞の創業者。一八九〇年外務省に入り、ベルギー、フランス公使などを経て、一九〇六年ロシア公使・大使となり、日露協約の締結にあたる。一六年寺内正毅内閣の外相となり、ロシア革命に対してシベリア出兵を積極的に主張した。

（70）『読売新聞百年史』には、奥野七郎（一八八二年―一九七一年）の「青野季吉や市川正一は、秋月からフランスのマルキスト、ジョルジュ・ソレルの話を聞いて、秋月の急進思想への理解ぶりに感激したことがあった」という談話を載せている。

服部　それより先ですか。

細川　それは先に入っていたろうね、青野なんかも先に入っていた。これは私はっきり知ってるわけではないんだが、聞いたところではロシア革命のとき、明石元二郎[71]と秋月も北欧地方に行って、レーニンやその他ソヴエトの連中と付合おうとして努力もやったらしい。

服部　明石が会ったのは一九〇五年の革命のときでしょう。

細川　そうでしょうね、一九〇五年です。

服部　その頃秋月さんも何か関係のあったのかもしれませんね。

細川　そうでしょうね、きっと。そこで秋月という人は、あまり表面に立たなかった。私が一九一八年に住友を辞めたときに、総理事の鈴木さんがいっておった。西園寺公からこういう書面が来ておる。私も読みましたが、その書面は西園寺公が今度パリの平和会議に行くが、お兄さんに行って貰うことになってまことに嬉しいと。師として友として行って貰うということだった。そういう格ですよ。

服部　それで随《つ》いて行ったわけですね。

細川　行ったんです。その前に、宮内省御用掛なんかやっておるときに、やかましく宮内省改革を叫んで、宮内省を駄目になったらしい、そういう人らしい。

服部　それではちょっと伺いますが、あの講和会議のときにチャーチルを指導者にして、そうして対ソ干渉面、あの陰謀がパリに出来るわけでしょう。それにもちろん日本は大きな役割を演じたことはシベリア出兵でも分ることで、秋月さんにさっきのような前歴があると、案外西園寺公がそうした方面の顧問に秋月さんを使うつもりで行ったと、そういう形跡はありませんか。秋月さんが戻って、たとえばシベリア出兵を読売で論証したと、そのとき秋月さんがいたかどうか知りませんけれども……。

細川　それについては私ははっきりしたことは知らないんだけれども……。

服部　シベリア出兵について読売が……。[72] これはわれわれ調べれば分ることですが、先生御入社の頃は……。

細川　大正八年です。一九一九年……。

宮川　その前にシベリア出兵しておりますね。

細川　そこでむしろ、それは既定の侵略政策だから……。それよりもむしろ山東省問題[73]で、中国との問題ですね。それに相当な役をなしておるんじゃないですか。

服部　外交部の人はどんなことをいってましたか？

細川　まだ見習だったから……。とにかく伯英軍の手先なんか来ておって、その場合記者として行けというわ

---

(71)明石元二郎　軍人（一八六四年―一九一九年）。日露戦争時、ロシア公使館付武官として諜報活動を展開する。一九一〇年韓国駐剳憲兵隊司令官として義兵運動を弾圧し、憲兵政治を確立した。一八年台湾総督となったが、病没した。

(72)秋月左都夫は社長就任直後の一九一七年一二月二〇日、二一日の社説「露国へ出兵の風説に就て」において「一体他国内に其国の政府の承諾を経ず、又は其意志に反して軍隊を入るることは、実に重大なることたるを知らざる可らず。重大なり」「露国内に我軍隊を送ることは現下の問題にあらず」と論じた。しかし、一八年五月、田中義一の関係する帝国青年会幹事の伊達源一郎が主筆となると、シベリア出兵論が高まった（『読売新聞百年史』）。

(73)山東省問題　パリ講和会議で中国代表が山東の中国還付を要求したのに対して、牧野伸顕全権は山東半島のドイツ利権などを要求した。新聞各紙はこの山東問題を盛んに論じた。たとえば『大阪朝日新聞』を見ると、「山東問題と排日貨煽動」（一九一九年四月二六日）、「我当局の怠慢　山東問題の処置を誤る」（四月二七日）、「山東問題の真相」（五月一日）、「山東問題解決」（五月四日）などとある。

けで、私も行ったことがある。そのとき国民新聞の編集長は馬場恒吾[74]がやはり主宰しとりましたよ。そういう場面がありまして、シベリア出兵との関連は裏でそういう恰好で動いておった。

服部　『原敬日記』をみるとよく出てきます。

読売騒動で辞める

細川　それで読売におってはまだ碌な仕事もしてなかったが、社説を書いて落第したよ。何でも講和会議に関連していたことだが、とにかく日本は南洋群島を取ろうというようなこういう狭い了見ではいかん、民主主義の大きな手を打てというようなことを書いて、それが秋月さんの出発する際に耳に入って、編集の方でも困ったらしい。こういうものを書かれては困る、とんでもないやつだということで口止めされて、とにかく俺が帰ってくるまでは書くなと。まあそういうわけで、相当困ったらしい（笑声）。

それから国会に連れて行ってもらったり、イギリスの炭坑争議、労働争議があったりして、それらについての記事を書いたりしておりました。

そのあとに読売の騒動が起っちゃった。秋月さんがパリに行っておる際に、本野久子夫人が読売の事務の最高責任者になっている石黒景文という男と相談して、朝日新聞の松山忠二郎[75]という男と組んで、松山の方に売り渡すということになった。そうしたら秋月さんの留守だというのにと、秋月さんの息がかかって入っておった連中が多いから、これがなかなか反対した[76]。

服部　読売を朝日に売るんですか。

細川　松山に売るんだ。そのとき松山が朝日から出ておったかどうか知らんが、とにかく売買問題が起っていろいろ反対し出した。結局手当なんか出して、そうしていやな人達、気に入らない人達は出て行って貰おうということに、揉め々々してそういうことになっちゃった。

山崎　いやな人たち、気にいらぬ人達というのは……。まだ思想的な対立は出来なかったんでしょう。

細川　表面には出ていませんけれども……。

山崎　感情問題ですか。いやな人というのは……。

細川　いや、要求とか取材とか編集についてもそういうものが出て来たんだな。一番あれは市川、青野[77]。

山崎　それじゃ思想的な傾向が若干絡み合っていたんですね。

---

(74)馬場恒吾　ジャーナリスト（一八七五年―一九五六年）。一九一四年に徳富蘇峰の『国民新聞』に入り、外報部長、編集局長、政治部長などを歴任。パリ講和会議の特派員となる。一九二六年の社会民衆党創立に加わるほか、リベラルな言論活動をつづけた。

(75)松山忠二郎　新聞記者・経営者（一八七〇年―一九四二年）。東京経済雑誌社を経て、東京朝日新聞社に入り、編集局長を務めるが、「白虹事件」に連動して一八年一二月に退社。一九年一〇月、読売新聞社長となるが、二四年二月に正力松太郎に経営を譲る。三一年に満洲日報社社長。

(76)『読売新聞百年史』によれば、秋月社長と社主本野盛一（一郎の長男）、主筆伊達源一郎がともにパリ講和会議で社を離れたところに、経済的な困難が強まり、さらに印刷工によるストライキで新聞発行が停止したこと、青野や市川らを編集局から追放する動きもあり、創業の本野家は経営を手放すことを決断し、元東京朝日新聞の編集局長松山忠二郎の手に移った。松山が社長に就任したのは、一九一九年一〇月一日である。

(77)『読売新聞百年史』には、一九一八年五月、「伊達源一郎が何人かの記者を引きつれて主筆となるや、編集局のふん囲気は青野や市川にとって、居心地のいいものではなくなった。たとえば、伊達主筆は、読売新聞が文学新聞のように思われているのはケシカランと言う。……こうした空気の行きつくところ、青野や市川、岩淵〔辰雄〕らが編集局のストライキを計画したが」、失敗に終わり、青野と市川は「閉門の刑」を受けたとある。

細川　それで一つには実務についての意見の違いも出ていた。とにかく入って間もないことですから、よくは分からなかった。

市川正一のこと

細川　私は当時一番親しくしていたのが外交部の先輩であり、同輩である市川正一、あれほど友情に厚い、あれほど正直なものを見なかったですね。よく彼の家に行って……、私もその当時独身であったし、彼も独身でよく泊ったりしていましたよ。

まあ彼の友情に厚いことの例は、まあ人の名前は言わん方がいいかもしれんが、呑兵衛の友人のために市川は自分の蚊帳《かや》だとか、そのとき妹が同居しておってその妹の嫁入の着物だとか、そのほかいろいろ質に入れたりして大変でしたよ。どこかで飲んでいて、何とかしてくれといって泣きついてくるんだ、そうするといろんなものを質に入れて、金工面してやるんだな。それで夏になっても蚊帳がないんだ。妹と二人で机の下に顔を突っ込んで、風呂敷や何かかぶって寝るという、それほど友情に厚い人でしたよ。青野が見かねて、君はあれと手を切れと言って、えらい叱られておった。怪しからんことをいう奴だと……。そういう調子で一刻者《いっこくもの》でもあったんですよ。

市川正一の思い出の一つに、市川から褒められたことがありますよ。レーニンのものを翻訳して出したことがあるんですよ、それは何だったかな、一九〇〇年のいわゆる団匪《だんぴ》事件（義和団事件）について書いたもの。それは骨になるまで搾取したロシア帝国主義者のことを加味して、国民を犠牲にしておる、それについてのエッセイで、そうして国民会議を開かなければならないという文句がある。それはまだ翻訳はやらないんですが、市川は君が翻訳したかというて褒めるんだな。筆法が分っておるらしい、訳文の筆法が。それで市川に褒められたんですよ。国民会議を開けというやつは僕の頭に残った問題で、その思想がひどく頭に響いておる。

山崎　市川やなんかの思想的傾向はどうだったんでしょう。

細川　その時分は私より先に入っていたな。カウツキーの『資本論解説』、あれなんか勉強し始めておった。

山崎　青野なんかは……。

細川　青野君もそういう親しい仲間で……。

山崎　先生はそのときはどうだったんですか。

細川　僕はむしろ労働争議、今申したような、イギリスの炭坑ストライキなんかに興味をもっておった。

山崎　カウツキーの『資本論解説』なんか……。

細川　まだ出て来ておらなかった。一緒に読んだというようなことはなかった。そういう状態でした。私なんかまだ……。彼は一歩前進しておった。

それで読売を辞めましたからね、東京大学の経済学部の助手に採用された。

宮川　それはいつ頃ですか。

細川　読売を辞めたのが一九一九年の六月で、経済学部助手となったのは八月ですよ。

山崎　読売にいるとき、大学の方から引っ張られたんですか。

細川　そうじゃない。読売はそういうわけで辞めたから、それで入ったわけです。

山崎　事実上おれなかったんですか。

細川　私なんか残ろうと思えば残ってもよかったんだが。社長を退任した秋月の関係もあるし、そういう話もあったけれども、そういうことを問題にしないで辞めた。

宮川　住友を辞められて、読売に入社されたのが一九年一月ですね。

東大経済学部時代

クロポトキン事件

細川　一九一九年八月から東大経済学部に入り、助手となった。[78] そのときのメンバーは櫛田民蔵、これはまあ臨時の講義をやっていた。それから森戸辰男は助教授、大内兵衛もおったね。それから糸井靖之[79]という僕等の同窓のものもおった。これは優れた才能の人だったが、ドイツで客死しました。

　それで御存知かと思うが、僕が入って間もなく森戸事件[80]――「クロポトキンの社会思想の研究」というやつだ。

山崎　僕が子供の頃で、はっきり覚えてもいないが……。

細川　それであのとき経済学部で問題が起った。その前に高野岩三郎がワシントンの国際労働会議の候補者にされていたが、労働組合の方では出て貰いたくないというので、一遍は承知したけれども、今度はそういう方から牽制されて辞めるということになった。

　助手になって五ヶ月ぐらいのときに森戸事件が起った。そうだ、とにかくあれは雑誌に出したんだ。

山崎　雑誌というのは……。

細川　『経済学研究』という雑誌だ。それは秋出したと思う。

山崎　あれに載ったんですか。

細川　そうだ。

山崎　それは訳ですか。

細川　紹介論文で、つまり森戸君が洋行することになり、それの資格を裏付けるための論文ですね。しかし、森戸君は何もアナーキストでもないし、アナーキズムについてどれほど打ち込んでおるというものではなかった。才能の人で、そういう問題を選んで巧みにそれを使ったということですね。才能の人ですよ。それで大いにアナーキズムに対して親身に打ち込んだような恰好になっちゃったんですよ。その当時は御存知の通り、思想については政府が非常に目を光らしていて、デモクラシーに吉野作造先生が打ち込んだりするのはこれはとんでもないと……。

山崎　そのときの総理大臣は誰でしょう。

細川　原敬内閣だよ。

山崎　寺内は米騒動で倒れて、それから原になるんだ。それで日本のリベラリズムというのは決定的な致命傷

---

(78)東京帝国大学経済学部教授高野岩三郎の推薦による。経済学部は一九一九年四月に法学部から独立したばかりだった。

(79)糸井靖之　統計学者（一八九三年—一九二四年）。一九一七年東京帝国大学法科大学商業学科卒業後、助教授となる。商品学、統計学を専攻、二一年フランス、その後ドイツに留学するが、ハイデルベルグで病死。有沢広巳はその統計学講座のゼミで学んだ。

(80)森戸事件　東京帝国大学経済学部助教授森戸辰男の筆禍事件。一九二〇年一月同学部内機関誌『経済学研究』創刊号に発表した「クロポトキンの社会思想の研究」が、上杉慎吉教授の指導する興国同志会から危険思想と攻撃されると、政府は一月一〇日、森戸を休職処分とした。森戸と編集人の大内兵衛が起訴され、三月三日の東京地裁は新聞紙法の朝憲紊乱罪により森戸に禁錮三か月と罰金、大内に禁錮一か月（執行猶予一年）と罰金を科した。ともに東京帝大を失職した。世論は学問思想の自由に対する弾圧と批判した。

をうける。

細川　そこで森戸君の論文は、森戸君はそうでないにしても、これはえらく読まれたものだよ。デモクラシー論で大分目が開いて来た。

小宮山　それは『経済学研究』に載ったものとして読まれたんですか。

細川　アナーキズムを評価してね。

山崎　僕等はその論文は読まないけれども、クロポトキンという名前は覚えている。そういう何かしらんが、あまりいろいろなものを認めない制度であって、それから興味をもたせた。

小宮山　『改造』の創刊[81]はその後ですか。

細川　『改造』は前に出ておったですよ。とにかくその論文は問題にされると同時に大騒ぎになって、森戸君は一躍ヒーローにされた。

高野先生と労働代表の問題は、森戸事件の前に恰好がついたと思う……。そうじゃないかな。待てよ、やはりその通りかな……。東大に入って、翌年森戸事件があり、その問題でまた揉んでと……。

まあそういうわけで、大体デモクラシー論で若い者の眼が開いてきたんでしょう。それから森戸事件、クロポトキン事件で大いに刺激をうけて、それでは労働階級はどうかというと、ようやく組織を段々と寄り寄り固めてきておったですね。

その前後といえば、つまりソヴエト革命前、一九一七年以前といえば「社会」という言葉さえ使えなかった。幸徳事件以来非常に沈滞期があって、ものもいえないというような、それにも拘らずソヴエト革命以来ずっとというよりも第一次世界戦争が起きて、あのときから財界もえらい発展しますね、労働階級も段々頭を上げて、デモクラシー論もソヴエト革命も何となしに……。そういうところにもってきて、今申したようなデモクラシー論やクロポトキン事件というもので、飛躍的に若い者の思想が伸びて来た。さきほど申しましたように、読売におったときに市川は『資本論解説』というものも読んでおったときですから。

山崎　その頃の労働組合の指導はどういうところで……。

宮川　総同盟[82]ですよ。

いかにしてマルキストになったか

服部　この辺で、自分はいかにしてマルキストになったか——そういう先生の発展の過程を承りたいんですが。

細川　まあ大したことはないんですよ。とにかく大学におった頃は、デモクラットというものは小野塚、吉野作造から……。読売におってもいろいろイギリスの炭坑労働争議の記事を取上げるというような状態でした。それから大学の助手になってから、高野岩三郎先生は月島に労働者賃金、生活の実態、そういう調査を開いておった。それは内務省の仕事としてやっておったわけですよ。それが大分長くかかった。その中に私は助手としてまた行っておった。月島に出張所のようなものをこしらえて、そこに主任の山野義鶴[83]君が寝泊りしておった。そこで色々な話もしたり、話を聞いたりして調査をやっておったんです。で、私もその中に参加していたようなわけで、段々労働運動の方に自然に引かれていった。その当時、もう忘れておるけれどもウェッブの労働運動史や何か読んだ。そういうものを読むようになって来たんです。それがそのときの状態

(81)『改造』の創刊は一九一九年四月。

(82)総同盟　一九一二年創立の友愛会は、一九一九年に大日本総同盟友愛会に改称、二一年に日本労働総同盟となる。

(83)山野義鶴　社会運動家（一八九一年—一九六七年）。東大では新人会で活動。一九二〇年に大原社会問題研究所所員となる。日本労農党・日本大衆党などで活動後、国家社会主義に傾いた。

でした。

山崎　客観的に森戸や何かのあれが出たというのは、何か条件があったのですか。

細川　今思い出すのは、吉野作造さんは講壇から民主主義論をやっておった。今からいえば民主主義ということは当り前のようになっておるが、デモクラシーの訳語さえ気をつけなきゃならなかった。小野塚先生は「衆民主義」というように、とにかく「民主主義」ということは遠慮しておった。にも拘わらず実際は労働者側や青年層もずっと伸びて来ておるのですから、他はとっくに民主主義になったわけです。一、二年でそうなって来たと思うのです。

　私が助手になったとき、吉野さんは横須賀の労働組合に関係していた。それで横須賀でも段々とその影響をうけて来て、演説にも行った。その間に横須賀の海軍工廠《こうしょう》の方に分って来て、居られなくなった。来ちゃいかんということで、それで吉野さんは困った。尾崎行雄さんにも行ってもらった。それでも駄目で、私は結局吉野さんに頼まれて横須賀に行って演説してくれんかということで、私は講演会に行った。野村淳治[84]という国法学の教授と二、三知った人が集まっておる。労働者がくるんですよ、芝居小屋いっぱいに入っておるんですよ。そういうことも私のやはり過去を顧みるというと、さっき申した本を読んで興味を引いた、それらの事柄と関連してきますね。

服部　助手時代、大内、森戸といった連中の、先生の付合を通じて知り得る人物評論みたいなエピソードはありませんか。

細川　僕が横須賀に演説に行った帰りに、その聴衆の中の労働者と僕は話し合った。僕の演説に深く感じたと。大したことをいっておったわけではないんですが、何をいったか忘れたけれども、団結しなければ駄目だというような、そういうような事柄について何かいったんです。イギリスの労働争議か何かの話をして、そのときに多分団結という言葉を使ったんでしょうが、その言葉にいたく感じたという。どういうわけかというと、労働組合のために努めておって、あっちの工場、こっちの工場を歩いておるのでそういう団結という言葉がピンと響いたらしい。その後、その労働者は二年か三年か私のところに年賀状なんか寄こしておりました。その実地に苦しんでおる人々の努力というのは、関係のない者には実際に動いている力の発展ということは分からない。

私が今まで記憶しておりますところでは、森戸君や大内という連中の一つの手は、その時分は充分に出てない。とにかく世間では森戸君がクロポトキン事件で監獄に入る、それの編集者として大内兵衛が罰金刑を受ける、そういうような事件であった。まあ世間ではヒーローにしておるが、内部においてもその人達の本旨というものははっきりしてなかった。

服部　年は大内さんとはどう違うのですか。

細川　同じです。ただ大学は私が三年ほど遅れております。中学校が遅れているわけですから……。

大原社会問題研究所時代

大原社会問題研究所に入る

細川　そこで私は大原研究所に入った。

(84)野村淳治　法学者（一八七六年―一九五〇年）。一九〇一年東京帝国大学助教授。ドイツ・フランス留学を経て、一木喜徳郎の後任として国法学講座を担当した。

小宮山　大学の籍はそのままにしてですか。

細川　いや辞めてだ。あの創立[85]は何年か忘れたけれども、その当時評議員だった高野岩三郎さんが大原孫三郎[86]とか、評議員の河田嗣郎[87]だとか、河上肇さんなんかに推されて所長になった。それで陣営を固めて来た。そのときに森戸君だとか大内君、櫛田君、久留間鮫造[88]君というような、これは私の後輩に当る。これが入っておったんだよ。そこへ僕が一枚加わった[89]。

服部　ここでもう一つ、大原研究所の裏話をちょっと挟んでいただいたらと思うんですが……。

細川　俺もよく調べたことはないんだけれども、そのときには大原孫三郎、これは関西の財閥だった。倉敷紡績が好景気だったんだな。この人は早稲田出で、まあ代々からの財産家なんだな。これは今も申したように、思想問題もロバート・オーウェンに感激して来たんだな。そういうところからその大原社会問題研究所をつくるということを考えたんでしょうね。その前に大原氏は岡山に孤児院[90]だとか、愛染園[91]という天王寺かどこかに託児所のようなものをつくっておった。そういうような人ですから、そこのあたりから大原社会問題研究所をつくった。

服部　学者グループとの接触はどこから出来たんでしょう。

細川　それは評議員の中で北沢新次郎[92]君とか芦田君、そのあたりから学者グループとの関連が出来たんじゃないか。

宮川　北沢さんと先生のお年はそう違わないんでしょう。北沢さんが上でしょう。

細川　そうは違わない。四つぐらいなものでしょう。それでその時勢でも大したことはなさそうだが、大原さんはアカだから――、あの時分はアカという言葉があったかね……、左傾だからといって……。

山崎　過激派という言葉を使いましたよ。

細川　まあそういうことをいわれていやがらせもやられておった。にも拘わらず押しとおした。

そこでさっきの話で、一九二〇年には森戸事件が起るし、労働会議の代表者問題が起るし、高野さんとしては一部の子分が犯人になって弟子が抑えられた。それが更に自分自身にも受けたりしておった恰好で、労働会議の代表者を辞めた。それでその年か、その翌年には大学を辞職した。それで所長として、本当に大原

---

(85)大原社会問題研究所の創立は一九一九年二月。

(86)大原孫三郎　実業家・社会事業家（一八八〇年―一九四三年）。一九〇七年倉敷紡績社長となり、クラレの前身となる倉敷絹織を設立。銀行・電力業にも進出し、関西財界で重きをなす。従業員の優遇や教育に力を入れる。大原社会問題研究所、倉敷労働科学研究所、大原農業研究所などを設立するほか、大原美術館も開館した。

(87)河田嗣郎　経済学者（一八八三年―一九四二年）。京都帝国大学経済学部教授で「社会政策学」や「農政学」などを講じる。一九二八年、大阪市立大学の創立にあたり、初代学長となった。河上肇と同郷で、親交が深かった。

(88)久留間鮫造　経済学者（一八九三年―一九八二年）。一九一九年大原社会問題研究所に入り、二〇年にはイギリスで図書収集にあたり、マルクス経済学の研究に努めた。四六年法政大学教授、四九年から法政大学大原社会問題研究所の所長となった。

(89)細川は大原社研所長高野岩三郎の推薦により一九二〇年九月に嘱託となり、二一年末に所員となった。

(90)孤児院　石井十次（一八六五年―一九一四年）の創設した岡山孤児院を大原孫三郎は経済的に支えた。

(91)愛染園　石井十次の死後、遺志をついで大原孫三郎は一九一七年、大阪天王寺に石井記念愛染園を設立、小学校や幼稚園を開設した。

(92)北沢新次郎　経済学者・社会運動家（一八八七年―一九八〇年）。早稲田大学で「社会政策」などの科目を担当、労働問題を研究するほか、一九一九年創立の建設者同盟を指導する。大原社会問題研究所の創立委員。労働者教育に力を注いだ。「大原社会問題研究所パンフレット」として「Ｉ・Ｗ・Ｗの先駆としてのナイツ・オブ・レバー」（一九二二年）を刊行している。

研究所長として一本で働くということになるんですが、櫛田民蔵とかそういう人達をいろいろ研究員にした。それで陣容をつくったんです。そうして第一回の、一九二一年だったか、二〇年だったか、櫛田民蔵、久留間鮫造を大原研究所の図書館をつくるために書物の買入れ、その他の研究のために送り出した。二年間の予定で送り出した。その力で大原研究所は非常にドイツにおいて古典なんか集めた。今でもあるかどうか。アナーキズムについても、またマルクス、エンゲルスなんかも随分研究して来た。

服部　あのときの金は……。大したものだったんでしょう。

細川　向うはインフレでね。

服部　リャザーノフ[93]を櫛田……

細川　そうそう、殊にベルリンに行って、片やソ同盟のリャザーノフ、古典についてはまずこれを一生懸命、詳しいものを大いに忙しく買い込んで、それであの図書館が出来た。それであの二人の留守の間、というよりも洋行前の年に『大原社会問題研究所雑誌』というものが出来たんですよ。年に四回発行で……。それで雑誌は出されておるし、それに研究所ではパンフレットなんか出した。それから年鑑[94]も出すし、講演会も開く。そのときに森戸、大内君が自由な身になりましたから、その翌年、一九二一年の末から二人の人達は洋行したと……。で、まあ連中はドイツで落ち合ったわけですね。

アナ・ボル論争を見る

小宮山　その頃先生は、後の政治運動の山川均、徳田球一というような名前をもう……。

細川　それは承知しておりました。

小宮山　付合いの方は……。

細川　ないです、そうそう一九二二年には大阪で労働者の大会があって、ボルかアナかという論争[95]がなされたと思う。二〇年に日本社会主義同盟が出来て、二一年にアナかボルかの論争があって……。

服部　ボルかアナは二二年ですよ。二三年は震災だから。

小宮山　天王寺の例の大騒ぎは……。

細川　僕は行っておりました。

服部　そのとき大原研究所は天王寺にあったんですか。

細川　そう、あったんです。私も大阪に行って、まず先輩のところに入っておったんです。それで天王寺の大会も出ました。山川均、荒畑寒村、大杉栄であり、そのときに目立ったのは大杉、まことに太っ腹な鷹揚《おうよう》なところを見せていたんですよ。大軍の中へ入って論争をやっておる、引繰り返って仰むけになったり、そうかと思うと荒畑寒村はまことに精悍な、闘士的な態度で元気なところを見せておった。そういうことなんかやっておった。そうだ、天王寺大会のとき市川正一がこっそり来ておった。その時分警察がくっついておったよ。何でもまいて家に来たらしい。

---

(93)リャザーノフ　ダヴィド・リャザーノフはロシアのマルクス主義者・ソ連の政治家（一八七〇年―一九三八年）。一九二〇年創立のマルクス・エンゲルス研究所の所長となり、『マルクス・エンゲルス全集』初版などを編集した。

(94)年鑑　一九二〇年、『日本労働年鑑』が創刊された。また、『日本社会事業年鑑』（七冊まで）・『日本社会衛生年鑑』（三集まで）も刊行された。

(95)論争　一九二〇年代初めの社会主義運動・労働運動において、アナルコ・サンディカリズム派とボルシェビズム派が思想的・運動論的な論争を展開した。ロシア革命やソ連の評価でも対立した。一九二二年九月の日本労働組合総連合の結成大会でそれは頂点に達したが、ボル派が優勢となった。

山崎　そのとき尾行ということでついて来たんですか。

細川　そう、それで今日はまいて来たといっていた。その当時松原町に住んでいたんだが、そこにやって来て、すきやきを食べたことがあるんだ。それからは会わなかったが。市川は運動やっておるんだよ。

山崎　市川はそれからは段々頭が進んだんですね。読売を止めてから同盟通信社か国際通信社に入っておる。青野と仲がよかったから、二人共一緒に入っておる。それからそういう大会にも出るような関係になって来たんでしょうね。

服部　日本共産党創立は一九二二年ですね。震災の前年だ。

細川　それですから、尾行がつくような市川は日本共産党の出来る前、クラブにポツポツ出入りしていたんだろう。

宮川　木曜会とか水曜会とか……。

細川　それは確か暁民《ぎょうみん》共産党、(96)二一年八月に生まれた。そういうわけで日本共産党が出来る下工作が出来ておったわけだね。その時分木曜会のパンフレットが大分出ておったんですよ。ソヴエト革命に関する紹介なんか出ておったんですよ。それから御存知の通りに、アナかボルかの論争がボルの方に傾いておった。アナがそれからというものは勢力がなくなって来た。

服部　あれは天王寺大会ですか。

細川　そう、天王寺大会だ。

山崎　それで大杉栄なんか、死ぬまでアナですね。

河上肇先生

服部　その辺で少し変えて、河上さんの『社会問題研究』[97]、もう出てますからね。

宮川　あれは出ておるんですよ。

服部　河上先生の回顧についてもちょっとお話し下さい。

細川　河上さんは既に『社会問題研究』を出しておったね。非常に影響を及ぼしておったわけです。

服部　河上先生の印象を……。

細川　いや、僕はたまに会ったりしたけれども、何かの用事で会ったりしたけれども、そう深くはない。

服部　『社会主義評論』[98]をお読みになった記憶はございますか。

細川　それは小学校、中学校あたりかもしれない。そこで河上先生の感じは、大体高野岩三郎先生を囲んだ人々、それから森戸君やその他、そういう人々の間にまず入ってきておるんですが、とにかく私の考えでは

---

(96)暁民共産党　一九二〇年五月、早稲田大学学生だった高津正道は中名生幸力《なかのみょうこうりき》、高瀬清らと社会主義・無政府主義の宣伝を目的とする暁民会を結成した。二一年一月に近藤栄蔵が加わり、コミンテルンから運動資金を得て、反戦ビラなどを撒布する。取締当局は八月に暁民共産党が結成されたとして、一一月以降検挙し、治安警察法違反などで処罰した。共産党結成過程の細胞の一つというのが実態であった。

(97)『社会問題研究』　河上肇の個人雑誌。一九一九年一月創刊、三〇年一〇月の第一〇六冊で終刊。一九年刊の『社会問題管見』以降、河上のマルクス主義研究を進展させるとともに、多くの読者を得て、影響も与えた。

(98)『社会主義評論』　河上肇が「千山万水楼主人」名で一九〇五年一〇月から一二月にかけて三六回にわたって『読売新聞』に連載。細川自身は『日本社会主義文献解説』（一九三二年）のなかで、「社会主義の主張を知識階級者に向って宣伝した広大さ」を評価しつつ、「史的唯物論と唯心論とを混淆《こんこう》しつつマルクス主義の真髄を隠蔽し」たことなどを指摘している。

河上さんは既に『社会問題研究』をもって非常な宣伝力をもっておって、それは非常に買われた。

大原社会問題研究所の雑誌に河上先生に入ってもらって、社会問題でやるということまで考えておった。しかし河上先生は自分は自分でやろうというので、結局別な名前の雑誌になったんだけれども、大体これらの人の考えではそういう評価はしておっても、これは例の籠った部屋、あれは伊藤証信の無我愛[99]があるから危ないといったんですよ。それで河上先生と他の連中との間はずっと続いて来ておるが、しっくりしない、むしろしっくりしたのは僕なんだ。

服部　他の連中は無我愛の前例があるから警戒しておったんですか。

細川　僕は無我愛を買っているから。ああいう率直な万難を排して進むというあれが謳《うた》われておる、他の人とは考え方が違って危ないというのは怪しからんと思っとったわけですよ。それで河上先生は会議なんかにはそう出てこなかったんですね。しかし、研究所の主要な相談には出ておった。河田嗣郎なんかやはり最初にもいったように、大原との関係があったんです。けれどもどうも我田引水のところがあって、社会問題研究所を発展させるには駄目だというような考えもあったようですね。だが関係から行ったら……。

服部　北沢新次郎も評議員ですか。

細川　評議員ではないが、研究員だ。北沢君なんかにしても大原氏とは相当関係はあった。それにしてもちょっと力が足りない。そういうことで、高野岩三郎先生が実力から行っても貫禄からいっても、河上先生は我田引水の危険というものもまずないと考えられる。河田君にはちょっと済まないけれども……。

服部　河田先生、まだ生きておるんですか。

細川　いや、死んでいる。

『大原社会問題研究所雑誌』への執筆

細川　結局、私は大原では厄介者なんだ、実は。段々総同盟の過激者であるしね。そこを追い出さなかったというのは、やはり高野先生の苦労人としてのあれだな。自分も苦学して、サンフランシスコで働いて大学をやった人ですから、苦労人なんですよ。それと小野塚氏とは親友で、小野塚が私を庇った。そういうようなことで私を追い出さなかった。本当だったら追い出されたところだが、そう狭量ではなかったらしい。とにかく何かの研究会かなんかには厄介な奴で、反対論が出るんだ、僕から……。若造のくせに。まあ学者としては碌な代物ではないけれども、よく出さなかったと思う。のみならずやはりヨーロッパに行ったんですよ、順番が来て……。

服部　順番というのはどういう順番ですか。

細川　本を買うために二人……。森戸事件が片付いたから、国内に置いてはいかんというので、高野先生が主として送って、森戸君と大内君も行った。

服部　大内さんが大原に行ったのは。

細川　森戸事件で東大は失職になった。それで大原では嘱託となった。とにかくもたもたした事件のあとは、ジャーナリズムが大変だから、先生の思いやりで早く出しちゃおうと。その次の順番、順番で権田君、権田君のそのあとが私、それから僕の後は高田慎吾[100]君、これは社会事業の方の大家ですが、内務省にもおった人

(99)無我愛　伊藤証信（一八七六年―一九六三年）は一九〇五年「無我苑」を開き、他力主義・利他主義の無我愛を説いた。河上肇は一二月、「社会主義評論」の連載を終え、教職を投げ捨ててここに飛び込むが、翌年二月に退去した。

で、大学出て、その人も行きました。最後は高野先生が奥さんと一緒に行ったわけだ。そのあとにね。これは書いていいかどうか知らんが、権田君が出るその頃、高野先生の婿である宇野弘蔵君[101]が大原研究所の費用というか、設立者の特別の費用でか、洋行しておりますよ。

服部　研究所でなく、大原個人の費用で……。

細川　そこのところちょっと分からないけれども、特別の……。

服部　宇野弘蔵は高野先生の女婿ですか、それは知らなかった。

細川　そこでと、洋行問題はそうだが、そこで……。

服部　先生が大原の雑誌にお書きになった最初はいつで、どういうんですか。

細川　それは「帝国主義と無産階級」[102]というやつで、あの時分はレーニンのあれが絶頂だ。ドイツ社民主義を叩くことは、ドイツ的社会民主主義を叩いておる。そこに違いがある。

山崎　それは大原研究所の雑誌ですか。

細川　そう。

服部　いつですか。

細川　一九二五年だったか、あの論文書いたのは。

服部　震災のあとですか。

細川　そう、思い出したが震災のあと、レーニンの帝国主義については僕が翻訳しようと思ったら、すでに青野季吉君が希望閣から出している。[103]背中にちょっと金文字を入れている……。それで私は止めて、そういう論文を書いた。

服部　それは洋行から帰ったあとですか。

細川　いや、まだだ。民族的なもので、その当時の学生新聞を読んで、困ったことだと思って一生懸命になってやった。その前の読売時代にもそうだけれども、私は大体純理的な方面からいくより具体的の問題でいく方が一番早く、最も効果を上げられる、自分のものになると思った。それでありますからね、まずイギリスの一九二一年の炭坑ストライキ、それから二六年のストライキだとか、そういうものを大分書いております。それで二一年のストライキ頃には、パンフレットに書いてますよ。研究所で出したパンフレットの中にイギリスの炭坑労働組合の発展について書いたのがありますよ。その表題は「英国に於ける国家内の一国家」[104]、もう一つは「英国炭業に於ける賃金制度の展開」[105]、これが先に載った。

山川均がパンフレットに載せております。その当時、あるいはそれより先、満鉄で佐野学なんか扱っておりました。そういうわけで問題は、そういう具体的な問題で、これはまた私が一貫したやり方なんですね。今いったような考え方で……。

---

(100)高田慎吾　社会事業家・児童福祉研究家（一八八〇年―一九二七年）。内務省で国立感化院設立にあたった後、一九一九年に大原社会問題研究所の創立とともに幹事となり、児童福祉の研究・実践に努めた。「大原社会問題研究所パンフレット」として「無産児保護策に於る新傾向」（一九二二年）を刊行している。

(101)宇野弘蔵　マルクス経済学者（一八九七年―一九七七年）。一九二一年、大原社会問題研究所に入り、東京事務所で権田保之助の「浅草調査」の助手となる。ドイツ留学帰国後は東北帝国大学教授。三八年の人民戦線事件で検挙されるが、無罪となる。戦後、東京大学社会科学研究所教授。

(102)「帝国主義と無産階級」『大原社会問題研究所雑誌』第三巻第一号、一九二五年。『細川嘉六著作集』第一巻所収。

(103)レーニン『資本主義最後の段階としての帝国主義』、青野季吉訳、一九二四年六月、希望閣。

(104)「英国に於ける国家内の一国家」「大原社会問題研究所パンフレット」第一一号、一九二三年。

(105)「英国炭業に於ける賃金制度の展開」「大原社会問題研究所パンフレット」第六号、一九二二年。

服部　しかし、さっきの論文の「帝国主義」を取り上げた研究はいつですか。その経路もう少し詳しく……。

細川　これはレーニンの『帝国主義論』を読んでおって、これは本当だなというなんですよ、そういうところから打込むんですね。そうしてこれは一般に理解させなければいかんという社民主義の問題についてそういう頭があって、それから大原についてもそういう不満もあるんだな。研究員一文ずつ書くということで、そうなって来たんだ。

服部　ソ連のことに対する批判の形はとっていないんですか。

細川　とっていない。社会民主主義に対する批判で、ただ肚の中ではそれをもっておった[106]。それからホブソンの『帝国主義論』の紹介[107]をやっております。

それからあとのことになりますけれども、私は一九三三年のシンパ事件でつかまった。あの時分は河上先生も私より先に入っておった。出て来てから休職になった。さすがにやっぱり首は切らなかった。高野先生も尾行なんかつけられて、非常に怒ってもいたけれども、それで私を首切ってしまうかというと、そうでなしに休職にした。

一九三四年に私は復職となった。それで大原研究所ではその前から一九二六年頃から、米騒動に関する資料をどんどん集めておった。私が主になって。そういうのが段々たまって来ておるんですよ。そこで結局復職してから、滅多に今まで書いておったようなことを書いてはいかんと。そこで書いたのは、帝国の革命運動に関するものを書いています、表題は忘れたけれども。一九三五年には米騒動に関するものを書いております。それでまず富山県を書き、和歌山県のものを三回程にわたって書いております[108]。

これがえらい評判になった。意外なことですよ。それでこの前話したように、米騒動の目撃者だから、その場の気持ちになれるものがあったらしい。文章は下手だけれども、そのときに何々を襲撃したと。襲撃して「おる」という現在のものじゃなくて、「した」と知らず知らずの間にそうなっておるんだ。(109) やっぱり目撃者としての感覚が出ておる。だから自然だと人がいうんですね。

三年ほど前に羽仁五郎(110)君に君は『ミケランジェロ』だが、俺は一生何にもないんだ、その時々が死んでい

---

(106) 一九四二年一二月一七日の警視庁特高第一課警部補芦田辰次郎の訊問に対して、細川は「マルクス・レーニン主義に関する文献を多数読んで、大正十四年頃には共産主義を信奉するに至った」と供述している（『細川嘉六獄中調書』）。

(107)「ホブソン著『帝国主義研究』」『大原社会問題研究所雑誌』第四巻第一号、一九二六年。

(108) このあたりの細川の発言はやや錯綜している。米騒動について「大正七年米騒動資料」を『大原社会問題研究所雑誌』に発表したのは、シンパ事件で検挙される前の、一九三二年から三三年にかけての、第九巻第一号、第二号、第一〇巻第一号である（『細川嘉六著作集』第一巻）。第一回目の「序言」には「一九二六年私がなした大正七年米騒動資料蒐集の提議は、本研究所委員会において採用され、爾来同資料の蒐集は開始されて今日に及んでいる。……この結果を基礎として一応の暫定的調査をなし、これによって過去の蒐集努力の欠点を明確にし、更に一層の努力により、資料蒐集の成績を追及することに決定した」とある。一九三五年のものは見当たらず、細川の記憶違いと思われる。なお、戦後、四六年には「米騒動とその後の国民的成長――事実と教訓」（『世界評論』第一巻第八号、一九四六年九月）などを書いている。

(109) たとえば、「大正七年米騒動資料一」（第九巻第一号）では、次のように臨場感豊かに叙述されている。

> かくの如くに滑川《なめりかわ》町全体は、夜から昼にかけ沸き返る騒ぎと不安の渦に陥った。同町の各町内では大衆は三四十宛集団して協議している。かくて午後に至っては誰言うとなく「今夜は男の一揆が起る」という風説は高まり行く。午後六時に至り、果して窮民は集団となって各町からくり出し、既に八時頃には二千名以上の大衆は、金川商店を包囲し怒号罵声を極めた。この大衆を前にしては警官隊の制止解散の努力の有効無効を言うところではない。

るんだ、その時々の問題にしてもまことに未熟で噴飯にたえないといったら、そうしたら羽仁君は米騒動についての俺の能力はそうではないというんですね。これは一つのエピソードですけれども。

服部　忘れないうちに伺っておきますが、大原では社内の原稿料はくれたんですか。

細川　原稿料はないんです。皆月給貰っておるんだから。

所内で煙たがられる

細川　研究所には助手制度というものがありました。そこの助手は林要《かなめ》、亡くなりましたけれども消費組合運動の先駆をやった丸岡重堯《しげたか》、林は東大出、それから八木沢善次。

服部　今は大ボスですよ、東京都の……。

細川　それから立教大学の河西太一郎、まあそういう連中がおった。これらの連中から僕は大分憎まれた。というのは、まず高野所長は大阪におられんでしょう。それで毎月何回か通ってくるんですよ。高田慎吾さんという先輩はいるけれども、これはおとなしいでしょう、だから……[111]。

服部　常勤の研究所員は先生と高田慎吾だけですか。

細川　そうだった。高田慎吾君じゃ困る……、というのは若いから恋愛もあるだろうし、運動に参加して、寄ってつかんというようなこともある、そういうようなわけで沈滞に入ったようなわけだ[112]。これは幹部派なんだな。そうしてあれは『社会思想』[113]というか……長谷川如是閑との関係もあとに出ますが、沈滞だし、大分憎まれた。

服部　煙たいんですね。

細川　煙たがられた[114]。それにはさきほど申したように、所員会に西尾末広[115]なんか来ておった。西尾末広は絣

(110)羽仁五郎　歴史学者（一九〇一年―一九八三年）。ドイツ留学から帰国後、一九二八年三木清とともに雑誌『新興科学の旗のもとに』を創刊、三二年には『日本資本主義発達史講座』の編集にあたる。三九年、岩波新書『ミケルアンヂェロ』で戦時下抵抗の姿勢を示し、知識人・学生の共感を呼んだ。ここの細川とのやり取りは、ともに参議院議員だった時期のものだろう。

(111)『大原社会問題研究所五十年史』（一九七〇年）では一九二二年の状況として、「研究所の助手は年鑑の編集執筆や研究調査翻訳にあたり、また主として高野氏の指導下に専門書の講読などをやっていた。しかし助手の研究は必ずしも順調にすすまず、ついに一一月二七日、高野所長は林、河西、山村、八木沢、丸岡氏らの助手に対し辞職を勧告し、その承諾を待ってこれら諸氏の就職の世話を始めたのである。そして年末には丸岡氏の東洋経済新報社就職がきまり、河西氏の立教大学就任もほぼ確実となった」「のち林氏は同志社大学、河西氏は立教大学、山村氏は関西大学、八木沢氏は中央大学にそれぞれ就職した」と記載している。

(112)細川は「書斎の思い出」のなかで、「研究所の学風」について「大体マルクス主義理論を基礎としているといっても、それはカウツキーあるいはハインリヒ・クノーの亜流」であって、マルクス主義研究において「従来占めてきた『大原社会問題研究所雑誌』の地位は、失われる一途をたどるに至った」（『思想』一九五四年五月）と記している。

(113)『社会思想』　思想・言論雑誌。一九二二年、新人会出身の平貞蔵・三輪寿壮らによって創刊。社会民主主義の理論誌の役割をもった。三〇年終刊となり、長谷川如是閑が主宰する『批判』（『我等』を解題）に合流した。

(114)細川は「カッパの屁」のなかで、「大原研究所は、大体ドイツ流の社会民主主義をとり、ロシア革命の意味を理解しない集りです。だからわたしはその中でまた異端者になってしまった。大原の人々は、わたしと従来の友人だから、というわけで、とに角つれて歩いてくれたわけなんだ」（『ひろば』創刊号、一九四七年二月）と記している。

(115)西尾末広　労働運動家・政治家（一八九一年―一九八一年）。友愛会大阪連合会常任として各種争議を指導する。一九二六年、社会民衆党創立に参加、戦前・戦後を通じて衆議院議員を務める。六〇年、民主社会党を創立、委員長となる。大原社研では二一年、山名義鶴を主任とする賃金調査に助手として加わった。

の着物を着ていて、高野と森戸に援助されて何かの仕事を与えて貰っておった。そうして組合運動なんかやっておった。それから井上良二、農林次官をやったり、今は代議士ですよ。そういう総同盟系統の者も大分助けられていた。

　まあ何だな、その時分はレーニンのそういう思想をうけてやったにしても、私なんかはまあたかだか労働組合に顔を出すとか、労農運動界の演説会に出るとか、演劇、映画、そういうそれぞれの運動の演説会に出るとか、そういうようなわけで、本当に労働者街との、あるいは労働者の生活の中におってその問題に取組んだということはないんだ[116]。

　それですからただの月給取りで、研究所の定った仕事以外は大阪におったときには義太夫も聞きに行くし、道頓堀にも行くし、娘義太夫の場にも行きましたよ。高野先生も好きで、僕も子供のときから好きで、よく行きましたよ。それから鴈《がん》治《じ》郎《ろう》[117]の芝居も見に行くしね……。

結婚

小宮山　結婚話はどうですか、飛ばしましたね。

服部　先生、読売時代の結婚話にいきましょうや。

細川　これ片づけんと、君達帰してくれんだろうな、弱ったな……（笑声）。

　結婚話についてはそうだな……、僕の細君は私が住友におったとき、同じ計理課におって、大学は私より一年先に出て年は私より若いけれども……名前はいわないでいいでしょう、それの細君の姉さんですよ[118]。この姉さんというのはもう二十代から病院で暮しておったようなもので、病気は腹膜と肺炎だ。そんなわけで闘病生活をやっておってほとんど寝て暮した。親は小学校もやらないんだけれども、足利の方の女学校の寄宿舎に入っておった。妹の方は足利の女学校を出て、女子大を出た。姉さんの方はそういうわけで病身にはなるし、病院で暮しておった。病院を出てもなかなかしつこく治らなくて、ものを食わないで自殺しようとしたこともある。それがおっかさんに知られて、泣いて止められた。そういう苦闘をしておる。

それで思想的には病院時代に、のちに妹の夫になる僕の友人、そのときは許嫁《いいなずけ》だったが、その男の高等学校、東大時代に養われたんだ。それで私が住友を辞める頃には病気がよくなって、妹の方に来ておった、妹が産をするので、手伝いに来ておった。そのときに私は会っておるんだ。訪ねて行ったりしてね。それで妹夫婦は何とかして――私のような人だから諒承してくれるかもしれないという望みをかけておった。

それで望みはかけられたけれども、こっちは女郎の問題は片付いたが（笑声）、芸者の方はほったらかしてあったんだから、これを片付けなければならぬというわけで、返事が出来ん。そこは極めて僕は律気だ。二股は出来ないんだ。それで田舎の友達は何とか片付けようというし、そこで僕は結局、「俺はこういう性分だ」という例のあれを出したんだ。野宿するだけの覚悟があるかというので、それで話は切れちゃって、問題なくなった。

服部　つまり富山の方がでしょう。

細川　そう、向うが辞退して事は解決し、僕は東京に来て大学の助手になったんだ。それで妹が東京に来るときには、やっぱり姉さんを連れて僕に会いに来ておる、東大の研究室に。そうして……そういうわけなんだ。

---

(116)細川は「書斎の思い出」のなかで、「私も労農党運動や、言論弾圧反対運動の渦中で、時々検束されブタ箱に入れられたこともあり、実行運動者と親密に語り合う機会もできた」（『思想』一九五四年五月）と記している。

(117)鴈治郎　初代中村鴈治郎　上方歌舞伎役者（初代、一八六〇年―一九三五年）。

(118)第二部「妻への便り」にあるように、小林晴十郎・米子夫妻。

服部　うまいなァ、先生は……（笑声）。

細川　面倒臭いよ。連れられて御馳走になったりして歩いたよ、まあそういう関係ですよ。

服部　先生、質問があります。今伺うと、もともとお姉さんは妹の婿と許嫁であったように思うんですが……。

細川　いや違う。許嫁は妹の方だ。

服部　先生とお幾つ違うんです……。

細川　三つ違いの兄さんというところだ。

山崎　その時分は——今の労働運動をやっている若い人は、思想が同じでなければならないとよくいいますね。同じ闘いの中で一緒になるんだという、そういう関係は全然なかったんでしょうか、当時は。

細川　ない。ただ例の高杉晋作のなにがずっとあったね。

服部　奥さんは結婚されてからは、健康は一度も悪くならない……。

細川　うん、ならない。いや、ときにはちょっとしたことはあっても、病院に入るとか、そういうことはありません。ただね、腹膜やってるんで子供が生まれない。初めにそういう話は出ておるんで、それは構わんと、そんなことは問題にしないというわけで、とにかくどんな困難にも打ち勝っていきさえすれば、どうでもないというわけですよ。女郎や芸者の場合にちょっと引っ掛るのは、やっぱり困難に堪える者はそういう中から生まれるという間違った考えをもっておったんだ。

山崎　しかし、しばしばそういう堪え得る者も出てますね。

服部　僕は山本懸蔵の細君は……。

細川　それは細君じゃない。

宮川　坪内逍遥さんの奥さん……。

服部　これも堪え得る方だな。

小宮山　山懸の細君は女郎上りだが、これは大したものだった。

細川　僕はそういう場合に、まともにいくより本当に困難に堪え得るのはそういう女郎だとか、芸者上りだと思っとんだが、反対に堪えるというのは本当に少ないんだね。それには幻滅を感じておる。

宮川　先生は結婚の儀式はどういうふうにやったんですか。

細川　弱ったな、これは……（笑声）。

宮川　われわれ若い者は、時代を知りたいんですよ。

細川　うん、やっぱりこれは大したものだと確信したんだな。これは本人も——本人というより初めは妹の方から話があったから、そういうふうな気になったんだな。それは僕の方が長くふらふらしたような恰好になっちゃった。というのは、さきほど申したように事を片付けてかからなければならない、懸案を解決しなきゃならないということで時間がかかった。それでよく分かって結婚するということになったわけだ。

媒酌なんか僕の友人ですよ。住友におった友人じゃないけれども、同じ住友の銀行の方におった友人が、つまり東京に来ておったのでそれが媒酌人なんだ。これは大阪で呑兵衛の修行時代に一緒にやっておった一人ですよ。その夫婦が目黒に住んでおって、善は急げというわけで式を挙げるにも大体金はないし、馬鹿な金を使わんでもいいという意をその友達が汲んでくれて、式は自分の費用でやってくれたんですよ。非常に簡単だ……。

服部　その義弟の方は、今でも住友におられるんですか。

細川　これは重役の最高級までいって、戦犯になって隠居しております。重役時代には酒は飲んだし、大変だった。脊髄悪くして療養したりしてたが、今はよくなっておるという状態です。

服部　そこでついでにお子さんはおいでにならないんですね。

細川　ああおらん。初めから出来んことは分かっておったんだ。

服部　その点で……、御養子は……。

細川　もらっておらん、ないんです。それでやっぱり人は寂しがってくれるんだが、寂しがられるところは困るんだ。こっちもたまに一遍ぐらいは寂しがってみるけれども、寂しがっても初めからないことは分かってるんだから……。しかし子供のないことは辛いと、小学生読本を買って読んでみたり、それから犬も飼ってみたり、殊に牡の犬だけじゃ寂しいから牝の犬も飼って産むのを世話してみたり、何でも大阪におったときのはマルちゃんという……僕等四角くならんぞというので、マルちゃんという名をつけた。

　スパニエルとチンとの混りを近所から貰って、赤飯配ったりしておるんだよ。人からみれば馬鹿らしいと思うかもしれんが、こっちとしては足らんところを補おうとしておるんだ。犬でもこれなんだから人間の場合はいかに愛情が深いということがよく分かるというんだが、犬と人間の子供を比較しては迷惑だということを、家内によくいわれるんだ。あるいは小鳥を飼ってみたり、最近カナリヤを飼っていますよ。そうしてお互いの欠点を防ごうとしているわけだ。

　そこで小野塚先生が心配して、先生は「君、一体どうするんだ」ということをいっておって、私のところの跡継を先生、心配しておるんだ、自分のことから私のことを心配しておるんだ。

服部　先生にもないんですか。

細川　先生にもないんだ。それでね、近所からよく寂しいでしょうといわれるものだから、家内が私が死んだら生きていられないということをいうんですよ。だから「よしよし、私は長生きをするよ、お前が死ぬまでは俺は生きてるよ」というんだけれども、最近僕の方の年を数えてみると、どうも僅かしかないから弱ってるんですよ、まあ及ばずながら努力はしておるんだが、ときどき憂鬱になるのはそれだよ。最近僕はカナリヤを、小鳥が好きで飼ってるんだが、たくさん持ってる友人に一匹呉れよといったら、立派な籠に入れて呉れたよ。そうして小鳥に水をやったり、鳴くのを見ておって、長生きの一つの助けにしておるんだよ。

服部　いや、お話を伺うと……彼（山崎氏）も感激していますよ。彼も子供ないんです。

細川　どうぞ子供がないからといって憐れがらないで欲しいんだよ。

服部　しかし同病相憐れむということもありますよ。

細川　いや……。

山崎　しかし、どうですかね。僕なんかからみれば、孫か子供みたいなものですけれどもね。今のような階級運動にはこれがなかったから勇敢になったと思うのですが……。

細川　いや、僕もそう思う。

山崎　そうですよ。そうして全国の青年が皆自分の子供のような気がする、集まっておる人が皆自分の子供のような気がする。これは子供をもっている人だとそういうところに来ない。

服部　そうかもしれないね。

山崎　本当にかぜを引いたりするのが気になるんだよ。

細川　とにかくね、そういう問題で人間というのはうまく出来ていて、足らんところを補おうとそういうバランスを補おうとするんだな。

長谷川如是閑評

宮川　社会問題についてもう少し……。

服部　ここで一つお聞きしたいんですが、私が大学を出たのは一九二五年、志賀義雄[119]も二五年に出たんです。そうして出てから初めてものを書かしてもらったのが、長谷川先生の『我等』。ところが、先生が『我等』にお書きになった……。

細川　ああ炭坑問題[120]についてね。

服部　それであの頃、われわれの学生時分、卒業する時分にかつての、つまりわれわれマルクス青年が読んだものが雑誌『マルクス主義』、それがちょうど一九二五年から出るんだけれども、『マルクス主義』が出る以前においても、出てから後も、つまり『マルクス主義』が出る以前からわれわれが必ず出れば買って読むというものが、関西では河上先生の『社会問題研究』、それから大原の『大原社会問題研究所雑誌』、それから関東では『我等』。『改造』『中央公論』は別としてね。この三つ、河上先生は個人雑誌だから……。で、『我等』と長谷川如是閑、如是閑との交友、及び所見というものを承りたいんですが……。

細川　長谷川如是閑を私は元は尊敬しておったが、さきほど話したように住友を辞めるときに、ちょうど長谷川編集長の前、鳥居素川を訪ねていったときに会った。何だったか事件があった。米騒動の問題だったのかね、外交問題で出兵反対、そういうものが絡んで来た。結局そのことに対して、自由主義者のような立場でやっておった。村山龍平が中之島公園で暴力団に縛られたという事件[121]が起きた。そのときに僕は朝日に入ろうと思って鳥居素川の家に訪ねて行った。そうしたら長谷川が……。その前にも『我等』が出た当時東京でも会ったことがあるんで、それが二回目だ。で、鳥居も入れてくれるような入れてくれないような……、そうしておるうちに先に読売に来ちゃった。長谷川についてはそれまでは何ともなかった。尊敬しておったが、一度シンパ事件[122]があって、一九二九年、長谷川は警視庁に引張られた途端に……。

服部　四・一六ですね。

細川　あるいは一九二八年かもしれませんよ。それで変なことになったろう。それからは尊敬しなくなった。とにかくマルクス主義者といっても、シンパ事件で腰を抜かすような評論家というようなものはあてにならぬと思った。またあてにならぬということが証明されて来た。

それから話は飛んで、私は一九三七年に東京に来て、段々と時局に対してものを書き出した。生活困難だったその時代に『中央公論』の雨宮庸蔵[123]が私の生活のために三木清君と語らって——『中央公論』では学術

(119)志賀義雄　社会運動家・政治家（一九〇一年—一九八九年）。東大在学中に新人会に参加。一九二三年日本共産党に入党する。三・一五事件で検挙され、敗戦後まで獄中一八年を非転向ですごす。党再建に努め、政治局員・『アカハタ』主筆。衆議院議員を六期つとめるが、六四年に部分的核実験停止条約をめぐって党から除名され、「日本のこえ」を創立した。

(120)炭坑問題　『我等』第八巻第六号（一九二六年六月）「英国炭坑争議の争点」、同第九巻第一号（一九二七年一月）・第二号（二月）「英国炭坑争議の経過と其の社会的意義」。

(121)白虹事件　寺内正毅内閣を鋭く批判していた『大阪朝日新聞』の一九一八年八月二六日の米騒動に関連した記事のなかに「白虹日を貫けり」という兵乱の前兆とされる語句があったとして筆者らは新聞紙法違反とされた。右翼団体は村山龍平社長を「国賊」として襲撃した。村山社長は退陣、鳥居素川や長谷川如是閑らも退社し、西村天囚が編集の中心となり、急進的な論調は影を潜めた。

(122)シンパ事件　細川のこの発言は不正確である。実際に長谷川如是閑が「シンパ事件」として警視庁に召喚されたのは一九三三年一一月二二日である。労農救援会に会費を払っていたことのほか、唯物論研究会や日ソ文化協会との関係が問題にされたようだが、同深夜には帰宅した。一二月一五日、『東京日日新聞』に「疑い全く晴れて」とする如是閑の談話が載った。如是閑は知友に自らは「共産党の反対者」であり、「断じて法を犯さず、犯せば必ず刑を受ける」合法主義者であるとの挨拶状が送られた。この記憶違いは、細川が一九二〇年代末には如是閑について不信を抱き始めていたことを推測させる。

振興会というのがあって、雨宮庸蔵は私に一つ研究課題を与えようとした、そのとき反対したのが長谷川だ。あれは危ないといって俺をパージしたんだ。

山崎　あれは怪しからん。

細川　それでまあ確信したんだが、あれにくっついている奴は皆駄目だと。戦時中は駄目で、戦後も駄目だ。そこで横浜刑務所から釈放されて出たあの時分、長谷川のものを読んでみたらやっぱりいけないんだ。総同盟に対していうようなことをいったり、くさしたり……。僕はインテリというのはどうも駄目だと思う。やっぱり財界で練られた奴は芯が強い。西村天囚、鳥居素川、長谷川如是閑は結局駄目ですよ。本当の力ないですよ。それで私、財界におったとき、鈴木馬左也さんが鳥居素川なんか書生だよ、君、十年財界におっていいよ、損しないよといっとったが、僕もそういう見方が根深いんだ。また、それが実際だと思う。だから、私らインテリは余程考えなければいかん。財界でビシビシやると……。

叩き潰せないもの

細川　これは共産党についてもいえるんだ。実際下から叩き上げられたぎりぎりの、工場において、農村においてやって来た奴はやっぱりしゃんとしておりますよ。僕、実際一つのエピソードがあるんですよ。七二のおばあさんですがね、その人に会って私非常に感心し、驚いた。というのは、その人の夫はとうに亡くなって、長男は獄死した。それで娘の子が一人残っておる。これがなかなか優れた人だと私の友人もいっておる。

　問題はそれではない、獄死した忰に対して、皆が元気で帰ってくるのに監獄で死ぬような忰を生んだことは残念だというんですよ。しかしながら、その忰というのは葛飾の方では印刷方面では非常に優れた指導者だった。それでその人の下に育った人は、現に立派に活躍しているんですよ。その立派に育てた人が、一九四二年あたりに引張られて獄死したんですね。その母親がほかの皆さんは元気で帰って来るのに、俺の息子は一体何だろうと。それでも親子の情で一度夢に見たいと思っていた。その息子の夢を見た。それがどういう恰好で現われたかというと、包みのようなものを背負ってどぶの中を歩いておる。それでおっかさんの顔を見て、その途端にずるずると中に入っちゃった。それを見てから、夢はもう二度と見まいと決心した。この哀れな夢はもういやだと。それで今日まで夢は見ないと。

そのおばあさんのいうのは、結局息子さんについて残念だといっておるんですね。その哀れな姿を夢に見て。私なんか今は何れも役に立たんけれども、皆さんのお陰でこうしてやっておると。この言葉がスパルタの昔を思わせる。これが共産党運動の基礎になっておる。このおっかさんの覚悟、その息子に育てられた人達、こういうものが下におるんですよ。ここをみると安心だよ、君。それは叩き潰せないんだよ。それでそのおばあさん、非常に朗らかで、もう一度是非会いたいというんだ。僕なんか買いかぶられて困るんだけども……。

山崎　それが共産党の基礎になっておるから敗れないというのは、実にいいところをつかんでおられますね。

細川　そう考えずにおれんですよ。

山崎　いや、本当ですよ。だから表向きにみていたんじゃ強さ分らないんです。

服部　それでは今日はこのくらいで……。

---

(123)雨宮庸蔵　編集者（一九〇三年―一九九九年）。一九二八年、中央公論社に入り、小林多喜二や谷崎潤一郎らを担当。三七年から二度目の編集長となるが、石川達三「生きている兵隊」を掲載したことで、石川とともに刑事告発され、退社する。

第四章　外遊

パリ・セーヌ河畔にて細川嘉六　1925（大正14）年。37歳

ベルリンからパリ、ロンドン、モスクワへ

途上の見聞

服部　それでは今日はまず外遊から始めましょう。出発は一九二五年ですね。
細川　そう。
服部　それで直ぐドイツに行かれたのですか。スケジュールはどうだったのです。
細川　スケジュールとしてはマルセーユを通ってジュネーブ、ベルリンに入って、それからパリに行って、ロンドンに行って、それからモスクワだ。
服部　そうですか、モスクワにお出でになったんですか。一番長い御滞在は……。
細川　ベルリンとパリです。
服部　そのときのベルリンの印象を話していただきましょう。ベルリンではどういう……つまり収穫があったかですね。それとどんな状態のときだったというようなことからお話し下さい。
細川　そうだね、段々話していったらいろいろあるだろうが……。
山崎　生まれて初めてヨーロッパに行かれたのですが、マルセーユに着かれたときの印象は……。
細川　とにかくあの当時では船で四〇日からかかったんだからね。その途中コロンボに行ってライスカレー食べたり、見物して歩いたりね。ライスカレーというのはなぜあすこで食べるかということが分ったよ。というのは、あすこは暑いでしょう。暑いのに対してからだがだらけてくるから、刺戟の強いものを食べる。そうすると温まって、ちょうどバランスがとれていい気持ちになるんだよ。コロンボといえばインドのことで、菩提樹や何かの匂いがしてね、その匂いの下をいい気持ちになって歩いたよ。

服部　そのとき酒は入ってましたか（笑声）。

細川　いや、酒は入っていなかったが、ライスカレーは食べたよ、一流の料理屋でね。そこで鶏のコケコッコーの声を聞いて、やはり人間はどこでも同じかと思った（笑声）。それから途中自動車で砂漠を見て、そのときに砂漠というものの恐しさをしみじみと感じたのです。茫々として、限りなく無限でしょう。そこに牛や馬や何かの骨があったり、人間の骨みたいなものも見えるんだよ。自動車が休んでおるときに少し歩いてみて、びっくりした、恐ろしくなった。それからスエズに出るときなんか、汽車の窓から見た農家の人の営み、これなんかもやっぱり似たものじゃないかという感じがしたんだよ。一言でいうと、ヨーロッパを廻って一番感じたのは、殊に中産階級以下の、殊に勤労者というものの世界の人情は一つだと思った。

服部　話を戻すようで恐縮ですが、上海にも寄られたんでしょう。

細川　ああ、寄った。

服部　上海が最初の外地ですね。

細川　そうそう。

服部　それからずっとマルセーユに着かれるまでの、アジアの半植民的状況に対する印象ですね、そういう点、もう一遍伺いたいのですが。

細川　それは上海、香港、シンガポールとずっと行ったわけですが、半植民の姿というものはもう自分自身が聞いたり、印刷物で見ておったそのままです。すなわち、百聞一見に如かずというけれども、私等としてはまあ勉強しておったし、直ぐ分るし、それだから沢山のことを見なくても分ってくるんだ。それでね、この不精者はヨーロッパに行ってもあまり歩かなかったんだよ。そのときは御存じの通り五・三〇事件[124]でね、あれで何分上海にしても香港にしても、相当の力が五・三〇事件で沸き上っておったことが私等には分るんだ。

表面には見えないけれども、それは非常に力があったということは分ったですね。

　それからマルセーユで一番感じたことは、日本の婦人の着物――着物ではいかんと思った。洋服にしなければならない、これはどうしても改革しなければならぬと思った。婦人の解放――というより、活動を自由にするためにこの着物ではいけないと、まず感じた。

服部　なるほどね、これは面白い。

細川　それでフランスに行っては、一番にマルセーユの魚河岸料理を食べたが、これがまたおいしいんだね。日本人の趣味にあうんだ。それから葡萄酒だが、フランスというのは、この点において非常に優れたところだと思った。

　そうしてさきほど申しましたように、一人旅でジュネーブに寄りまして、一週間ぶらぶらしておった。そうしてルソーの住んでいた家[125]だとか、そういうところに薄暮に行ってヨーロッパの風景、生活、そういうものは相当分っちゃった。僕等平生、もので読んだり聞いたりしておる、そのままですね。わが日本は世界で一番景色がいいということはうそだと思いましたね、建物のいろいろの色彩、年を経た木の色、山の色といい、水の色といい、全くね、日本が一番景色がいいというのは、天狗の日本がつくったものであるということを、しみじみ感じましたね。

社会民主党・共産党の演説会

小宮山　研究の題目みたいなものは、限定されていたわけですか。

細川　そういうものには少しも限定はない。私はレーニンの『帝国主義論』[126]を勉強して来ました。あれに従って文献を集め、そうしてそういう方法からものを見ようとした。

宮川　それでドイツの社会民主党の人間なんかにお会いになったんですか。

細川　社会民主党の人には会わなかった。しかし、そのときに市会議員の選挙があって、いいときに来たというのでイの一番に行きました。そこで社会党の演説会に行きますと、特徴的なのはシャイデマン[127]で、沢山の人が集まっている、ともかく中産階級以下の人が集まっておる。そういうところは場内の匂いが違いますね。貧乏くさい匂いがする。それがまた共産党の演説会に行きますと、匂いは同じだけれどもまた違うんですね。まず東洋人と思って、若い人が案内してくれて、あなたはどんなものが読みたいかと聞き、パンフレ

---

(124)五・三〇事件　一九二五年五月三〇日、中国上海における民衆の反帝国主義運動。日本人経営の紡績工場ストライキで中国人が殺害されると、抗議する学生らは共同租界内で警官隊と衝突、警官の発砲により多数の死傷者が出た。これは全国に波及し、香港や広東では反英ゼネストに発展した。

(125)フランスの啓蒙思想家ジャン・ジャック・ルソー（一七一二年―一七七八年）はスイス・ジュネーブで生まれた。旧市街に生家がある。

(126)『帝国主義論』　細川は『大原社会問題研究所雑誌』第三巻第一号（一九二五年）に「帝国主義と無産階級」を発表するほか、外遊から帰国後には『マルクス主義講座』第一巻（一九二九年）に「帝国主義論」を執筆する。それらでは青野訳『帝国主義論』が参照されている。一九四二年一二月一七日の警視庁特高第一課警部補芦田辰次郎の訊問に対して、「特にレーニン著『帝国主義論』等には非常に共鳴する点多く、マルクス・レーニン主義の帝国主義論こそ資本主義の植民政策を暴露し、被圧迫民族の解放に正しい方向を与えるものと信ずるに至りました」と供述している（『細川嘉六獄中調書』）。

(127)シャイデマン　フィリップ・ハインリヒ・シャイデマンはドイツの政治家（一八六五年―一九三九年）。社会民主党右派の国会議員として第一次世界大戦を支持するが、一八年のドイツ革命では共和国を宣言。ドイツ共和国では初代の首相となるが、ベルサイユ条約に反対して辞職した。三三年のナチス政権成立後、亡命した。

ットや新聞とかいろいろ用意してくれます。そうしてそこでは有名な人というのは……。

宮川　テールマン[128]の時代ですか。

細川　とにかく来ましたよ。まあ演説会のことだと共産党の場合は民衆の中の歌い手だとか、その他子供隊とか、あちこちで余興がある。そうして大衆の方の歌声に合わせて歌う、そういうものです。社会党とはその点非常に違います。それでブルジョア政党はといえば、たとえば民主党系統の方で行けば違うんだな、寂しいんですよ。人の集まりが少ない、そうして上品な人が集まる。その場合に、音楽では有名な何々マダムが歌うとか、そういうことなんです。それでお葬式に来ているんじゃないかというような気持ちになって途中で帰って来たりしましたが、そういう印象をもちましたね。

　それで夜になると毎日、日本の留学生は誰でもよく知っているシュトライザントという本屋に通って、ありったけの金でそういうものを買うのに努めた。そうしてベルリンではコーヒーを飲んで、安いおいしい葉巻をふかし、ソーセージを食べながら暮しておった。その他ベルリンでは大したことはないね。

宮川　日本人はどんな人が行ってましたか。

細川　そうだね、日本人では……松方三郎[129]、あれにひょっこり会いました。それから内務省の官吏で、一高の先輩にもちょっと会ったことがありましたが、大したなにはありませんでした。

パリを歩く

細川　それからパリに行った、ミュンヘンを通って。――というのは所長の高野岩三郎先生の奥さんのお母さんがミュンヘンにおったものですから、それに言伝を依託されたので参りました。その時分は一二月でありましたし、雪の中を行ったんだが、そこでおかしいのはどうも僕に私服がついたらしい。

服部　それは日本大使館ですか。ベルリンの警察ですか。

細川　まあベルリンだろうね。それがなぜついたのか分らないんだ。それがパリに行って分ったんだが。

そこでミュンヘンの宿屋に着いて翌日のこっちゃ、ビールなんかそう飲めないんだけれども飲んだりしてサロンにおると、一人の親切な男が現われていろいろと案内してくれるんだ。ミュンヘンはビールが有名で、あそこのブロイハウスというところに一緒に行ってくれたりして、世にも親切な人だと思った。ミュンヘンというのはなかなかいいところだと思った。冬はそういう楽しみがあるし、深くは入らなかったけれども……。それから多分ダニューブ河じゃないかと思うんだが、冬でしたがその河を見て通ったわけです。寂寥といいますかね、そういう感じなんですよ。しみじみしました。鳥が鳴いていて、つまり東洋の特色なんかといっちゃいかんということも感じたね。やっぱりそういう景色は……。

宮川　東洋のものもあるということですね。

細川　そう、それからパリに着いた。船で一緒になった、理髪と鬘《かつら》を勉強に行く人で、やっぱり三等船客ですが、パリに着いて、鬘を勉強している苦学生を頼ってそこに入った。そして宿を世話してもらった。それがパリで一番唯一の友達でした。私の宿に、夕方になるとやって来るんだ。それが日本人の理髪をやっているだけで食えるものらしい。そうしてもちろん学校にも行ってるんだ。

---

(128)テールマン　エルンスト・テールマンはドイツの共産主義者・政治家（一八八六年―一九四四年）。社会民主党左派から共産党に移り、一九二五年以来、共産党中央委員会議長としてスターリンの支持を得て独裁体制を固めた。二度大統領選挙に出る。三三年にナチス政権下で逮捕され、殺害された。

(129)松方三郎　ジャーナリスト・登山家（一八九九年―一九七三年）。京都帝国大学在学中は河上肇に傾倒。ヨーロッパ留学中はスイス・アルプスに親しむ。帰国後は同盟通信に勤務。四六年、日本山岳会会長となる。

服部　どこの国の人ですか。

細川　それは福島県の人でね、おやじは裕福な方だけれども、どうもけちで金を出さないんだ。それで船賃だけ貰って飛び出したんだ。その人がそうなるにはわけがあるんだ。それは南洋に行ったとき、フランス人の理髪屋に若いとき行っておって、理髪をするならフランス人の下で働く。それで鬘を研究するならフランスに行って研究するということになって行ったんだな。

宮川　その頃どんな人がいましたか。

細川　そのときには、ＮＨＫになんかよく出ておる石黒敬七[130]なんかもいましたよ。石黒君が発行している日本人向けのニュースみたいなものなんか配って歩いたりしておった。その時分は、そうだね。船で一緒だった画家の中村研一[131]君なんかもいましたよ。フランスの女の人と一緒にアトリエに暮しておった。行き来もしましたよ、時には……。

　やっぱりパリではさっき申した目的で、そういう書類とか本なんか集めるのが仕事でした。さきほど申しましたように、あまり歩かないんですよ。ただソルボンヌにあるあれ——はよかった。シャヴァンヌの「貧しい漁夫」[132]、そういうものは見ましたよ。それが印象に残っておる。それからルーブル美術館にも行ったね。あるいはリュクサンブルグ公園をぶらついたとか、その程度のものですよ。それからこれはちょっといいにくいけれども、キャバレーに行ったら皆ビールを飲みながら裸の女を見ているんだよ。それで話合いによっては一晩遊んでくる。そういうところに理髪屋さんと行ったんだ。

服部　そこらはまあ誰でもやることだ。

細川　そこで感じたのは、資本主義文明はここまできておるんだということを、しみじみ感じたよ。それで一晩泊るか泊らないかということになって、値段が折合わなくて結局止めたということがあるんだ（笑声）。

それはそういう女に対する同情が……、僕がこの前話したように、そういうものがピンとくるんだ。遊ぶという気持ちよりも、まずそういうことがピンと働いて、それを見ることが自分の学問だと思っておるんだ。それからパリを歩くにしても裏町をよく歩くんだ。表通りを歩かないで。それが如何にも生活に密着しておるんだな。それで家に土産を持って帰るものにしても、レザーのバッグ、買物袋——ああいうものなんか買ったり、それも裏町の小さな店、おばあさんが店番なんかしておる、おそらくおばあさんの家族が作っておるんだろうと思われる、レースのかかったハンカチを買ったり、そういう庶民生活ばかり覗《のぞ》いて歩くということで、大分変っておるといえば変っておるんだ。

そのときは一九二六年、ブリアンが内閣を組織したか辞めたときか、自由主義的なというか、ヨーロッパ問題の解決の方向に行っておったようだ。あとでロカルノ会議(133)があったりして、ドイツの中に入り込んだ、そういう動きのあったときでした。

そこで例のスパイだが、どうも尾《つ》いてきたらしいんだ。ある日部屋におったら——ちょうど正月だったが、

(130)石黒敬七　柔道家・随筆家（一八九七年—一九七四年）。早稲田大学卒業後、柔道の紹介・普及のためにヨーロッパを回る。得意技は空気投げ。一九二五年には日本人向けに新聞『巴里週報』を刊行した。四九年、ＮＨＫラジオの「とんち教室」に出演、全国に知られた。

(131)中村研一　洋画家（一八九五年—一九六七年）。鹿子木《かのこぎ》孟郎《たけしろう》や岡田三郎助に学ぶ。一九二〇年に帝展に初入選。二三年から二八年までフランス滞在。戦時下では多くの戦争画を描いた。

(132)「貧しい漁夫」　ピエール・ピュヴィス・ド・シャヴァンヌはフランスの画家（一八二四年—一八九八年）。象徴主義の先駆となる。フランス各地の大壁画装飾を描く。「貧しい漁夫」はパリ・オルセー美術館のほか、上野・国立西洋美術館でも所蔵。

絵描きのマダムでアルバイトにフランス語を教える者があって、まあ私を訪ねてくるのはそれと理髪屋以外にないんだが、ある日部屋におったら、三十代の男が入って来た。ノックしたから「ウィ」といったら入ってきて、そうしていろいろ聞くわけだ。「あなたはドイツからおいでになったか」と聞くんだ。「ドイツの様子はどうだ」とか、「為替相場はどうだ」とか、そういうようなことを聞くんだな。ドアのハンドルに手をかけたまま、妙な恰好で僕に聞くんだよ。そのときには気がつかなかったが、ミュンヘンあたりからずっと糸がかかっているんじゃないかなということも考えた。そういうことを尋ねられて、こんなことを私に聞かなくても分りそうなものだと思ってね。

　それからまあそういう生活の中で私は安料理屋で五フランの葡萄酒を一ぱい飲んで、赤でも白でも安いもので五フラン、相済まないが為替相場の関係で……。そういうような生活をしました。思い出の深いのはパンだ。パンが実においしいんだね。それとクレッソンという野菜があるんですよ。これは日光の奥の方でとれますよ。そのクレッソンだな。クレッソンを大いに楽しんだよ。

　それからと、パリの思い出としてはよく中華料理を食べたな。中国人の料理がえらいはやっていた。インターナショナルの料理だね、中華料理というのは。日本人の料理なんかそんなわけにいかない、日本の料理というのは大使館の連中が食うくらいだね。中国人の料理は進んでおって、僕等のような金のない奴でも食えるんだな。上、中、下とあって、上はなかなか立派なものだ。僕等はまあ……。

服部　下の方をね（笑声）。

細川　特に下だな。

ロンドンを歩く

細川　それでこんな話ばかりしていると長くなるけれども、まあフランスという国は芸術の匂いがするし、それでロンドンなんかに行くこと止めようと思ったよ、いわんや、アメリカなんかというものには行くのはよそうと思った。金もなくなっているし……本ばかり買ってしまったからね。どうせヨーロッパと同じだと。少し若げの過ちというのをやるにはアメリカだと思ったけれども、まあ問題にならないと思った。それで対岸のロンドンに行くことも止めようと思ったんだ。

そうしたら例の理髪屋さんがここまできて見ないで帰る法はないというので、それで行ったよ。海峡を渡ればすぐですからね。そうしてロンドンに一〇日ほどおりましたよ。商事会社におる友人もおったりして、その下宿屋に入ってね。

宮川　それは二六年ですか。

細川　二六年の二月の末だな。イギリスのフォルクストンという港に着いたよ、ブローニュという港から。それからロンドンまで汽車で行くんだが、ロンドンに行っても相変らずどこも見ないんだ。ただハイドパークに行った。そこで印象に残っているのは、ナチスの宣伝だね、あそこまでいってましたよ。インド人やらアメリカ人もやっておるんだ。が、ナチスの演説が服装も変っておりますし、人目を引いていたな。そこで感心なのは質問をやっておるんだ、聴衆から……。それが特色だな。お互いに野次り倒すということでなく、

(133)ロカルノ会議　一九二五年、スイスのロカルノでイギリス・フランス・ドイツなどの七カ国がラインラント（フランス・ベルギーとドイツの国境地帯）の地域的集団安全保障で合意した会議。これに加えられなかったソ連が反発するとともに、ドイツでは世界恐慌後、ロカルノ体制打破を掲げたナチス勢力が台頭した。三六年、ヒトラー政権はロカルノ条約を破棄して、ラインラントに進駐した。

道理がどこにあるかという態度で質問してるんだ。そこなんか印象的でしたね。

そういうようなわけで私はロンドンに行って、ぶらぶらと用を足して歩くわけですが、その間にはロンドン塔にいったな。ロンドン塔に行ったとき、ちょうど雪がちらほらり降っておりましたが、ロンドン塔に行ってもさっぱり面白くない。小説の『ロンドン塔』[134]は非常に深刻なもの、非常に陰惨なものだが、それは明るすぎると。鎧兜《よろいかぶと》やなんかある二階に上ったけれども、面白くないんだ。

そこでまあ出てきたんだが、雪がだんだん降ってきてね。フッと見ると門衛が火を焚いていて暖かそうなんだな、そこに入り込んでいったよ、君。それで煙草をやったり、また自分も一服やってね。それがロンドン塔の印象として残ったものじゃった。

それからそこを出てから、お茶を飲みに入ったよ。お茶というのは日本流でいうと、やはり紅茶を飲ませるんだが、それはちょうどなんだな、その頃の鎌倉の大仏に行ったときとか、奈良の大仏に行ったりというような感じで、そこでもインターナショナルを感じたのです。人間生活というのはそうどこでもあまり変らないと思った。そういうところを夕方なんかブラリブラリ歩いてみて、どうも日本の町の中を歩いているような感じで、殊に東京を歩いてるような気がするんですよ。そこには大道商人も出ておれば、射撃場もあれば、宝探しもあれば、あるいはおみくじ、金を入れておみくじを出すというのもあれば、全く錯覚を起させるよ。

そこである店の前を通ったり、婦人の洋品を売ってる小さな店の前を何の気なしに歩いていると、中から声が聞えるんだ。見たらその店の女主人と店にきている女の人と話してるんだが、その声がどうも錯覚を起さして、ヨーロッパも日本も同じようだと思った。ただ形式が違うとか、文化の程度が違うというだけで、一般的な人情とかなんとかいうのは、そう変らないという結論なんだ。

宮川　イギリスの炭坑のゼネストは二六年ですか。

細川　その前に僕は行っておるのです。あとのは二六年ですが、その前夜に行っておるんだ。そこで不思議なんだよ、共産党系の出版物の本屋というのは。どこの本屋に行くのも夕方近いんだ。そこで誰に会ったかというと、トム・マン[135]に会っておるよ。驚いたね。トム・マンはすでに野坂参三さんなんか知っている間柄で、僕がモスクワに行くといったら片山潜君に宜しくといって名刺を書いて私に渡し、お互に名刺を交換した。トム・マンに会ったということはこれは大したことだよ、奇遇だよ。僕は非常に愉快だよ。ヨーロッパではなおほかにシャイデマンなんかに会ったけれども、トム・マンに会うというのは、本当に偶然に会ったんだよ[136]。

トム・マンはいっておったよ。「君、細川というのはどういう意味だ」というようなことを聞いておった。日本人に会うと必ず聞くんだろうな、細い川だといいましたがね。それで人情というものはどこも同じようなものだと思った。

もう一つ、領事館を訪ねようとしたときだが、道が分らない。困っておると、向うの方から「花や、花

(134)『ロンドン塔』　イギリスの小説家ウィリアムズ・ハリソン・エインズワースの一八四〇年作品。

(135)トム・マン　イギリスの労働運動家・共産主義者（一八五六年―一九三九年）。ウィリアム・モリスらに傾倒して社会主義に接近し、一八八〇年代には八時間労働制を掲げ、八九年には不熟練労働者によるドック・ストライキを指導した。一九一〇年代にはサンディカリスト、二〇年代には共産主義者として活動した。

(136)細川は「書斎の思い出」のなかで、「私の会った印象では、六十歳をこした人のようにみえず、まったくすばらしい壮者であり、洋服の色は灰色がかった深い緑色のものであって、剛健なイギリス人型であって、私の心を壮快にさせたほどであった」（『思想』一九五四年五月）と記している。

や」といってくるんだ。見たら一人の花屋が「フラワー、フラワー」といってるんだが、それが「花屋、花屋」と聞えるんだ。まあ意味は同じだけれども、発音まで同じように聞えるんだな。そんなことが頭に残っとるよ。そういういろいろの思い出をしゃべると、結局人間は一つ、殊に下層は一つだということになるのです[137]。

ベルリンに戻る

細川　それからベルリンに戻るのですが、雪のドーバー海峡を渡って、オランダの風景を見ながら廻ってきて朝着いた。朝早く歩いて、まず足止めに宿屋を探した。そこで鞄は何を持ってるかというと、小さなトランクを持ってるだけだ。ふと見ると腰の曲ったぢいさんがおるからそれを頼んで、停車場にビールを飲みに行った。ざわざわしている中で、手軽にテーブルに腰掛けて飲める。そこで葉巻を喫《の》みながら、旅人のことだ、あたりを眺めながらやっておった。

そうすると、そこに悠々と雪の中を一人の元気そうな男がくる。それはモスクワから帰ってきた技術者だ。それにモスクワのことも聞いたりした。旅行というのは、そういう面白味があるんだね。一人で歩くことはなかなか味のあるものだ。

それからシュトライザントのところに行って、ドイツ語で「今帰ってきたところだ」というようなことをいったら、そうしたらそこのシュトライザントの主人は年は五〇近いけれども、そのぢいさん、こういうことをいうんだ。ドイツ語が随分上手になったというわけだ。それは自分が駄目だと思うので、一生懸命になっているのと、ビールが一ぱい入っておるからね、そういう調子であったらしい。

まあそこでベルリンに幾日間かおって、借金したよ。というのは、本を買い込んじゃって払ってしまい、帰るのに困るというほどの金になっちゃって、それで幾らでもいいということで借金して、そのシュトライザントの夫婦に送られて停車場を発った。

そのときの出立《いでたち》はどうかというと、リュックサックにハンティング、慎重なものでリュックサックの中に何が入っておるかというと、どてらが入ってるんだ（笑声）。いざともなればということを考えておるんだ。

服部　日本から持って行ったんですか。

細川　リュックの中にどてらが入っておった。それでベルリンでソビエト・ロシアのことを聞いても、よく分らないんだ。で、シュトライザントは新聞の切抜なんかとっておる。それに汽車の中は綺麗だというようなことを書いておるんだな。そういう記事が大切な記事なんですよ。それで大庭柯《か》公《こう》(138)の事件もあったから、いざとなればこれは入れておかなければならない。

山崎　入ったら、どてらは必要だね。

細川　現にね、リガに着いたときなんか、ドイツ語でも英語でも誰に聞いても分らないんだ。いつ幾日ここに

---

(137)細川は「書斎の思い出」のなかで、「この外遊において深く私の感じたことは、正直に文字をとおして研究すれば、未知の外国の実情はそのままに理解されるということ、また一つは人間はいずれの社会であろうと、わだかまりや他人を無視する利慾さえなければ、中等階級以下、殊に勤労者の社会層では、情意は一つであって相通ずるということ、インターナショナルであるということである」（『思想』一九五四年五月）と記している。

(138)大庭柯公　新聞記者（一八七二年―?）。一八九一年頃から二葉亭四迷とともにロシア語を学ぶ。日露戦争では通訳として従軍。〇六年ウラジオストックでスパイ容疑により拘禁、帰国後さまざまな新聞の外国特派員となる。一九年、松山忠二郎に招かれて読売新聞社編集局長。二一年、革命後の実際を見るためにソビエトに入るが、消息が途絶えた。粛正されたとみられる。

入って、いつ幾日モスクワに向うということだけなんだ。そこで心配したわけだ。どんな危険があるか分らないと……。

しかしリガから汽車に乗って、ソビエト領に入った。雪の国境を抜けてそこに入って、がらっと考えは変った。心配は何も要らんじゃないかと思った。実に囲炉裏ばたにはたきぎがどんどん炊かれて、駅員達は元気いっぱいなんだ。活気があるといえば、ヨーロッパのどこに行ったよりも活気があるんだ。で、私は片山潜さんに会ったときに、片山さんいっておったよ、大竹博吉君[139]がヨーロッパをずっと廻ってみて、ヨーロッパのどこに行っても、ソ同盟のような活気がありませんといっておったと。僕と同じなんだ。それでモスクワに、雪の朝着いたよ。

片山潜の思い出

モスクワに着く

宮川　モスクワに着いたのは一九二六年の三月初めですね。

細川　そう、三月の初めですよ、そこで話はちょっと戻るが、ベルリンからモスクワの医科大学の助手かなんかの若い人が一緒に乗ってきたんです。それと同じ停車場で降りたわけだ。そうすると、その人の奥さんと子供が二頭立ての馬車で迎えにきておった。それで僕はマルクス・エンゲルス研究所[140]に行くんだというと、乗りなさいというんだ。そのときに朝鮮人で、元日本の領事館に勤めていた男が宿に連れて行くというんだが、いやそれよりも研究所に先に行くんだということで、その二頭立ての馬車に乗せて行ってもらったんだが、懐しい感じがしたね。

それで小使室に入れて貰って、片山潜[141]さんを訪ねたわけだが、まだ出て来ないという。そこで私は部屋におる若い連中に——ちゃんと食べものはチーズとソーセージとパンを持っておって、お茶を飲みたいわけだ。それでロシア語は通じないけれども、魔法瓶を持っておるからそれを示すと通じて、持ってきてくれた。チップを出そうとすると、朗らかな顔をして、それは駄目だという。あとで潜さんと会ったとき、「チップ取ったか」「いや、取らん」「うん、そうだろう」といっておったが。そこでお茶を飲み、そうしてサービスした連中に物を分けて、一緒に食べるのはいいんだ。

そこでまあそこに行って、リャザーノフの片腕として優秀なマダムがおるんだ。アメリカ人で、名前はちょっと忘れたけれども、優秀な婦人で、片腕として働いておった。片山さんについておる人もアメリカから一緒にきた人ですが、それに連れられて女工なんかずっと見て回って、その間にブハーリン[142]に会うかといわれて、会う機会はあったに拘らず、僕は会わないんだ、会う気がしないんだな。会っても別に話すこともな

(139)大竹博吉　出版人・ソ連研究家（一八九〇年—一九五八年）。新聞記者を経てウラジオストク東洋学院に学ぶ。ロシア出版物を翻訳紹介する一方、ソ連図書輸入のナウカ社を設立。治安維持法違反で有罪となる。戦後は日ソ協会理事などを務めた。

(140)マルクス・エンゲルス研究所　ソ連邦共産党付属の中央研究機関。一九二一年創設。マルクス、エンゲルス、レーニンらの著作の出版、研究などをおこなう。初代所長はリャザーノフ。一九九一年廃止。

(141)片山潜　社会運動家・国際共産主義運動指導者（一八五九年—一九三三年）。初期労働組合運動・初期社会主義運動の発展に力を注いだ。一九〇四年には第二インターのアムステルダム大会でロシア代表のプレハーノフと反戦の握手を交わした。大逆事件後の一九一四年に渡米、ロシア革命後ではボルシェビキを支持し、二一年にソ連に入る。二二年にコミンテルン執行委員会幹部会員に選ばれ、国際共産主義運動を指導した。モスクワで死去、クレムリンの赤壁に葬られた。

いし、会うこともないと思った。

リャザーノフは電話で連絡して、三回目に会ってくれた。僕がリャザーノフに会うために控え室で待っておると、リャザーノフが印刷工らしい者と話し合っているんだが、僕はわけはもちろん分らないけれども、そういうふうなリャザーノフの態度というものは成上り者だと思ったんですよ。威圧的な態度に見えた。それで私が会ったときも、いろいろ大原研究所の櫛田民蔵がこれこれの年鑑やなんか持ってきたと、私は研究室でこれこれのものを書いておるという。

服部　言葉はドイツ語ですか。

細川　ああ、ドイツ語。で、滞在には日本大使館とソ同盟の外務省にも承諾をうけなければならないが、その手続についてだがリャザーノフは勿体ぶってなかなか厄介だというんだ。恩に着せたような恰好で、印象が悪い。それで結局、リャザーノフは成上り者だということになっちゃった。それから私帰ってきて二、三年の間に追放されちゃった。そのマルクス・エンゲルス研究所の考え方のうちでは、やはりリャザーノフは冷淡だということで批判を受けたらしい。あそこの指導者はある程度常に大衆の裁判を受けておって、僕はリャザーノフとは一回会っただけだが、外務省の手続問題で何か話しにくい人だということを感じたわけだ。

片山潜との出会い

細川　それでマルクス・ェンゲルス研究所に入りまして、とにかく最初の話ですが、リャザーノフに会えなくとも片山さんに会えればと、若い娘さんからその手続をしてもらった。片山さんとはコミンテルンの東洋部の方で会いましたよ。同じ当時四〇代のマダムと思われる人と、彼の部屋の中で話し合っておりましたが、そこへ僕が入って行った。

そうして直ぐに握手して、ベルリンから持って行った葉巻を前に置いて「土産だ」といったんだ。そうしたら潜さんは「僕は煙草は喫《の》まないけれども、友達が喫むから貰っていいか」、「ああ、いいとも」というわけで分けて、それから旅行中で読むつもりで持っていた日本の『朝顔日記』とか『寺子屋の段』、それがドイツ語で訳してあって日本流の綺麗な絵が入った本だが、それを片山潜さんに渡した。「これを君に上げる」といったら、「いや、君が旅行中に読むんだろう」、「いや、俺は帰れば幾らでもあるんだから」ということで……。また、改造社から出ておった幸田露伴の『幽秘記』も老人を慰めるのにいいと思った。そうして老人に宿屋を決めてもらった。その宿屋というのは、ホテル・ルックス……。

山崎　リャザーノフの印象があまりよくなかったということは今伺ったのですが、ブハーリンにお会いにならなかったのは何か先入観でもあったのですか。

細川　多少読んではいたけれども、会っていろいろ質問したりする気になれなかったんだね。

服部　そのときはもうブハーリンの『史的唯物論』、お読みになりましたか。ドイツで……。

細川　ああ、読んでおったろうな。

山崎　読んでおったはずですよ。東大で、大森さんがやっておったくらいだから。

細川　そこで毎日そうして片山さんと会うんだが、行くとコーヒーを御馳走してくれるんだ、自分で入れて。お湯を汲むところに行って、コーヒーの入れ方を僕に教えるんだ。コーヒーはこうして入れるんだといって

---

(142)ブハーリン　ニコライ・ブハーリンはソ連共産党の指導者（一八八八年―一九三八年）。一九一七年の十月革命で中央委員、『プラウダ』編集長を務める。『共産主義のＡＢＣ』や『史的唯物論』などにより理論家として重きをなした。レーニンの死後、スターリンと組むが、のち対立・失脚し、三八年に処刑された。

ね。そのコーヒーは潜さんのいうには労働組合からの特別な配給で、元老共に特別配給してくれるんだそうだ。つまり当時やはりコーヒーは少ないところであるし、それが面白いところなんだ。指導者が親身になって打ち込んでくれるからというので、少ないものは労働者が指導者に分け、先に上げるという気持ちなんだな。これが政治の根源なんだ。

それで片山潜さんのおるホテル・ルックスは一体どんなところかというと、二〇畳もあるかね、それが幾つにも仕切ってあって、ここに寝台、ここが仕事部屋、料理部屋とこういうふうになっておって、ここには助手として、そうだね、二二、三と思われる女の人が通ってきておる。その女の人の仕事というのは、必要なものを用意したり、英文で書いたものを露文に直したり、そういう仕事をしてましたよ。

服部　娘さんはいないんですか。

細川　それはいないんです。しかし老人、娘さんについて言っておった。詩集なんか出しておると。そうして夜は演劇学校に通っておって、成績は非常にいいというので自慢しておりました。それからソ同盟では労働者なんかの優れた子供は、皆組合の方で推薦してそれぞれの学校に入れるということも言っておりました。それから革命と同時に学校の教育を改革して、子供が喜び楽しみながら勉強するというやり方になって、今日の子供は喜んで学校に行くようになったと。

それともう一つ感心なことだと思うのは、ソビエト首脳者の精神でもあるが、殊に一九二一年、二三年の飢餓のときには非常に困ったが、そういうときでも子供にだけは、日本でいえば白い御飯の、白パンを食わせた。大人は皆藁屑《わらくず》のようなものを食べて我慢して、子供を大事にしたという点、革命にとっては大事な精神だと思うんですよ。簡単な言葉だけれどもね。

それからもう一つ、そこの思い出は潜さんの部屋に用を足しに入ってきた一人の男、立派な男なんですよ、三〇前後の……。黙って入ってきたその日本人らしい顔を見て、いい男だと思った、それが誰あろう、野村秀雄(143)君なんだ。日ソ親善協会の理事長の。三か月ほど前にこれと話し合ったときにいろいろ向こうの話を話してみると、そのときの男が野村なんだよ。お互に年をとっておるから分らないけれども、しかし向こうは知らないんだ。が、話し合ってみると、そのとき片山潜さんの秘書をやっておったのだから……。「君は今日老けておるけれども、あの頃は美少年だった」と僕はいったんだ。

野村君のそのときの話を一つ申しましょう。片山さんというのは、あのとき六〇幾つかでしょう。夜素っ裸でベッドに入るんだ。これは労働者がよくやるんで、僕等も北国だからそういう経験があります。裸になってベッドに入る。それは野村さんが先に入って温めておるんだ。そういうことをいっておりましたよ。それから野村さんは酒飲みなんだ。幾らでも飲むんだな。それでね、モスクワにおるときに大喧嘩始めた。ソ同盟の共産党員と……あるいはそうでないかもしれんが。そういうふうに極めて逞しい男だ。あまりそういうことをやるものだから、潜さんから「野村、お前はいい男だが、酒だけはいかんよ」といわれて、それからはプツッと止めた。えらいものだよ。それで三か月前に会ったときにも飲まないんだ。どうして飲まないんだと聞いたら、そのときの話をしてくれたわけだ。

それからもう一つ、多分一九二五年のコミンテルンの大会のときだ。大会が終ってその祝賀会のときに、各国の代表が出ていろいろ余興をやったわけだ。そのときに日本を代表して野村がやったんだが、そのとき

(143)野村秀雄　労働運動家（一八九九年―一九五三年）。外国航路船員を経て、一九二四年入ソし、東洋勤労者共産主義大学に学ぶ。二九年に帰国、尾道や神戸などの港湾従業員組合で活動。戦後、共産党入党。五一年から日ソ親善協会理事長となる。

の唄があるんだよ。

　あすかがわ　むりに渡れば　もみじが散るし　渡らにゃ　鹿が聞かりやせん

　これを都々逸で唄って、アンコール、アンコールで大変だった。唄う前に唄の説明があって、それだからまた面白い。そういうあすかがわを無理に渡ろうとするともみじが散るし、渡らないと大事な鹿の声が聞かれないという、その瀬戸際を唄ったもので、そんなことをいろいろ話し合ったが、非常に楽しかったよ、また話したかったのだが……。野村君は、片山さんの遺品として洋服を一着持ってるよ。野坂参三から欲しい欲しい、呉れ呉れといわれたんだがやらないと。多分まだあるだろう。そこでと、えらい話は飛んじゃったが……。

モスクワでの見聞

宮川　モスクワはどのくらい御滞在でしたか。

細川　十日ぐらい、これは潜《もぐ》ったような形になっちゃった。晩にね、ホテル・ブルステルに着いて、日本大使館に行かなければいけませんよといわれて、フランス語で「もう疲れて駄目だよ」でもうそれっきりになっちゃって、とうとう行かなかった。そこでモスクワにおっても外で料理はほとんど食べない、ホテルからはスープぐらいで、あとは自炊だ。安いから……。ソーセージとパンと漬物、これだけ買ってくる。あとはお茶さえ沸せばそれで食べられる。

　それで片山潜さんとは、そういうわけで毎日会っておった。ある日のこと、国際文学者の会合があるから行かんかというので、行ったよ。片山潜さんも誰かの応援に来て、ロシヤ語で演説をやったよ。文芸問題について。それで私にも何かしゃべったらどうだと老人いうんだけれども、今としては一度しゃべった方がいいと思うんだけれども、どうも元気が出ないんだよ。旅の疲れもあるし、文芸の問題はちょっと困るし、とうとうやらなかったが、各国の連中が集まっておった。今なら大きな建物だが、その時分、木造建ての小さなものだった。

それから片山潜さんに別れるときに、バレエを見に行ったよ。その主役の名前は忘れたけれども、日本にきておったアンナ・パヴロワ、あの連中と同列の人で、アンナ・パヴロワはソ同盟が困難な大変な時代に逃れて外に出た。そのときの主役をなす女の人はとどまった人で、非常に人気のある人だった。というのは飢饉にもなるし、ソ同盟はボリショイ劇場に向って「君達は外国に出さない、あるいは国内でこれを持続させるならしなさい」と。しかし、そこのあらゆる人はここにとどまってやりますというので、一切を託してやったわけだ。

それで片山さん、いってましたよ。あのひどい飢饉のときでもやっぱり芝居はずっと続けておったと。あの当時でも昔ながらの馬車を雇って、衣裳を着て歩いているということもあった。そうして全体の空気の中でも存立させるというような程度で、伝統的な芸術を生かしていくことに少しも干渉しなかった。

そのときに面白いものだと思ったのは、片山潜さんが途中からオーケストラの方に行ったんだ。何をやるのかと見ておると、幕あいに何かしゃべって帰ってきていうには、このバレエに出る主役のマダムのためにバイオリンを弾く人が今日はいないと話してきたと、合わせてオーケストラの人と今年の夏はコーカサスに行こうといって話してきたと。そういうわけで、役者も見ている者も音楽家も全く一緒なんだな。

服部　モスクワのスラム街に行かれましたか、そのときの印象をちょっと話して下さい。

細川　建設の途中ですから、スラム街というのはやはり昔ながらのみすぼらしい古い穢い建物がずっとありましたよ。それからは何といっても革命後、早いですからね、やはり飢饉を通り越しているから早いんですね。

市場に行っても特に豚やいろいろの食糧なんか売っておるのは、元気が溢れておりましたね。それから僕が感じたのは三月でもまだ街路に氷がはるんですよ。そこにおかみさん達が出て、元気よく働いておりましたよ。

それからモスクワの思い出では、朝寝ておると兵隊が通るんだ。歌を歌いながら。実に清々しく、勇ましいんだね。それからプーシキンの公演に行ったり、博物館にも行った。それから市場なんかにもぶらぶら行って、そういう市民生活にも触れた。

服部　例の裏町ですね。

細川　そう、裏町にも行った。それからレーニン図書館にも行ったが、皆若い連中は生き生きしているんですよ。

スターリンについて

細川　スターリンについて思い出を語ると……僕はスターリンにも誰にも会っていないけれども、松岡洋右が行ったときに最後に帰るときにベルリンに戻って行ったことがあるでしょう。そのとき大いに飲んだわけだ。そしてもう一時間汽車を延したらどうだというので、スターリンのところに行って話してみたら、よかろうといって直ぐに電話を掛けてくれた。電話一つで一国のダイヤがくるっと変るんだ。これには日本の外交官おどろいちゃった。こういう大衆の指導者なんだ。その大衆が如何に組織されておって、どこか打てばピンと響くというような政治の機構なんだな。この大機構は大したものですよ。びっくりしとった。それでまあ皆送られたわけだ。

そのときに西園寺公一《きんかず》[144]君もわざわざ言っておりますが、西園寺君を松岡君が若い人だといった。それでスターリンは覚えておって、同じ東洋人じゃないか、私も東洋の血を受けておる人間だ、何とかして仲良くやろうといっておったと、西園寺君喜んでおったよ。

外交官の僕の友人が代理公使なんかやっておったときに、スターリンが僕の友人にいろいろ握手したり、キッスしたり、ヒョッと抱きかかえようとした。それをそっと抜けたらお前は怪しからぬ奴だ、逃げるという方法はないということをいったわけだ。そういうような賑やかな中にも日ロ両国を思う心、ソ同盟最高責任者の思いが、そこに表われておるんですよ。

西尾末広のこと

細川　それからあの前年、片山さんは国際労働会議に出席した西尾末広君の話や何かもしておりましたよ。西尾末広には煮湯を飲まされたといっておった。というのは、前年モスクワに寄って宴会をやったんだ。歓迎会だな。その席上、片山さんとロゾフスキー[145]に西尾は盛んにやりましょうといった。しかし、日本に帰ってからは打って変ったことをいっておる。[146]片山さんは「君、あのときは実に身にこたえたよ」と。西尾という男はそんな男だよ。段々正体が暴露されてきた。西尾君なんか、今にして考え直さなければならない。まだ年は若いんだから……。

(144)西園寺公一　政治家（一九〇六年―一九九三年）。太平洋問題調査会理事。近衛文麿のブレーンの一人。外務省嘱託として松岡洋右外相の随員となり、ソ連・ドイツ・イタリアを訪問、スターリンやヒトラーとも会う。ゾルゲ事件に連座する。戦後は日中友好に尽力、民間大使と呼ばれた。

(145)ロゾフスキー　ソロモン・ロゾフスキーはソ連の労働運動家・政治家（一八七八年―一九五二年）。プロフィンテルン（赤色労働組合インターナショナル）の創立に参加、書記長となる。労働組合運動関係の著作が多い。

あれなんか、大原研究所に私がおったときに、高野岩三郎先生や、森戸君など、えらいこれを助け、育てておったものだよ。それが今日になって、高野先生まで蔑《さげす》まれておる、そういうふうに思われるような態度ですよ。あれはここで考え直さなきゃいかん。労働者だ、無産階級だといったところで、奴は成上り者になっちゃう。人情や義理を欠くということになるよ。西尾なんか若いんだから、少しは立て直した方が宜しい。

服部　先生よりもどのくらい若いんでしょう、彼は……。

細川　僕より十ぐらい若いでしょう。

片山潜との別れ

細川　それからね、まあ片山さんとの別れになるんだが、二人で芝居を観て、お別れの飯をどこで食べるか、どこに行こうかと相談したが、結局あなたのいうところで持ち寄りで食べようということになった。僕はパンを持って行った。それとえらく感心されたのは漬物ですよ。白菜か何かの漬物。

山崎　それはどこから持って行ったんですか。ホテルから……。

細川　いや、僕が店屋から買って行ったんだ。

服部　ロシヤ漬ですね。

細川　そう、そのときどこで買ったということは老人は分らなかったらしい。老人は老人で、自慢の茸、冬食べる茸ですよ。自分で、あのでかい手で作って俺に出してくれるんだ。「うまいか」というので、僕は「分らん」といったら、老人苦笑してたよ。

服部　酒は出なかったんですか。

細川　酒は飲まん。

服部　モスクワはいい酒ないんですか。

細川　いや、リキュールというのがあるね、それについて面白いのは、ある夕方、あと二日ほどで帰るという夕方、リキュール一ぱい飲んだ。旅館に行って、そこで廊下で一人の男と会った。そこで僕の部屋に行ってリキュール一ぱい飲んだ。向うは葡萄酒が入っておるし、二人いい機嫌で散歩に出た。

夜の闇を縫っていくと、赤の広場に出た。向うを見ると小さな建物があって、蜿々《えんえん》と人が出てくるんだ。クレムリンの時計台が見える。レーニン廟の記念日で、今日は朝から開いておるんだ。「そうか、それは是非行きたい」というと、六時に会合があって今十分前だからもう僕は行かんならんという。僕はこの道はよく知らないし、ここで離されたら困るというと、時間を見ながらついてきたよ。それでレーニンにお会いすることができたんですよ。不思議なものです。片山さんがいうにはリャザーノフに特別開けて貰えというんですが、しかしあのリャザーノフにいう気はしないんだよ。

それから片山さんとホテル・ルックスの前で握手した。そのときに革命が出来た日には、あなたと一緒に青空の下で握手しようといって別れた。

やっぱり片山さんにとっては日本に帰りたかったらしい。無理もないですよ。一九二六年、中国は復興したが、日本はどうだ、とにかく労働者、農民にとってあまり喜ぶ世界ではない。彼が祖国に帰りたいのは当

(146)西尾末広はその著書『大衆と共に』（一九五一年）のなかで、「共産主義革命はロシアの産物である。日本とロシアとは事情が違う。従って、レーニンの共産主義革命はロシアにおいては必要であり、また可能でもあったが、日本では必要もなければ、可能性も少いと判断したのである。……いまロシアを実地に視るに及んで、私はロブゾスキーの希望に反して、協調主義の塵埃《じんあい》を落して帰るかわりに、共産主義の幻影を打ち砕いてロシアを去ったのである」と記している。

然だよ、それをブルジョァの代表者共が、さすがに日本で生まれた者は日本に帰りたがるということをいっておるが、全くでたらめだよ。

それでいよいよ明日は帰るというとき、一頭立の馬車が欲しい。それで私は帳場に行って絵を描いたよ。まず幾日、何時と時刻をいったら「うん」といった。そこで停車場の絵を描き、線をヒュッと引いたら、「分った」という。分ったというけれども、本当にきてくれるだろうかと、それをやりながら実は心配だった。懸念しておったけれども、ちゃんときたよ。時間通りに。それで停車場に着いてチップを出そうとしたら、取らないんだ。それで私はリュックサックをかついで行くと、兵隊であり、巡査であるソ連人が、私のリュックを取って人込みの中で席を取ってくれたよ。ソ同盟の兵隊というものは、あるいは警察の任務に当る者はそういう思いやりをもって任務についておるんだということを感じましたよ。

コミュニストとして

山崎　その当時の先生の思想的な、自覚的な立場は、どのような立場だったんでしょう。

細川　やはりコミュニストですよ。前にはレーニンの『帝国主義論』を読んだりしておりましたが、それから実際に見たり聞いたりしておるでしょう。コミュニストですよ。

山崎　ソ連に入る前からそうですか。

細川　そうですよ。本当に党員としての組織の中に入っておるわけでもないですけれどもね。このようなわけでコミュニストになる過程は非常に自然ですよ。

そこでね、日本に帰ったら、大内兵衛君が聞くんだ、ソ同盟で反革命が起きないだろうかと。それで僕は考えたね。というのは、どこかの停車場に着いたときに、女や子供達——小学校の先生と生徒だと思うのだが、それが僕等の汽車に集まってきた。それで僕は聞いてみました。そうしたらジノビエフ[147]が乗っていないかということで探しているということだった。それで僕は中でストライキが起きているんじゃないかと思ったんですよ。

山崎　それはどういう人がきたんですか。

細川　それは多分小学校の先生と生徒が迎えにきたんじゃないかと思う。

服部　ジノビエフが分派活動にきたんでしょう。

細川　トロツキーのあれだ。

山崎　それは表面化しておらんのでしょう。

宮川　いや、二六年というのは、トロツキーの問題が出ている。

細川　それで大内君に聞かれて、「うん」といって、ちょっと返答するのに考えたよ、僕は。何としたろうと思ってね。「いや、起きまい」といったよ。なぜかというと、レーニン廟を見ても分る。レーニン廟にくる大衆の姿を見ておれば分ると。市民達の信頼は深い。そりゃあ西郷隆盛はおらん。ソ同盟では組織がずっと浸透しておるから、それで「ない」ということをいった。それがその通りになっちゃった。

山崎　そこで、大内さんの質問の立場はコミュニストとしてでしょうか、それとも反革命に対して……。そういうことをまさか期待したんではないでしょうね、当時……。

---

(147)ジノビエフ　グレゴリー・ジノビエフはソ連の政治家（一八八三年—一九三六年）。レーニンの側近として革命運動に参加し、一九一九年にはコミンテルンの中央執行委員会議長となる。レーニン死後、スターリン、カーメネフとともに党主流となるが、スターリンの一国社会主義を批判してトロツキーと反対派を形成し、一九二七年除名となった。三六年、カーメネフとともに処刑された。

細川　期待ではないでしょう、傍観者としてだろうね。
山崎　コミュニストの立場ですか。
細川　いや、あれは言葉はコミュニストぶってはいたが、芯はそんなものじゃないだろう。

帰国

服部　お帰りになったのはウラジオからですか。
細川　いやいや、満洲を通ってね。それから朝鮮に行って……。
服部　検閲はどうでした。
細川　検閲は満洲里でね、そう激しいもんではなかった。僕の鞄の中にあったレーニンや何かの写真、そういうものはお預けになっちゃったけれども……。胴巻の中には片山潜さんにもらった、六〇歳のお祝のときに出した宣伝物ね、それが入っておったが、そこまでは見なかった。
宮川　それを胴巻に入れといたんですか。
細川　それが家にあるんだよ。帰ってきてからも潜さんとの関係はずっと続いて、毎年葉書一枚ずつ来ておりましたね。殊に一九三一年にオデッサから寄こした葉書は、ローマ字で書いてあるんだが、元気で勉強しておることと思うということと、それから細かい文句は省くとして、この革命の記念日にこの革命の港のオデッサからお便りする、と書いてあるんですよ。
服部　先生は一見して片山老人に好かれたんだ。
細川　どうも好かれたらしい（笑声）。それは合うですよ。
服部　それは大体合いますか。

細川　それで僕に与えられたその書面というものは、やっぱり日本のインテリに与えられた書面として大事にしておるよ。見せる人達には見せておりますよ。五年計画が成功して、農村はこれほどになったということを書いてあって、最後に〝愉快、愉快〟と書いてある。やっぱりプロレタリアートの指導者はソ同盟が成功することが、即ちわが身の誇りであると。彼の飢饉を思う切烈たるものは同じと思う。

服部　何かことづけはありませんでしたか。

細川　別にそういうことはありません。驚いたことには、潜さんのところに行くと、浅草のりがあるんだ。非常においしそうに食べておったが……。

服部　それと、二六年に入るというと、日本共産党の再建運動が始まっているときなんですが、それらの消息について片山さんから何か話はなかったですか。

細川　何にも……。それはやっぱり別にしていますね、さすがですよ。僕が行ってる間、のこのこと入っていった連中もあるし、先からきておった人もあるけれども。

宮川　それで二六年の何月頃お帰りになったんですか。夏ですか。

細川　二六年の三月の末ですよ[148]。

---

(148)細川は一九四二年一二月一七日の警視庁世田谷署における第四回訊問で、「私はこの旅行により欧州帝国主義諸国本国並びにその植民地の隆々たる発展の状況を知り、何事にも我が国が遅れて居ることを悟り、又第一次大戦後、独逸、ロシア等が案外復興しつつある事などを知りました。又この旅行から今後の世界各国の重要なる問題は植民地問題である事を痛感し爾来一層この問題の研究に没頭する事になりました」と述べている（『細川嘉六獄中調書』）。

第五章　時代と社会に抗して

治安維持法違反とされた「世界史の動向と日本」掲載の『改造』1942年8、9月号
細川氏寄贈と記している（朝日町図書館所蔵）

社会運動の激流のなかへ

大原社研での研究——中国革命・米騒動

細川　一九二六年に外遊から帰ると[149]、大原社会問題研究所ではまず国際問題[150]をやっておった。

服部　主に論文ですか。

細川　そうですよ。ソ同盟五ヶ年計画というのは日本においてはもちろんのこと、ヨーロッパにおいても評価は低かったが、それに対抗するために不完全ながらも各種の統計類やいろいろな材料を使ってそんなものじゃないということ、国内で如何に成績を挙げてきておるかということを比べたり、あるいは民族問題についていろいろ書いたりしたものですよ。

　大原では中国問題について尾崎秀実君、その他の者と会合をやっておりました[151][152]。その第一歩が『支那革命と世界の明日』[153]です。今から考えれば未熟なものだけれどもね。これが上海で翻訳されたんだ、驚いたね。あの時分は中国でも左翼出版物が相当弾圧を受けておった。私共のあのパンフレットに長い序文が出てるんだ。それを大阪朝日から上海に出張していた尾崎君から送ってきた。それにはこう書いてある。「大体

（149）『大原社会問題研究所五十年史』には一九二六年四月九日、「モスクワのマルクス・エンゲルス研究所訪問の模様その他の報告があった。同月二〇日の委員会では、細川氏の提案によるマルクス・エンゲルス研究所との出版物交換の件を決定し、また片山潜氏に所の出版物を送ることを承認した」とある。

（150）国際問題　「現代植民運動に於ける階級利害の対立」『大原社会問題研究所雑誌』第五巻第一号（一九二七年三月）、「ソヴエト・ロシアに対する新帝国主義世界的ブロックの形成について」同第七巻第一号（一九三〇年一月）、「世界帝国主義ブルジョワジーの新世界戦争への一巨歩」同第七巻第三号（一九三〇年一〇月）。

（151）細川は林広吉との対談「カッパの屁」（『ひろば』創刊号、一九四七年四月）のなかで、尾崎と出会った頃のことを次のように語っている。

その最中に三・一五という大あらしの中で何を始めたかといえば、尾崎秀実君その他二、三と中国研究を始めた。大阪の大原社会問題研究所で数回やっておったでしょう。そうしておる間に尾崎秀実は上海へ行った。そこで尾崎君は非常な変化をやって来たわけだ。北伐以後の中国のさかんな時代に練られて来たのですよ。そして一九三二年に大阪へ帰って来て、私は新しい中国を教えられた。

あれは、はじめは私が先生格だったが、今度は新しい中国について尾崎君が私の先生となった。

（152）この座談では言及していないが、一九四四年五月二三日の東京刑事地裁における予審第二回訊問において、細川は次のように供述している（『細川嘉六獄中調書』）。共産党シンパ事件後、三四年一一月から三六年にかけてのことである。

昭和九年大原社会問題研究所に支那経済調査科が設置されて其の主査となり、支那問題の調査に関係すると共に民族問題の研究に努力する様になりました。民族問題の理論よりも支那民族、一般的には東亜諸民族の現状、その問題等の具体的事実が私の研究の主眼でありました。……殊に孫逸仙〔孫文〕の支那問題に対する思想の私に影響するところ益々深くなりました。

なお、これに関係する論文として「南京政権と世界政治」（『大原社会問題研究所雑誌』第二巻第一二号、一九三五年一二月）がある。また、研究所の月次講演会として、三五年九月一〇日に「支那人より見たる支那問題」を講演している。

（153）『支那革命と世界の明日』一九二八年三月、同人社刊。「序」には「現支那革命は既に幾多の変化を示し、現在に又更に将来になお幾多の変化を現わし又現わさんとしている状態において、この種の研究はますます重要となる。……この小論に引きつづき、私の同志は一層大なるこの方面の研究を遂行し、更によく現支那革命の世界史的意義を明確ならしめるためにつとめるであろう」とある（『細川嘉六著作集』第三巻）。

中国革命は起る。起る場合は世界の革新の態勢が固まるときだ」というようなことだ。

また、外遊から帰ってきて、米騒動の資料を集めた。その思いつきを片山さんに話したところが、それはいいと、片山さんが力こぶを入れてくれた。それで日本に帰ったら資料を集めることになり、ずっと大原研究所から予算をもらって集めておった。[154] それらを材料にして書いた。それが非常に人の注目を引いたんだな。羽仁五郎君に二、三年前に会ったときに「君は残るものがあるけれども、私の書いたものは残りません」というと、「いや、そうじゃない。あの米騒動について書かれたものは残ってますよ」と羽仁君がいっておったが、それほどに注目されておったんですよ。これは日本では最も広汎に集められた資料で、それと今日史学界の若い連中が更に集めて研究しておりますから、いいものが出来るでしょう。[155]

宮川　片山潜は三三年に亡くなっておりますね。

共産党シンパ事件で検挙される

細川　一九二七年には私は労農党の運動の中に入っておった。[156] 二八年になると、私なんか総選挙で大山さんのために香川県を廻っておった。河上肇さんが中止を食って検束されたというので行ってみると、皆引張られていなくなって、長谷川如是閑がぽかんと立ってる、長谷川君が立って敵に停止を食っちゃったんだ。そこで僕が立つと、僕はむかついておるものだからいってやりましたよ。停止が出来るものならやってみろと、そうして向こうをやっつけておるんだ。そうすると聴衆が私の顔を見て、警察の顔を見て、とうとう停止出来なかったよ。

細川は非常に雄弁家だと、長谷川がいってましたよ。僕の演説というものはどうもやっぱりそのときにふんぎりしないと、あるいは非常に愉快じゃないと駄目なんだ。真に訴えようとするところに力が出る。そういうことがあったよ。そうして腹が減ってへとへとになって、河上肇さんとどこかで塩煎餅買ってぽりぽり食べながら宿屋にくるまで齧《かじ》った思い出があるよ。[157]

---

(154) 細川は「「米騒動」研究の先覚——片山潜の思い出」（『アカハタ』一九五九年八月六日、八日）において、次のように記している（『細川嘉六著作集』第一巻）。

片山さんとの話のなかで、忘れられない一つのことは米騒動です。もっとも早くから米騒動を研究し、日本人民の革命的エネルギーをそのなかに認め、日本の革命運動の教訓にする必要があることを力説してきたのは片山さんでした。米騒動は全国にわたった大暴動であるから、大原社会問題研究所などでやったらよいのではないかといわれ、私もその必要を感じていたので承知した。

帰国してこの話をすると、研究所では「やろう」ということになり、六、七年間毎年予算をくんで資料あつめからはじめた。多くの人たちの協力をえて各県庁や裁判所などの記録を筆写したり、新聞雑誌の関係記事を全国的にあつめたりした。

なお、『大原社会問題研究所五十年史』によれば、一九二六年七月六日の研究所総会で「米騒動の資料を集めること」が決定をみた。

(155) 細川は「「米騒動」研究の先覚」のなかで、「資料はわたしが保管していたので、戦災をまぬがれた。戦後、山辺健太郎君が資料の整理にあたってくれ、山辺君のあっせんで、京都大学人文科学研究所が、仕事をひきうけてくれたので、大いに助かった、この資料がいま有斐閣から出版されている井上清、渡部徹著『米騒動の研究』です」と記している。なお、松尾尊兊《たかよし》「米騒動研究のあゆみ」（『米騒動の研究』第五巻所収）によれば、細川が「共産党シンパとして検挙されたことから整理事業は中絶し、厖大な資料は空しく敗戦まで眠っていたのである」。

(156) 細川は一九四四年一〇月二四日の横浜地方裁判所の第六回予審で三・一五事件との関係を問われると、「私は当時、大原社会問題研究所に居て大阪に於ける労働農民党の赤松五百麿《いおまろ》を中心に、小岩井浄、岩井弼次《ひつじ》、越智道順、辰巳常世らと昭和文化学会というグループを作り、労働農民党の支援を図」ったと供述している（『細川嘉六獄中調書』）。

それからまあ三・一五事件だが、知らないものだから慌てたね。まあ私、書類なんか一生懸命焼いた。家内も大変だというわけで……。まあ何とも私にはなかったわけだけれどもね。『赤旗《せっき》』なんかその時分ろくに読んでおらない。

一九三三年に共産党のシンパ事件[158]でつかまった。川上貫一[159]もそのときにつかまった。無産者医療運動で終始一貫、今日まで働いてそれがために大阪において非常な信望を持っておる岩井弼次[160]もつかまった。

小宮山　その頃のいわゆるシンパ活動の中で、資金面とか、あるいは実際人の出入りがあって厄介をかけた、どうしたという話はないですか。先生のところに転がりこんでいろいろ御厄介になったというようなことは……。

細川　それはありますよ。ありますが、それはむしろ表面の人でしたね。それは出入りは賑やかでしたよ。大阪の住吉、松原町におって、一九二八年の三・一五の後、芦屋に移ってそこに三、四年おって伊丹に移ったんですよ。そこで伊丹で引っ張られた。

その前年には共産党員が心斎橋でピストルをぶっ放したんだ。弾圧が日に日に段々激しくなって……。それだから共産党運動が大阪でずっと盛り上っておったんですよ。それに対する弾圧ですね。僕がつかまったのは共産党に金を出しておったんですよ。そういうことでした。それは『赤旗』も読んだり何かして、わずかながらほかの友人と共に出しておったんです。それがどこでばれたか、今申したようにつかまったんですよ。

山崎　どこからばれたか分りませんか。

細川　いや、実は北海道かどこからだが、それは書かん方がいいだろう。一九三七年、東京に移って、そのとき初めて聞いた。

(157)「赤色戦線の河上肇」（『増刊・文芸春秋』「人物風雲読本」、一九五五年六月、『細川嘉六著作集』第一巻所収）にも、この煎餅のエピソードを記している。なお、河上肇『自叙伝』には「琴平の旅館では、私は大原社会問題研究所の細川君と落ち合った。演説が好きでも得意でもないらしい同君も、一種の義務感に駆られ、応援に遣って来たのである」とある（『河上肇全集』続五）。

(158)一九四四年一〇月二四日の横浜地方裁判所の第六回予審では予審判事石川勲蔵と細川の間で、次のような訊問と陳述がなされた（『細川嘉六獄中調書』）。

第十問　被告人は日本共産党党員岩井弼次等に党の活動資金を提供した事はないか。

答　私は昭和七年一月より同年八月までの間、お尋ねの岩井弼次外二名に党の活動資金として数回に合計四百二十円を提供しました。

第十一問　被告人はその事で検挙せられたか。

答　私は岩井弼次外二名に党の活動資金を提供した事に付き、昭和八年三月頃大阪に於いて検挙せられ、拘留の上取調べを受け昭和八年四月二十日大阪地方裁判所に起訴せられ、予審の取調べをうけ、同年十月二十八日同裁判所の公判に付すとの予審終結決定を受け、昭和九年三月十日同裁判所刑事部に於いて懲役二年執行猶予四年間という判決を受けたのであります。

また、「書斎の思い出（続）」（『思想』一九五四年五月）には「私は拘禁半歳で保釈となり」とある。

(159)川上貫一　社会運動家・政治家（一八八八年―一九六八年）。北海道、長野県などの社会主事を経て、一九二六年大阪府社会主事となる。三三年三月に検挙され、治安維持法違反で懲役二年、執行猶予五年を科された。三七年の人民戦線事件でも検挙、懲役二年となる。戦後は衆議院議員となるが、五一年GHQを批判して公職追放となる。

(160)岩井弼次　医師・社会運動家（一八九四年―一九六九年）。一九二五年、大阪に公衆病院を設立、「医療の社会化」をめざす。三一年、大阪で初の無産者診療所を実現。三三年三月に検挙され、懲役二年、執行猶予五年の判決を受ける。三七年にも投獄。戦後も民主診療所運動を進めた。

シンパ事件では、その翌三四年に裁判が決定し、懲役二年、執行猶予四年、そういうことになった。この間、大原研究所では休職にしておるんだ。さすがにやっぱり大原の人は、私が出てくると復職さしておる[161]。

少し戻るが、警察では大阪に何か国際的なアジトがあるというわけだ。それでそのときに……。

山崎　つまり、先生が尾崎や何かに関係のセンターがあるというふうに考えたんでしょう。

細川　いやいや、そうじゃないんですね。尾崎君もまだそこまで狙われておったわけじゃない。私がヨーロッパを廻ってきた。そこでとにかくセンターが一つあると、どうも大原らしいというようなことですね、糸を引くんですよ。そこで警察はそういうふうに決めると。

労農党解散後の新党をめぐる河上肇と櫛田民蔵

細川　労農党が解散させられた後、一九二八年から二九年にかけて政治的自由獲得労農同盟というものができたでしょう。その間に針路をつくるということになり、そこでやっさもっさが起きてきた。とにかく河上先生はまどい出してきた。大山さんの新労働農民党につくか、つかんかということで……。鈴木安蔵[162]なんかついて行かんということで止めたらしい。その余波が僕のところにきた。それで河上先生を何とかしてあの中に入れんように僕は仲裁役に行ったものだ。僕はどっちかというと、鈴木の方に引かれておったんだよ。だが、とにかく会って話した方がいいと思ったが、河上さんはけんもほろろなんだ。会わんというて[163]。

服部　決心してたんですね。

細川　感情的になっておったらしい。それからその後[164]、新党の結成のことで問題が起きて、河上先生、私の芦屋の家に相談にきた。そこで決心して——いや、決心する前に僕の意見を聞きたいといって、芦屋の家にきてそれで二人で芦屋の浜を歩いた。あれがまざまざと残っておるんだ、波の音まで。私はこういったんだ、とにかくあなたは行ってみなさい、行ってみて一つ決心したらいいと。うかうかとのりなさるなといったんだ。

---

(161)『大原社会問題研究所五十年史』には一九三三年四月一五日の研究所の委員総会で「細川氏は起訴されたばあい休職、その他適宜の処置をとるが、事件落着後復職の道を開いておくこと」が決定されたとある。同書では四月二五日に休職となり、一二月末に退職、一九三五年一月に復職したとなっているが、実際にはもう少し早く、三四年一一月だったようである。

(162)鈴木安蔵　憲法学者（一九〇四年―一九八三年）。河上肇に傾倒、京都学連事件で国内初の治安維持法違反を問われる。その出獄後、憲法史・政治史を研究。戦後、高野岩三郎らと憲法研究会を結成し、「憲法草案要綱」の起草にあたる。

(163)ここは河上肇の支持のもと、大山郁夫らにより合法的な新労農党樹立の提案がなされると、猛烈な反対運動がおこり、大山・河上らを政治的自由獲得労農同盟から除名した一九二九年八月中旬のこと。河上『自叙伝』には「私の身近にいる京都帝大の学生たちは躍起になつて反対したけれども、私は頑として動かなかつた。また鈴木〔安蔵〕君の一派は、細川嘉六君を通じて、度々私に面会を求めて来たが、合法場面にいて無暗に勇敢なことばかり云うこの連中のなかにはスパイが居るのかも知れぬという中傷すら行われてゐたので、私は遂に面会すら断つた」とある。

(164)このあたりの細川の発言は錯綜している。河上が細川宅を訪ねるのは、新労農党結成前の一九二九年「七月の末か八月の初め」であった。注(163)の出来事よりも前のことである。河上『自叙伝』には、大山らを慫慂して「新労農党樹立の提案」文書がまとまり、発表が間近になった時点で、「細川君にだけは事前に話しておかねばならぬと思つて、西宮の同君を訪ねた」とある。細川はこの提案に反対だったので膠着状態となり、二人は海岸を散歩した。河上は『自叙伝』で「私は後に小菅刑務所に繋がれるようになつた頃、このとき聞いた浪の音を、何遍となく思ひ出しては懐しんだ」と記している。

そういうことだったと思う、とにかくあの時分の渾沌とした状態で、大衆は共産党を一つと考える。そこに食い違いがある。共産党は党としての存在は別な、大衆の党としてのものがなければならないという、それが分らないんだ。全くそこでごっちゃになっていましたよ。そこでまあ河上先生の態度はよかったわけだ。とにかく行って新労農党に入る。

　しかし、それにしても河上先生は共産主義者としてまだまどいがあったと思う。それで入って努めたわけですね。その大会には私も行ったんですよ。隅田川の横の本所公会堂に集まった。[165] 緊張した場面でしたよ。警察がきていてね、そこで河上先生も山本宣治君も、それが停止や何やという大騒ぎになった。しまいにはばらばらにされた。それから街頭に出た印象は、藤森成吉が大衆の中を手を振りながら行くんだ、追われながら……。それが今でも目に映ってますよ。

山崎　そのときでしょう。河上先生が小さくてどぶのへりを歩いてきたというのは……。

細川　その戻りだ。櫛田民蔵、大内兵衛と日本橋の鮨屋で飯なんか食って喧嘩したのは。

山崎　その喧嘩の一場面、一つどうですか。

細川　それはこういうことですよ。傍観者としてあざ笑うんだな。大山にしても、河上にしても、柄にないことをやったと……。

山崎　櫛田がですか……。そのとききておったのは賛成派としてきておったんじゃないんですか。

細川　いや、傍観者としてですよ。それが僕には非礼な皮肉のように、嘲笑《あざわら》っておるように受けとれたんですよ。大内はそれほどはっきりしないとしても、まあそれに同調したような恰好だった。

小宮山　それはずっと……。

細川　ずっと続いた。大原の嘱託も二年も三年も続いて、もうどこでもソヴエト革命の感激はないし、彼は如何なるものを書いても駄目になった。そういうようなわけで、新党の結成というところにきて、ああいうことになっちゃった。[166]

服部　あいつ、馬鹿ですよ。

山崎　それに河上さんは、櫛田がスパイだったということをはっきりいってましたね。そのときの櫛田さんは、既にそういう息がかかっておったんですか。

細川　スパイとか、そういうことは断言できないと私は思うんだ。櫛田君はそういうソヴエト革命に感激しないと。したがって彼はカウツキーの亜流で、それで河上という人を匿《かく》まわなければならないということにな

(165)ここの細川発言も錯綜している。ここは一九二八年一二月二二日の新党結成大会のことである。河上は『自叙伝』に「私が山本〔宣治〕君と立話してゐるのを見付けて、群集の中からまた一人、側に近づいて来た者がある。背の低い、風采の揚がらない此の紳士は、大原社会問題研究所の研究員、細川嘉六氏であつた。同君も亦た態々《わざわざ》大阪から出掛けて来たのである……二人の話は、双方にとつて共通の友人である櫛田民蔵君のことに及んだ。二人とも同君がここに姿を見せてゐないことを、期せずして同じやうに遺憾としたのである」と記している。

(166)河上肇は『自叙伝』のなかで、「早くから共に手を携へてマルクス主義を学んで来た櫛田君は、私にとつても細川君にとつても無二の親友だつたのだが、日本における革命的気運の昂揚につれて、櫛田君の方は次第に逃避的といふよりも寧ろ反動的な態度を示すやうになり、それがこの頃益々甚しくなつてゐたために、私たちは当時同じやうに之を不快に思ひ、同じやうに同君から遠ざかりつつあつたのである」と記している。一九二八年一二月の新党結成大会での会話として、細川は「齢とつた先生がかうして京都から態々上京してるのに、東京に住んでゐながら櫛田君が顔を出さないなんて、不都合ですよ。この頃は何を話しかけても皮肉ばかり云つて、本気で相談も出来ないし、会つたつて面白くもないから、私は上京しても彼の所へは近寄らんのです」と「憤慨の色を見せ」て語ったという。

って、まあ臆病になったんだ。そこで河上さんはおれなくなった[167]。それで大阪におる私に、何とかせんかといってきたんですよ、私の友人から。それは私にせいといっても困るし、君は一体できないか、何とかできそうなものだと、河上さんの弟子からそういう話があった。

　何とかしようと思うけれども、自分は東京におらんし、困っちゃった。その間に河上さんがやられて、続いて私の番だ。入ってみたら河上さんが転向して、転向書を書いて出たと。僕はとうとう書かんで、警察の刑事も大分困ったらしい。中に入ってみたら、どうもあれがばれたんじゃないかと思った、資金網の問題だな。それでさっき申したような判決になったわけです。それから私は大原研究所に残って、前のような仕事をやっておった。

帝国主義・民族問題を論じるなかで

大原社研を去る

小宮山　先生が関西からこちらにお移りになったのは……。

細川　それは一九三七年の正月です。それまでは関西。一九三六年には大原研究所の創立者大原孫三郎さんがアカの世話はもういやだということになった。若いときの感謝が消し飛んだ。世の中が反動になったから、それまでは応援気取りでおったんだけれども、もういやになったと、改組になったんですよ。それで大原とは涙金《なみだきん》をもらって別れる。そうして大原は研究所を移し、研究員制度を止めて理事会制度にして、研究員が皆理事になった。それで大久保に移ったわけだ。淀橋の新大久保と大久保の間、そこで家を買い、蔵書は大阪府庁に一部贈り、大切なものはこっちに持ってきた。

まあ関西の生活は実際と不離不即のような関係ですから、ゆとりもありましたよ。その上に生活はまことに悠長なものでしたよ。悠長というのは、高野所長は娘義太夫を好きで、道頓堀とかそういうところへも、元来私も好きだし、よく一緒に行ったり、文楽を見たり、それから鴈治郎の芝居を見たりというような、そういう余裕がありました。もう少し勉強しておけばよかったなァと、あとで自分で思ったり、どうも好きだったものだから……。ソ同盟を中心とした国際問題であるとか、米騒動だとか、その前にはイギリスの炭坑の労働運動のものを書くとかやっておりましたが、そこで東京に移ったわけですよ。

妻への感謝

小宮山　その東京に移る前の、奥さんの問題が抜けるわけですね。それを挟んでいただきたいのですが、その生活がずっと東京に続くわけですね。

細川　前に女の人の関係については、私述べましたね。

山崎　奥さんを貰う動機については伺いましたが。

宮川　それから先生の思想闘争が始まるわけですが、その間の奥さんの内助の功というようなことを……。

細川　家内のことは、やっぱり私がもたもたしておる間に縁談ができて……。

宮川　外遊の間のお留守をやられて、また無産政党の運動、労農応援、シンパ事件でやられた。その間の奥さんですね。

---

(167)河上は『自叙伝』のなかで、「解党派の暗躍と櫛田民蔵君のこと」「隠家を櫛田君の家に移してからそこを出るまで」を書いている。

細川　そう、家内は私がもたもたしておる間でも、私と一緒になるよりほかないと考えたんだな。娘時代を病気で暮しておるのだから。それは話したと……。それで私もきまりをつけて一緒になったわけだ。それでね、家内の家は、足利の家柄なんだな。御典医から出ておるんだよ。そうして明治維新の際には貿易に関係しておった財産家でもある。それから町の名望家でもあったんだな。であるからね、私のような、前話したような人間にはちょっと調子が外れておるんですよ。それが私の友人、住友におった友人が夫婦で仲に入ったり、何かしてその取持ちで一緒になったわけだ。

　それでさ、家内は元は独身でいようと思って決心したけれども、どうしても私と一緒でなければやっていけないというような気持ちになったらしい。どんなときでもやっぱりよくくっついてきてくれましたよ。正義感の強い人だし、純情だし、私のやることについては常にくっついてきてくれましたよ。金がなくても本を買おうというときには文句なしに買わしたり、すべてそのような調子ですよ。

　それで私は家でいろいろソ同盟の話やなんかやっておるでしょう。それが必ずしも初めは分らなくても、段々分ってくるようなことになって、それについてそれでは反抗するかというと、反抗はしないが、それではあまり楽観に過ぎないかというようなことをいろいろ注意してくれたり、あなた方は少し買いかぶり過ぎるとか何とかいうことをいいますがね。

　それでね、家内についていうと、及ばずながら、裸になっても一緒にやっていこうというところだ。それで今の住宅、土地の問題ですが、まあ僕等にしては今は目にあまる程の大きな家といわなければならない。それは大原を辞めたときの退職金でできたもので、土地でも家でも三千円か四千円で建ったものですよ。二、三年経てば売って町の中に入ろうといったら、いやそうではない、今後売るかもしれないけれども、とにかくここにおるだけおろうと。ところが最近は家内はもういやだから売って、長屋のおかみさんの間に入った方が楽だ、売って出ようじゃないかということをいうようになった。そういう気持ちになっておるんですよ。それから私がしきりにやられるわけでね、さっきお話したシンパ事件でやられたわけでしょう。そのうち一九三四年か何かに無政府主義の人殺しか何かあったでしょう。台湾かなんかで人を殺した……。

服部　無政府主義の歴史をもう少しわれわれ詳しく調べて……。

細川　何だかそういう余波が僕の家の歴史の間に及んできた。伊丹に神戸警察からきたんですよ。これはまた始めたかなと思った。どうも怪しからんことで、わけが分らん。僕に何の関係なしで匿まっておったというわけだ。私の甥が会社にいて、からだを悪くしてきておったこともあるし、また水野成《しげる》[168]君が書生をしておったこともあるし、どうもそれが誤解されたらしい。その晩のうちに帰してくれたが、それが二回目で、今度三回目はね、「世界史の動向と日本」を書いてやられたときだ。

小宮山　結局、泊事件になったわけですね。

---

(168)水野成　社会運動家（一九一〇年—一九四五年）。上海の東亜同文書院在学中の一九三〇年、ストライキを指導し、検挙され、退学する。三三年に大原社会問題研究所の嘱託となり、中国経済調査にあたる。共産党再建運動にたずさわり、三六年検挙される。その後、尾崎秀実に協力し、ゾルゲ事件に連座、懲役一三年の刑を受け、仙台刑務所で獄死した。細川は世田谷署の四三年三月一二日の第一七回訊問において、「水野はマルクス主義的な学徒で支那経済事情に通じ支那語も出来る人物でありました。そこで私が大原で前述の研究調査をやるのに格好な人物と思い、私の独断で私の助手として月手当三十円位で雇い入れたのであります」と供述している（『細川嘉六獄中調書』）。

　さらに同署の四月一日の第二六回訊問では四一年刊行の『植民史』（東洋経済新報社）の著述にあたり、水野の援助を得たことを「当時水野は病気で帰省したり上京したりして静養中でありましたが、本書の著述に私の独力では時間もないので、当時私方へ出入りして居た水野を適当な人物と考え参加させました」「本書の大部分は水野の執筆したものであります」と供述している（『細川嘉六獄中調書』）。

細川　そうですよ。あのとき世田谷に一年、東京（巣鴨）拘置所に一年、横浜に一年の計三年、家内は私の差入れに一生懸命だった。戦争中もやってくれた。朝二時に出て空襲の中を食糧品とか書物とか、リュックサックでかついで出るのです。人の手が転がっていたり、焼けて死んだ人の転がっておる中を、場合によっては歩いてきたんだ。その時分の話を聞くと全く相済まぬわけだ。私なんか拘置所の近所まで焼けてきても覚悟しておるし、そう毎日ヒヤヒヤしておるわけではない。物のない中を、空襲の中を運んだ苦労というものは大変なものですよ。

それから僕の弁護に当ってくれたのは海野《うんの》晋吉《しんきち》さん[169]ですよ。ほかの人は断っても、あの人は受けてくれたんですよ。そうしてあのままでは栄養不良になって死ぬかもしれんというので、家内と相談していろいろなものを入れてくれた。その苦心というものは相当なものですよ。そうして家内がね、よく差し入れにくるものだから、引っ張られておる若い連中の奥さん連中が家内の行動を見て思い直し、立ち直ったという話も聞いておりますよ。

それから私がいなかったあとの経済にも相当困ったあの時代を、ちゃんと守り立ててくれておるんだ。庭の植木も人手を入れるときには入れておる。その代り経済的の安心というものは相当あるんだよ。物の中継ぎして売ったり何かしておったんでしょう。

そういうふうに家はよく守ってくれるし、事柄の本質も分って、私としては当時のこと本当に感謝しておりますよ。誰かいっておったが、細川がいろいろ働いてくれたのも細川が半分、半分は奥さんの内助の力だといっておった。もうからだが弱って、今朝なんかも早く出てこれないんだ。

山崎　いい話だな、全く……。

倒れた友人、去っていった友人

小宮山　その頃からずっと世間では、先生の交際範囲で去っていく人、また転向とか脱落とか、こういったことが起るわけですが、そういうときにいわば去っていく友、そういうなかで肝胆《かんたん》相照《あいてら》したところ、そういうところをお話下さいませんか。

細川　それは若い人には……。大分倒れた人もあるし、もう少し気長にやったら死ななくてもよかったという人もおるね。

山崎　そういう人は、名前だけでも知られておるといいんですが……。

細川　それは大分ありますが、たとえば大阪におった、熊谷孝雄(170)という人がありますね。それから冬野猛《たけ》夫《お》(171)というものもありますね。これは尾崎君の親友で、獄死しておりますよ。熊谷というのは自殺しておる。

小宮山　山本正美(172)なんか、先生の厄介になったんでしょう。

---

(169)海野晋吉　弁護士（一八八五年―一九六八年）。戦前は人民戦線事件、津田左右吉事件、唯物論研究会事件、企画院事件などの治安維持法事件の弁護にあたる。戦後は松川事件、砂川事件などの主任弁護人。一貫して在野にあり、日弁連会長などを務めるほか、一九四七年には自由人権協会を創設した。

(170)熊谷孝雄　社会運動家（一九〇一年―一九三四年）。河上肇を慕って京都帝国大学経済学部に学ぶ。京都学連事件に連座。一九二八年に日本共産党に入党、三・一五事件で検挙され、懲役六年の刑を受け、三四年の仮釈放後に自殺する。

(171)冬野猛夫　社会運動家（一九〇一年―一九三〇年）。東大新人会に所属する。一九二六年、大阪で実践活動に入り、大阪地方評議会書記となる。二七年に日本共産党に入党、大阪地方委員長を務める。この頃、一高の後輩尾崎秀実に影響を与えた。三・一五事件で検挙、懲役七年の刑を科され、松山刑務所で獄死した。

細川　それはちょっと違う。それからね、どうしてもやりきれなくなって家のことを考えたり、田舎におる年寄りのことを考えて、九州の大牟田に帰らなくちゃならんというので去ったのもありますね。

それから優秀な人だと思ったのが、変なボスになって去っていくのもありますよ。それからレーニンと顔が似ているといわれて尊敬されておったが、この頃変なことになった。今何か小さな会社をやっておるようだ。それなんか長野刑務所におって大分悩んだらしいが、私の方にも相談があったが、結局出てから段々離れて行ったというのはあるし、そうかと思うと心斎橋通りでピストルぶっ放して勇敢に闘ったのもある。

坊主出で大原研究所の助手だった越智道順[173]。これはシンパ事件でつかまってさんざんな目にあって、結局一九三七年頃か、アメリカに行った。未だにアメリカにおりますが、友松円諦《えんたい》[174]に仕込まれて行ったんだが。この間、大山郁夫先生が何年前かアメリカから帰るときには、サンフランシスコで非常に越智君に厄介になったということをいっておりましたよ。

それからね、上海に尾崎がいるときに尾崎に関係しながら反戦運動やっておった京都の学生で、そのために東亜同文書院を追放になった水野成君、これは若い優秀な人でしたが、結局最後に尾崎事件で引っ張られて、終戦の年の三月に死んじゃった。とにかく虐待は凄かったらしい。「手前等、皆死んでも構わん」と。仙台監獄というものはひどいものですよ。今に変らない。

大阪で一緒だった者で何とかの局長になっておるのもあるし、昔のことは忘れたような顔をしておる。

それから沢山ある私の友人の中でいえば、短かったけれども市川正一のように輝かしい性格を発揮しながら倒れていったのもありますね。その弟の市川義雄[175]は戦時中は株屋の番頭になったり、戦後出版の方で何とかしてその分を尽そうと思って、一生懸命になっておる。これは希望閣というのを経営してるんだ。

そうかと思うと、獄中で虐待のために病気で死んでいった若い優秀な者もあるし、私が大阪におった非合法のひどいときに、神戸商業学校の先生で私に終始変らぬ裏の手伝いをしてくれた人もあります。そうして何かかんか、神戸新聞だとか民間団体の仕事をやったりして私に関係し、東京に移ってからも関係を絶たなかった人は私が東京に出て「世界史の動向と日本」でつかまったとき、そのあとで亡くなっております。いろいろカムフラージュやっておって、貰い命を失った人ですよ。

満鉄嘱託として

小宮山　「世界史の動向と日本」のお話が出たので、一挙に泊事件にいってしまいますね。満鉄問題というのは、先生は……。

細川　それをいいましょう。私は東京にきてから失敗したというのは、食わなければならない。それが遅筆と

---

(172)山本正美　社会運動家（一九〇六年―一九九四年）。水平運動に参加。一九二七年、東洋勤労者共産主義大学（クートベ）に学び、「三二年テーゼ」の審議に加わる。三二年帰国、野呂栄太郎らと連絡を取り、日本共産党委員長に就いた。三三年に検挙され、懲役一二年の刑を受けた。

(173)越智道順　社会運動家（生没年不詳）。駒澤大学卒業後、一九一九年大原社会問題研究所に入る。二九年頃から『無産者新聞』の配布や反帝同盟関係者の連絡に協力。共産党に資金提供したとして三二年三月に検挙、懲役二年、執行猶予五年の刑を科された。その後、渡米。五七年には『南可州日本人史』後編を刊行している。

(174)友松円諦　仏教学者（一八九五年―一九七三年）。一九三四年からラジオ放送を通じて在家仏教の真理運動を広めた。戦後は神田寺を経営、全日本仏教会事務総長を務めた。

(175)市川義雄　社会運動家（一八九四年―一九七一年）。兄正一の影響を受けて軍人を止め、兄らと雑誌『無産階級』を創刊。第一次日本共産党事件で検挙。二四年に出版社希望閣を設立、雑誌『マルクス主義』を初め、多くの出版物を刊行し、マルクス主義の普及に努めた。

きているから困ったものだ（笑声）。それでとうとう書きましたよ。それが『中央公論』に載った。[176] 論文の名前は忘れましたけれども。それは論文についていうと――年にそうだね、『中央公論』と『改造』だけといっていいいくらいでしょう。それで一つの雑誌に二回か三回書くんですね。[177]

まあ書きましたよ。遅筆のところにもってきて、統制にちょっと引掛ると危険なときでしょう、それ一つ書くぐらいで家内はいつやられるか分らないというし、僕もそう思っておる。しかし、遅筆のところにそう苦労するところにまた味があるって、編集者がいっておったよ。全く僕は手を縛られたような感じがした。しかし、書きましたよ。まことに難解な文章を書きましたよ。あまり危険だということは止めたんだ。改造社の社長の山本実彦《さねひこ》さん[178]が編集長に「君、細川の仕事は年に二回、それも今日いって明日書くことは駄目だ」といってたしなめておったということを聞きましたが、そういう調子でしたよ。[179]

しかし、それでは食えない。それを心配して小野塚喜平次先生が満鉄の理事だったから、理事に相談して何とか満鉄の嘱託にしてくれた。それで結局尾崎も入ったし、月に二百円貰っておったよ。それで三民主義の研究ということをやって、何とか生活は息がつけるようになった。[180]

（176）一九三七年六月号に「世界的危機の深化と大陸政策の省察」掲載。この論文の意図について、細川は四四年一〇月一三日の横浜地裁予審の第四回訊問において、「暗に内大衆の政治意識の涵養に努め、外反ファッショ的外交政策への転換を図るなど、帝国主義戦争阻止の為め万全の策を講ずべきことを示唆し、最後に資本主義列強間の関係が相互の協調へと転化せんか、かかる変化は同時に対ソ戦争の過程に於いて世界が大なる進化か、又は退化の契機成熟するに至る程の重大性を有するものなりという趣旨」であったと陳述する（『細川嘉六獄中調書』）。

（177）『中央公論』への執筆は、一九三七年一〇月号の「日支事変と欧米列強の動向」、三九年一一月号の「現実ソ連の世界政策」。改造社発行の『大陸』三八年一〇月号には「英帝国の世界政策」。『改造』三九年一月号の「英国の動向と大陸政策」、三九年五月号の「支那民族運動と列強」、四〇年五月号の「アジア民族の史的発展と大陸政策への省察」、同月の『改造』「時局版」の「青年の興起と新政治体制運動」。

　世田谷署の第二〇回訊問において、細川は「原稿料は一枚大体五円前後を貰っておりましたが、之は私の生活の補助になって居た程度のものであります。昭和十五年春、満鉄東京支社の嘱託となるまで、私の生活費の大部は大原時代の貯蓄に拠りました」と供述している（『細川嘉六獄中調書』）。

(178)山本実彦　出版人（一八八五年―一九五二年）。新聞記者を経て一九一九年に『改造』を創刊、『中央公論』と並んでデモクラシーや社会運動の論調を主導した。二七年には『現代日本文学全集』を刊行し、「円本」ブームの先駆となる。衆議院議員にもなった。

(179)細川は「書斎の思い出」のなかで、「甚しい弾圧下の日本社会において、政治評論を発表することは言うまでもなく身辺の危険をともなっている。これを承知している私ではあったが、この重大時局に唱うべきことを唱えずにおることはとうていできない、この場合、沈黙生活をすることは、私にとっては死であった。私はもとより遅筆ではあるが、しかしこの弾圧に抗し時局に対しなすべき言論は、表現の仕方、言葉づかい等に細心の注意をはらい――あたかも手に鎖をつけられている思いをしながら、発表論文を書いたのであった。一文を発表する毎に、今度も無事であったか。それではもっと書いて発表することができるかと、内心元気も出てきた」（『思想』一九五四年五月）と記している。

(180)東京刑事地裁予審の第二回訊問において、「昭和十五年四月頃当時の南満州鉄道株式会社調査部長田中清次郎氏に採用されて、同社調査部東京社会調査室の事務嘱託となり、検挙に至る時迄勤続しました。尚此の間、昭和十三年十月頃から検挙の時に至る迄、犬養健氏を主宰とする赤坂区溜池山王ビル内、支那研究所の同人兼事務責任者となりました」と陳述している（『細川嘉六獄中調書』）。

　満鉄東京支社調査室勤務だった平館利雄は「調査室の小さな隣室は高級嘱託の部屋で、岸道三、尾崎秀実、細川嘉六先生の三人がいた。これらの人々は毎日出勤するわけでなく、気の向く時出勤する結構な身分である」と記している（「細川嘉六先生の追憶」『細川嘉六獄中調書』所収）。

服部　それは何年でしたか。

細川　一九三九《ママ》年ですね。その間にね、三九年になって、第一次近衛内閣が倒れて、第二次になる前に風見章[181]と知り合いになった。それから犬養健《たける》[182]とも知り合いになった。山王ホテルの前のビルに支那研究室というものをつくった。そこで研究発表をやると。そのときに犬養も書く、皆書くということになって、犬養なんかその時分張切っておりました。彼は孫文について書いておった。西園寺公一も書いておった。それが結局『中央公論』に出まして、論文にして出たのはそれだけでした[183]。それで満鉄嘱託も兼ねておった[184]。

近衛文麿へ進言

細川　そうして支那研究室の方は進んでいって、その間にね、一つこういうことがある。これは風見章さんが発表したけれどもね、一九三八年、僕は年来、全国行脚してみたいと思っておった。日本の現状ということを風見君が書いておって、行って貰えんかという[185]。費用は必要なものは出すからというので、それで三九年に出たんですよ。関東から北海道を歩いて、それから九州、四国を歩いてレポートした[186]。それは家に残っておりますよ。出先出先で書面を書いて、友人に送った。あれは第二次近衛内閣ができるときですから、四〇年[187]ですよ。

それで風見さんはちょうど私が感じたことと同じだと[188]、近衛文麿と会って話してくれんかというので、近

---

(181)風見章　政治家（一八八六年―一九六一年）。『信濃毎日新聞』主筆を経て、衆議院議員となる。一九三七年の第一次近衛文麿内閣では内閣書記官長。四〇年には近衛新党をめざし、第二次近衛内閣では司法相となる。戦後の公職追放を経て政界に復帰、社会党左派に属し、日中国交回復・安保反対などの運動に加わった。

細川は「カッパの屁」のなかで「風見という人は片山潜老を別とし、私の六十年の生活において稀に見る民衆の

政治家の一人で、私の終戦に至る人生にこういう人を見たことがない」と語っている（『ひろば』創刊号、一九四七年四月）。

(182)犬養健　政治家（一八九六年―一九六〇年）。父犬養毅が孫文らと交流があったため、日中戦争期には汪兆銘政権樹立に力を尽す。ゾルゲ事件で検挙されるが、無罪となる。戦後は進歩党結成に参加する。公職追放の解除後に政界に復帰、吉田内閣の法相を務めるが、一九五四年の造船疑獄をめぐって検事総長に対する指揮権を発動、辞職した。

(183)「カッパの屁」（『ひろば』創刊号、一九四七年四月）において、細川は「尾崎君は満鉄の東京支社にいた。そして中国研究をやろうじゃないかということで、犬養健君を責任者として、中国研究室なるものを山王ビルにつくった。それでまず三民主義の研究をやり、その研究論文を出そう、犬養君は孫文について書き、尾崎君は何を、私は何を、他の友人が何を書くという手分けをしていた。私は「支那民衆運動と列強」という論文を書いた」と語っている。

(184)この「放談」では言及していないが、一九四四年五月二三日の東京刑事地裁における予審第二回訊問において、細川は次のように供述している（『細川嘉六獄中調書』）。

昭和十三年頃から同十五年にかけ、日本国際協会太平洋問題調査部の委嘱により、欧米列強の極東進出以来の日支関係の変化に付調査し、その報告を提出し、其の後一時同調査部主催の太平洋問題研究会の指導員に指名されましたが。一回総会が開かれただけで解散し、同調査部との関係は絶えました。

昭和十五年六月頃から同年八月頃まで、昭和研究会の依頼により同会の東亜班の同人となり、東亜民族問題研究に参加しました。併し之は昭和研究会が解散しましたので中止となりました。

昭和十六年三、四月頃から同年七月頃まで、上述支那研究所《ママ》に於て橘樸《しらぎ》、鈴木重雄両氏と興亜理念確立に関する研究に参加しました。此の研究は当時興亜院総裁鈴木貞一氏の依頼により、同院嘱託であった上記両氏に私を加えて同院非公式のものとしてなされたものであります。

(185)一九三九年六月一六日の「風見章日記」には「午後交詢社にて山浦貫一氏、細川嘉六氏、尾崎秀実氏と面会」とあり、一七日には「細川嘉六氏旅行の件につき、尾崎氏を通し千円支出」とある（北河賢三・望月雅士・鬼嶋淳編『風見章日記・関係資料』）。

衛君と会いましたよ、華族会館で。近衛、西園寺、牛場友彦[189]と話しました。そのとき近衛から連絡があって、三十分遅れるからといってきたんですよ。そうしたら皆がいうには、近衛が三十分遅れるというなら一時間はこんぞと。それが不思議なことに三十分できましたよ。

それで私の話が始まって、その間お客がきて名刺をもってきたり、その間じっとしていましたが、それから皆さん御質問くださいといわれて、まあ質問するにもいろいろ相談してからと思って、私はちょっと手洗いに行ってくるといって立った。そうしたら西園寺も京都に行かなければならないので時間がきたといって、一緒に出た。手洗場で西園寺が今日は大分あじりましたねといった。

それはわけがあるんですよ。最後に僕はこういった。国民の考え、肚《はら》の底に沈潜しておるものは戦争には賛成していないということだから、いよいよの場合は、近衛さん、あなたはもう内閣総理大臣なんかになりなさるな、殊に青年と肚を割ってやりなさい、青年と共に自分は終始すると。政界から退いてこれをやるべきだといったら[190]、それを西園寺が今日はいろいろあじりましたねといった。風見君は、近衛さんに肚を割れといってもはらわたはないよといった[191]。

とにかく便所から出てきたら、そこに近衛がもじもじしておるんだ。ただ下を向いて……。私に挨拶しなければ礼儀が済まないと考えておるんだな。それは感心しましたよ。そういうことがあるんですよ。

それからまた近衛に関連して、第二次近衛内閣の組織というときに、結局あれは組織したけれども。風見さんにもいった。軍部が幾ら抱き込もうとしても京都に逃げていて、そうしてそっぽを向いておった方がいい、そうして向こうから笑っておった方がいい。という意味は、やたら締めつけないで充分に約束さして、そうしてやるべきだといったのですが。その第二次内閣の組閣は尾崎君から聞いたのです。最後まで組閣に対して頑張ったけれども、既に固まっておったということを聞きまして、さもあろうと思った。風見はしよ

(186) 細川は「書斎の思い出」のなかで、「一九三九年夏北海道から九州四国にかけ、各地方の情勢、殊に国民が侵略戦争をどうみているかを確めるために旅行に出たこともある」と記している（『思想』一九五四年五月）。
なお、一九四〇年一〇月の『改造』「時局版」第二二巻第一九号には細川を司会に長野県松本市で開催された「農村時局討論　青年と政治」が掲載されている。

(187) 正しくは一九三九年九月三〇日、華族会館においてである。

(188) 一九三九年八月二二日の「風見章日記」には「細川嘉六氏農村視察了る。その視察談を日本クラブにてきく。同席、尾崎、西園寺両氏」「細川氏、農村視察の結論。一、現在の経営形体における負担は限度に達したること。一、非戦的意識の発生漸く顕著にして、その傾向は漸次に昂まりつつあること」とあり、二三日にも「細川氏語る、「山陰道の車中にて、商人にして内乱が起るかも知れませんね」と平気で洩らし居りたり」と。

(189) 牛場友彦　政治家（一九〇一年―一九九三年）。一九三七年、第一次近衛文麿内閣の内閣総理大臣秘書官を務め、近衛の側近となる。戦後は実業界に進んだ。

(190) 細川は「書斎の思い出」のなかで、次のように記している。
この視察旅行後、風見氏のすすめで近衛文麿氏と会談し、戦争については国民は表面とはちがい、内心は無理に引きこまれているので厭戦気分の伏在している状態にあること、近衛氏は政界から逃れ、京都に閑居し、軍部がどうともならなくなり、指導権を近衛氏に渡すとき始めて一切をかけ政界で活動すべきであること、その間腹をわり赤心を全国青年諸君に語りつつ、青年諸君の奮起と団結とに努力すべきことなど進言したこともあった。しかし事実は、これと反対となり、近衛氏は軍部の圧力に従って、第二次近衛内閣を実現することになった。

(191) 風見の一九三九年一〇月四日の「日記」には「尾崎秀実氏と会見。尾崎氏曰く、先般近衛公を訪問したるに、細川嘉六氏の話はつまらなかったといはれたる由、心外也。話術下手なりとも深刻なる細川氏の話がつまらぬとありては、政治的感覚を疑はざるを得ざるに至る。農村の事情は遂に近衛公にして斯の如くんば、余は元より言うに足らざる也。国政の前途、ついに戦慄を禁じ得ざる也」とある（『風見章日記・関係資料』）。

うことなしにあれに入って司法大臣になったんですよ。そういう近衛とのいきさつなんですよ。

尾崎秀実のこと

細川　それからそうやっておるうちに、尾崎事件が起きたでしょう、一九四一年に。それからパタンと私は書くことを止めちゃった。尾崎君と私との関係ですが、尾崎君が何をやっておるかということは詳しいことは私は知らなかった。関西におるときに見ておったが、それは知らない。とにかく尾崎君が香港と上海に行っておることの様子は分っておりますが、ともかく中国と戦争させてはいかん、ソ同盟に戦争しかけちゃいかんといっておりました。当時風見がいろいろ調査をやらせておった。

まあまあそういうわけで、彼は中国に行くときにも私にこれでお別れになるかもしれんといって別れたあとで、ああいうことが起ったが、その点については私等同じ考えで、中国と戦争をしてはいかん、ソ同盟と戦争をやらしてはいかんという理屈は分っておる。こういう何でしたよ、それで尾崎がいうには、あなたは今はこの問題に入らない方がいい、私等のあとを見ておって、それを伝えて貰えば結構ですといっておったよ。だから彼の決心というものは深いものですよ。

まず尾崎についていえば、彼のおやじ[192]は台湾総督府関係で仕事をしておった人で、漢学者ですよ。そのとき尾崎が私に語ったことは、おやじなんか中国人を人畜の如く扱う、横暴極る、へたいうとぶんなぐったりもする、それが子供心にいたく響いた、われわれが中国人の子供と遊んでおるときはそういうことは毛頭ない、大人の世界は何だというのが彼の出発点ですね[193]。僕はそれをよく分りますよ。

尾崎がスパイであるとかないとか、これは馬鹿げた話で、これは風見さんが公《おおやけ》にした書類で明らかで、尾崎が罪に問われた諸々の点というのは皆公のことで、中国人やソ同盟人は知っておることですよ。

横浜事件の虚構と戦う

「世界史の動向と日本」論文を書く

細川　それから私はと……、そうだな、一九四一年ですかね、独ソ開戦は。あの時分は起きるとか起きないとか。起きた場合はどうなるか。まあ市民一般がそうでしたね。そこで戦争が起きたそのときに、書かん書かんと頑張っておったが、『改造』に頼まれて口述をやったもの(194)がある。

それはどういうことを書いたかというと、日本では独ソ開戦したら有利であると、ロシヤが負けるから……。それに対してそれは間違いだと。第一の問題は中国との問題である。これを収めずして何のためになるか。それからソ同盟の瓦解ということも間違いだ。民族の瓦解はどんどん進んでおるから駄目だ。外国への他力本願の精神はよくないといったんです。

それから「世界史の動向と日本」を書きだした。それは四一年の秋頃から段々始めた(195)。それはまあ自分としては大袈裟な書き方で、人類の発展というようなこと、ルネッサンスから資本主義まで。資本主義の現状、

---

(192)彼のおやじ　尾崎秀真《ほつま》（一八七四年―一九四九年）。秀実は次男。報知新聞記者などを経て、一九〇一年、後藤新平の招きで『台湾日日新聞』の漢文編集長となる。台湾総督府歴史編纂委員、台湾博物館協会理事などを務める。

(193)尾崎秀実は一九四三年六月八日付で東京刑事地裁高田正（裁判長）に提出した「上申書」のなかで、「私の父親は「温厚の君子人」の方でありますが、それでもある時外から人力に乗って帰り、適当な賃銀を払ったのでしょう。それにもかかわらずうるさくつき纏《まと》って来る車力に黙ってステッキを振って追い払ったのを見ました。中学生だった私ははげしく父に喰ってかかったことを覚えています」と回想している（『ゾルゲ事件』二、『現代史資料』三）。

(194)「世界動乱に当面する日本国民」『改造』一九四一年八月号。

恐慌というのがまた違ってきているということをね、第一次戦争の前と後はどうというような細かい数字を出したり、大いに用心をしながら書いたんだが、それが無能力な者が書くのだから……。力の及ぶ限りで書いたんだが[196]。

その作は四二年の春、桜の花の咲く頃だ、ちょうど家内は姉さんがきて、それを送ろうというので関西に発って、ねぇやと二人だった。疲れもし、また書くといっても無能者が書くのだし……。

ある夕方、仕事を終えてから外にぶらっと行った、えらい桜を見たよ。あんなことは一生にないことだ。月が出ておる。夕闇に花が爛漫と咲き乱れているんだな。僕の家の庭の隅の方に木が沢山あるのです。それを眺めてぶらぶらしておるうちに、スウッと凄くなってきたんだ。どういうふうに凄くなったかというと、妖艶なんだな。フワッと女の佳麗《かれい》なのが覆い被さるような感じで、もうそこそこと家に入ったよ。その桜は一生涯の桜だと思う。その人の、そのときの気分では、自然がえらい力を有しておると思った。それで如何に疲れておったということが、如何に神経が鋭敏になっておったかということが分る。それだから詩人の感覚というものはおそろしいものだと思った。普通の目で見るとそういうことはないんだ。たしかに綺麗だ、たしかに月の青い白い光は綺麗だが……。

服部　そこに奥さんがいなかったから、それも関係したんでしょう。

細川　それは恐らく一生ものだと思う。桜との関係でこのくらい愉快なことはない。だから桜見物にどこかに行きたいという気持ちにはなれないんだ。それが一つあるからもうほかにはいらない……。

それを一つつくり上げて、これがいつ問題になるかもしれないということは覚悟しておった。殊に尾崎がああなったというような考えもありますし。まあその前に僕は――一九四一年に出たものかな、中央公論社で『東亜政治と東亜経済』[197]というものをつくった。一回しかできませんでしたが……。そこにまたまた「東

(195)一九四一年一二月八日午前、西沢富夫は赤坂虎ノ門で会った細川から「国民に呼びかける論文を発表する」決意を聞き、協力を求められ、同意したと回想する。「論文は、「奴隷のことば」で書かれていますが、明らかに反戦の決意をもって書かれたのです」という（『細川嘉六氏夫妻の想い出』『細川夫妻を偲ぶ』）。

翌九日、木村亨・西尾忠四郎・相川博・加藤政治に細川が「この情勢ではもはやどんなことが起きるか知れたものではない。何が起きようとも驚いてはいけない。わしはどうしても日本のこの行き方を黙認できない。肚を決めて書くことにする。諸君の協力を願いたい」と語ったことを木村は記録している（『横浜事件の真相』）。

(196)細川は一九四三年四月七日の世田谷署の第二八回訊問で、論文「世界史の動向と日本」の執筆動機を問われて、「大東亜戦争勃発と共に今次第二次世界大戦は事態容易ならぬ困難に際会して居るにも拘わらず、我国の指導者層並に国民一般はこの国際的事情、特にその世界史的動向に理解乏しく、アジア問題に付いても依然帝国主義的思想乃至非科学的思想が支配的でありますので、斯かる傾向に反対し、その蒙をひらかんとして執筆したものであります」と供述している（『細川嘉六獄中調書』）。

また、GHQによって治安維持法廃止・特高警察罷免などが指令された直後、「横浜事件」を報じた一九四五年一〇月九日付『朝日新聞』では、「大東亜戦争に突入した日本が将来いかにしたら悲惨な目にあわずに、この難局をきりぬけることができるかという憂国の至情にかられて筆をとった」と語っている。

「書斎の思い出」では「ただ求めたところは幸福なわが国民の前途だけである。尾崎君が逮捕されて以来半年、言論の発表をやめ、何とかしてこの重大な時局に役立つことはないかと苦慮したのであった。その結果が無能力な身に鞭うって勉強し、問題の論文を発表することとなった。これを発表しえたことの裏には、編集者達の憂国の志から出た努力がつまれているのである」と記している（『思想』一九五四年五月）。

(197)『東亜政治と東亜経済』季刊を予定。第一号（一九四一年七月）のみに終わるが、その特集は「東亜共栄圏の諸問題」で、蠟山政道「世界政治と東亜共栄圏の新しき地位」、「東亜共栄圏の農業問題」（東畑精一・鈴木小兵衛・大上末広・伊藤律の各論）、蜷川虎三「東亜資源論」、細川「東亜共栄圏の民族問題」などが並んでいた。

亜共栄圏の民族問題」というのを書いた。これは非常に長論文だが、それを書いたときに「まだ細川さんはああいうことをいっておるか、危ない」というんですよ。[198]

その時分は馬場恒吾[199]の自由主義論が引掛かった。評論家では岩淵辰雄[200]というのもあるけれども。その連中は段々右に行って、少しはいいかと思ったら駄目だった。岩淵はある時いった。「君は時局文を書くけれども、天邪鬼《あまのじゃく》だよ」。そこで一喧嘩始めた。あれは幹部のああいう官僚を批判しても、中味はやっぱり地主の出のもので軍国主義ですよ。

とにかく論文を書いたのは夏のことですがね、御存じの通りに二回に亘って出たものですが、僕の書いたものを少し直したそうだ[201]。

横浜事件の背後にあるもの

細川　それから僕はあまり疲れたものだから、田舎に帰った。魚はあるし、ゆっくり疲れを治そうと思った。それで朝から疲れたというわけで、酒を飲んでおった。旅館や何かのことは前に述べましたね。それでカッパを描いて、そういうことが共産党再建をたくらんだということにさせられちゃった。僕なんか執行委員長、何の某は組織部長ということをちゃんとこしらえちゃってあるんだ。

服部　その問題のきっかけはどうなんでしょう。

小宮山　『中央公論』と『改造』をやっつけるということは先生の問題として、そこでそのきっかけは何をす

---

(198)この座談では言及していないが、細川は「書斎の思い出」のなかで次のように記している（『思想』一九五四年五月）。

一九四二年中頃、私は中国上海などで軍部や財閥の支持のもとに、中国民工作用として発行されていた『大陸新報』に、日中両民族の関係に関する論文を寄稿した。それが意外にも、重慶と延安とで取り上げられ、それに驚いた上海の日本憲兵隊は、この新報社を追及し問題にしようとしたが、同社員はこの程度の進歩的な言論が、工作上必要であることを納得させることに成功し、おかげで私は官憲の毒牙をのがれることができた。この事件は終戦後始めて知らされたのである。

なお、この『大陸新報』寄稿の論文は四二年七月一日と三日に掲載された「日支和平の根本道」である。そこでは「日支両国の指導者層にして従来の通りの精神と政策に固執する限り、両国民の関係を結局破滅にまで導くことになる。……両国の指導層は一大勇猛心を振起し、且欧米列強の旧慣を脱却し、潑溂たる精神力を獲得することより他に道はないのである」、「(日本が)苟《いやし》くも真実に大東亜建設を念願するとすれば、かくの如き史上空前の事業にはそれに適当する雄渾なる精神力と、これに基く政策とが無ければならないことは云ふまでもない」と論じる。

(199)馬場恒吾　ジャーナリスト（一八七五年─一九五六年）。アメリカから帰国後、一九一四年に『国民新聞』に移る。二四年以降は普選運動・無産政党運動に力を注ぐ。自由主義の論陣を張ったが、戦時下には軍部により執筆禁止となる。戦後は読売新聞社長となり、読売争議を弾圧した。

(200)岩淵辰雄　ジャーナリスト（一八九二年─一九七五年）。『国民新聞』などの政治部記者を経て、『中央公論』や『改造』に政治評論を執筆する。一九四五年、吉田茂らと早期終戦工作をおこない、憲兵隊に検挙される。敗戦後、憲法研究会に参加する。四六年読売新聞主筆となる。

(201)『改造』編集部員だった青山憲三の『横浜事件』（一九六六年）には「半年がかりでこの論文を手に入れた相川博は、分割掲載にはしきりに反対を主張した」とあるほか、事前検閲の状況を次のように記している。

九月号に掲載する後半の具体的政策に関する叙述には、よりいっそうの神経をつかった。校正刷は回し読みをするうちに真赤になった。二校、三校とゲラ刷をとり、四校目を内閲に出した。そして何度も催促して、やっと今回も校了ぎりぎりになって「許可」の判を押した校正刷がもどってきた。

るということになったわけですか。

細川　まあ、あとでつくったものだね。最初に私の論文を問題にした。

服部　つまり細川先生を中心に発足したということにもっていったわけですか。

小宮山　そのときに出版社にスパイみたいなものがいたんですかね。

細川　スパイ的に進言する奴もおったでしょうし。

宮川　その当時、『中央公論』の編集長は松下秀麿ですか。

細川　雨宮庸蔵だったと思う。

宮川　畑中繁雄が編集長で、松下が編集局長だ。

小宮山　四四年に『中央公論』、『改造』は潰れておりますね。[202]先生の筆禍事件があって、なぜこういうことが起るか、できれば編集部会とか、そういうものを改めない限りまた及ぼしてくると、それを改めるために新編集部が一生懸命軍部に迎合した。あの連中にしてもどうも癖があるし、軍部そのものもすっかり気にいるということにはならないで、その当時妙な形で提携していたらしい。新編集部にいわせると、俺たち単に軍部に迎合していたわけじゃない。こういう構造の雑誌を、どういう形ででも出していきたいということがあるからだと。それも遂に矢折れ、刀折れて、四四年に投げ出したというのでしょう。

細川　私の事件がきっかけで……。あと検挙がずっと続いておる。その前に満洲でも何か堀江邑一《むらいち》[203]がつかまえられた。

宮川　満鉄事件[204]というのは……。

細川　満洲の方は、私の事件が始まった同じ年ですね。

服部　神奈川の警察が動いたということは……。

細川　私の論文が警察に引っ掛ったというのは警視庁なんだが、神奈川の特高はすでに共産党関係者とみなしてつかまえていた。世界経済調査会というのがありましたが、それに益田直彦[205]とか西沢富夫[206]とかいろいろ入っておった。その中に私も入れようとしておったようです。

---

(202)『中央公論の八十年』の年表には、一九四四年七月一〇日、「橋本情報局第二部長より、わが社と改造社の代表が招致され自発的に廃業することを申渡される。「営業方針において戦時下国民の思想善導上許しがたい事実がある」との理由による。……名目は自発的廃業であるが事実上は解散命令であった」とある。四六年一月、『中央公論』と『改造』は復刊を果すが、『改造』「復刊の言葉」は「我社は昭和十九年六月東条内閣の為に毒殺閉鎖されて今日に至つた。『改造』は創刊以来、いくたの圧迫を乗越えて世界文運の先駆者としての役割を遂げ我国の未来に幾多の貢献をなすべく努力して来たにも拘らず東条内閣は当時の戦争段階に我社及び『改造』の存在を有害なりと断じ、所謂横浜事件なるものをデッチ上げ、司法上の判決をも俟《ま》たずして中央公論社と共に閉鎖せしめるの暴挙に出でたのであつた」というはげしい言葉を記している。

(203)堀江邑一　経済学者（一八九六年―一九九一年）。河上肇に師事。一九三三年と三九年に検挙される。『中央公論』『改造』などに中国関連の論文を執筆、尾崎秀実と親交をもつ。満鉄調査部嘱託となるが、関東憲兵隊により四二年九月検挙される。戦後は日ソ親善の活動をつづけた。

(204)満鉄事件　満鉄調査部では大上末広・具島兼三郎・堀江邑一ら多くの左翼転向者が職を得てマルクス主義的手法による社会・経済調査をおこなっていたが、一九四二年九月と四三年七月に関東憲兵隊は一斉検挙をおこなった。獄死者も出たが、「満洲国」治安維持法による処罰はそれほど重くなく、調査部の解体がねらいだった。この事件の先駆であり、きっかけともなった合作社事件では五人に無期徒刑の厳罰が下されている。

(205)益田直彦　経済学者（一九〇七年―一九八六年）。一九三七年に企画院に入る。四一年世界経済調査会のソ連班主事。四三年五月神奈川県特高に検挙され、拷問で自白を強要される。四五年九月横浜地裁で懲役二年、執行猶予三年を科された。中央公論社出版部長や山一證券調査課長を務めた。

その主事は末弘厳太郎さんと一緒にやっておった川田寿[207]、末弘さんは事務局長だ。川田寿は中労委（中央労働委員会）に今出ておりますね、それが日本に帰ってきた。アメリカで労働運動、社会運動をやって帰ってきた。それが主事なんですよ。内務省の古手を頭において。川田が最初につかまった。満鉄調査部の連中も僕のあとでつかまった。

泊事件とされた写真から、『中央公論』や『改造』に及んだ。その事件の裏は何かというと私の感じでは、それまでは神奈川県で起きて、東京ではほとんど……。その裏がどういうことになるかというと、段々近衛を危ないと思ったんだな。風見は私につながるでしょう。その先は尾崎につながる。尾崎事件のとき、私は睨まれた[208]。

私の論文が事件のきっかけとなったのは平和運動を始めはしないか、ということだった。そこからさらにできるなら風見を引っつかまえ[209]、近衛を引っつかまえてやろうというのが、唐沢〔俊樹〕[210]とか、ああいう碌でもない奴が、内務大臣[211]、岸〔信介〕[212]あたりと組んでやったんじゃないか。根っこはどうもそこにいくらしい。それでつかまった。あれは軍部との関係ですよ。軍部は私の考えでは戦争はうまくいかないと考えた。

（206）西沢富夫　政治運動家（一九一三年—一九八五年）。ハルビン学院を卒業。満鉄東京支社調査室員だった一九四三年五月、神奈川県特高に検挙され、四五年九月懲役二年、執行猶予三年の刑を受ける。戦後、日本共産党副委員長となる。なお、西沢には「細川嘉六の人柄と業績——没後二十年に際して」（『文化評論』一九八二年一二月）がある。

（207）川田寿《ひさし》　経済学者（一九〇五年—一九七九年）。慶応在学中に学生連合会再建の活動で検挙。アメリカで労働運動を学ぶ。一九四一年に帰国、世界経済調査会主事となる。四二年九月、「米国共産党員事件」のフレームアップにより妻定子とともに検挙され、拷問で自白を強要された。四五年七月懲役三年、執行猶予四年を科された。戦後は慶応大学教授などを務めた。

(208)「書斎の思い出」で細川は、一九四一年に「わが尾崎秀実君と水野成等の友人達は、スパイの罪名をきせられ投獄され、われらの研究室は厳重な捜査をうけ、所蔵の書物資料は一切強奪され、研究室は解散させられた。このとき、私も検挙されたものと一般には考えられたのであるが、関係がないから当然のことではあるが、家宅捜査などもなさなかった」と記している（『思想』一九五四年五月）。

(209)細川は妻みね子について「私がいなかったあとの経済にも相当困ったあの時代を、ちゃんと守り立ててくれておるんだ」と語っているが、細川検挙後しばらくは風見章から経済的援助がなされていた。風見は一九四四年一二月の「日記」に「細川嘉六事件の証人」という文章を書いている。横浜地裁の石川勲蔵予審判事の召喚を受け、一二月六日に「細川氏との関係、相川〔博〕氏との関係、山浦〔貫一〕氏との関係、更らに細川夫人援助のため、山浦氏と相川氏とを仲介に千円ほど支出した事について訊問」がなされたことの備忘録として記録された。それによると、四二年末、山浦から「細川夫人が年を越すに越しかねてゐる模様なので手伝つてやらうではないかとの相談」を受け、「一も二もなく賛成し」、まず二〇〇円を手渡し、その後相川、伊藤律を通じて、「細川夫人も親戚のものに間貸して、どうやら独力で生活が出来るようになつて」きた四三年末まで、数回にわたって援助している（『風見章日記・関係資料』）。

　四四年一二月一二日の第九回訊問で石川予審判事がこの風見からの援助について知っているか訊問すると、細川は「私はその事を知りませぬ。妻からも私の留守中、風見から千円を貰ったと聞いて居りませぬ」と答えている（『細川嘉六獄中調書』）。

　細川は出獄後まもなく風見に手紙を書いている（風見の落手は九月一四日）ほか、二三日には茨城県水海道町の風見宅を訪ね、一泊している。支援に対するお礼だったろう。四六年二月末には西園寺公一の招きで、風見と細川・高倉輝が会食している（『風見章日記・関係資料』）。

(210)唐沢俊樹　内務官僚・政治家（一八九一年—一九六七年）。内務省警保局長や内閣法制局長官などを経て、一九四〇年から貴族院議員。四三年四月から東条英機内閣の内務次官となる。戦後は衆議院議員。五七年には岸信介内閣の法務大臣となる。

それで内輪に何とかしなければならないというので、まず私をつかまえ、それからずっといったんじゃないかと思う。

事件の予感

細川　それで私は、何だか事件が起こるようだと思ったんですよ。泊から帰ってみると、空気がどうも険悪、起るなら起るで、どうもしようがない。泊から帰って、家内と一緒に群馬県の温泉に行ったよ。そこに行っておったときに、どうも引掛るんだ。それで家に帰って浴衣になると、庭におりてみた。そうすると――この前話したと思うが、ワン公でマルちゃんというのがおるんだ。そのマルちゃんが何かいつもと違うんだ[213]。マルは狆《ちん》とスパニエルの雑種だが、小さいときから、伊丹で育てて東京まで連れてきた。なぜマルちゃんかというかというと、これは角があってはいけない、四角くならんようにというのでマルちゃんと名付け、マルちゃんマルちゃんと可愛がっておった。これは私等子供がおらんものだから、お産もしたり、伊丹で子供を生まして、近所に赤飯を配ったりもしておるんだよ。犬だってこんな可愛いんだから、人の子供はどんなに可愛いだろうと話し合ったものだ。近所のおばさんが欲しいというのでやったら、もう行く先が心配で、家内が追っ掛けたそうだ。戻そうとして……。それほどわが子じゃなくても可愛いものですよ。それを東京に連れてきて一緒におった。

一緒におると、何というか勘が強いもので、散歩に出るか、どこに出るか、ちゃんと知っておるのです。薄気味の悪い程よく知ってるんだ。そこで夫婦が外に出て、私一人帰ってくると、ねぇやと一緒にドアの隅でワンワン鳴いておるんだ。二人で行ったのだから二人で帰らなけりゃならん筈だというので、ワンワン鳴くんだ。その犬が、私が夕方帰ってくると、椅子の上にポンと乗って、横に座ってるんだ。私がいなくても、夕方になるとそこに行って戻るというんだ。それを見て家内なんか泣かされたというんだよ。ねぇや達も。それが心臓病にやられまして。結局私の帰るのを待たずに、入って翌年なくなったんですよ。帰ったら家内が、診断書やら何やら見せておるんですよ。

事件の深刻さ

細川　そのときの事件というのは深刻なものですよ。いわゆる僕はスパイにされておったんですが、近所の者は僕が何かをしてどこに行ったということは分らない。病気で病院に入っておるとでも思っておったらしいが、泊では警察の者がしょっちゅう廻るし、スパイだと平気でいっておるのですから……。

　それからまず驚いたことには、私の弟は郷里におるんですよ。それがこういうことをいわれておったものですよ。東京の兄貴と組んで無電でやり合っておる、こういうことなんです。それで親類はたまらないです

---

(211)内務大臣　細川検挙時、東条内閣の内相は湯沢三千男（一九四二年二月〜四三年四月）。その後、安藤紀三郎が就任（四三年四月〜四四年七月）。

(212)岸信介　官僚・政治家（一八九六年—一九八七年）。東条内閣の商工大臣（一九四一年一〇月〜四三年一〇月）となるが、商工省廃止により無任所大臣、四三年一一月から軍需省次官（四四年七月まで）。戦犯容疑者として巣鴨拘置所入所（四八年一二月出所）。公職追放解除後、衆議院議員となり、五九年二月内閣総理大臣となる（六〇年七月まで）。

(213)「書斎の思い出」で細川は一九四二年九月一四日の「翌日から毎夕、わたくしども夫妻の友、子犬マルは庭にある籐イスの上にチョコナンとすわり、書斎の方向にむかい、今にも私が帰ってくるかと待ちかまえていることとなった」と記している（『思想』一九五四年五月）。

ね。弟は分っておるからそんなものは屁とも思わない顔をしておったけれども、困ったことには、いとこの半農半漁の細君が弟に訴えてきた。子供が学校に行くと、東京のおじさんがこうこうだといっていじめられるから、子供は学校に行かれへん、と。それで弟は今にすっかり分るときがくるといってなだめておったということだ。

　そこで私が終戦の年に帰って、秋、田舎にすぐに帰りましたよ。顔を見せて、それで一切が氷解したんですが、ひどいものだったんですよ。今は弾圧がひどいといったって、比較になりゃしませんよ。

服部　先生が出られたのは何月ですか。

細川　九月五、六日だったと思う。

宮川　最初にカッパの絵の出たのは……。

細川　それでカッパの絵を、裁判所で見せつけられたことはいわなかったかな……。

宮川　絵が党員章だということは伺いました。

細川　それで俺の絵は下手だと思ったんだよ。それで命永らえて家に帰ったら描き直そうと思った。

山崎　あれは非常な虐待で、日本弾圧史上珍しいそうですね。

細川　珍しい。若い連中が警察で虐殺されましたよ。西尾忠四郎[214]なんか虐殺されたようなものだ。からだが駄目になってから放りだされて、家に帰って看病されて亡くなったんだ。

宮川　西尾は妹が預かったんですね。

細川　西尾は家に帰って、わけの分らないことばかりいってたそうだ。私の作った歌なんか歌ったり……。

　　雪が降る降る　今年は豊年満作だ満作だ　秋にゃお宮で太鼓叩こう　ホラショ　ホラショ

死んでから聞いたのだが、あれは私が作った歌だ。西尾なんか実に立派な人だった。

宮川　西尾の妹は理研におったんですね。

細川　そこでと、私にも虐待[215]を加えたよ。靴でこっちからこう、こっちからこう打つんだ。椅子の上から滑り落ちたところをまた靴の踵で、野郎といっておどかすわけだ。そこで痛いことがあるんですよ。大体この前いったように、片山潜さんに会ってきておるんだ。それが一つ。何となしに痛いんだ。もう一つそれより痛いことは、山本正美、あれが僕のところに尋ねてきておるんだ。

服部　それは潜さんの紹介できておるんですか。

細川　それは分らないが、ちゃんと僕の存在が分っておるんだ。その痛いところを向うがつかんでおった。

服部　山本正美とは、終戦後会っているんでしょう。

細川　会ってます。それが痛いんだ。ああ、あれ気付いたかと思ってね。それで困ったことは、私の友人が私がファシズムについて書いたものについて批評をやっておる。その批評が素晴らしく書いてあるんだ。それで問題があるんだ。僕の上に誰かいると警察がみたんだ。これには俺は困った。それでこの何でもない友達に波及させては済まんと思ったんです。それでどういうことをいったかというと、それは大阪でこれこれが書いたんだ。これこれはもう死んじゃった。シンパ事件で引っ張られて死んだと。それで向うは写真を取り寄せた。弁慶、安宅《あたか》の関以上なんだ（笑声）。それでいよいよ前においてやり出した。僕は知らん顔してそっぽをみておった。何というかと思っておると、これは大分似ておるよときた。向うはいっぱい食わされち

(214)西尾忠四郎　経済学者（一九〇七年―一九四五年）。東京商大卒業後、満鉄に入社、大連本社・新京支社・上海支社を経て、一九四〇年東京支社調査部に勤務、四一年グルーシャコフ『支那の経済地理』を西沢富夫とともに翻訳している（「岩波新書」）。四三年五月に検挙される。拷問と栄養失調のため重病となり、四五年六月保釈となり、七月末に結核性腹膜炎で死亡した。

ゃって、こっちはようやく助かった。つまらんことで関係ない者を出すことは悪いからね。そんなエピソードがあるんだ。

そこにもってきて愉快なことは四四年の正月の初めに分ったんだが、スターリングラードの勝利ということが分った。助かったね。これは実際助かった。その日はパッと後光がさしたようで愉快だった。

獄中でふざける

細川　頼みとしていた若い連中が横浜でつかまえられた。あの共産党再建事件で何をやるかと思った。あのときの苦しみというか、悩みというか、あれほどがっかりしたことはないですよ。そうするとあの中で私はふざける。だから〝お前と俺はどこまでも〟というような歌になる。コソ泥が一緒になった雑房で、髪の毛をのばしてわざわざ穢なくしたり、それで縒《よ》りを盛んに縒るんだ。その縒りを朝鮮髷《まげ》に結うんだ。肚の中ではぎりぎりした気持ちで、木下藤吉郎気取りなんだ。〝いざ候わん。上に上って……〟などと朝鮮髷でやるわけだ。

服部　愉快だな、それは……。

細川　こっちは木下藤吉郎気取りでいるんだ（笑声）。それが困ったことに、家内に見られちゃった。

山崎　それは困るな（笑声）。

服部　奥さん、茫然としたでしょう。

細川　幾ら何でも理髪ぐらいはやってくれてもよさそうなものだと。こっちはこっちで朝鮮髷一週間続けて、それでようやくおさまったよ（笑声）。その前にも何か特高の奴がくると、吉右衛門[216]張りで芝居をするんだ。藤吉郎でよく芝居したよ。

あそこにおって感じたことは、とにかく秋に入って、翌年の夏に向っておるときだ。調べ室から向うを見ると、欅《けやき》の若葉がふいてくる。ああこれも夏になったら茂ってくるなと、いやな取り調べをうけながら思ったら、くたびれてしまった。欅だって伸びるんだから、お前だって進歩するんだから、俺だって進歩せんこ

---

(215)虐待　細川は一九四四年一二月一二日の横浜地裁予審の第九回訊問において、平館利雄・相川博・木村亨の手記や予審廷の陳述内容について「斯の如き陳述が平常の心理に於いて為され得べきものとは考えられないものであり、斯の如き陳述が事実為されたとする限りは、それは平常の心理を異常状態に転化したる肉体及び精神に於ける異常なる苦悩を経験せずしてなされたものとは考えられないものである」と述べたうえで、自らに加えられた拷問を次のように陳述している（『細川嘉六獄中調書』）。

私も世田谷警察署に検挙せられた当時訊問に対して私が諸論文を執筆した事由は、日本をして真実に八紘一宇の理想を実現せしめんとする止むに止まれない愛国の熱情に外ならないと答えました処、その答の終わらない内に取調官芦田警部補、助手上田巡査の二人は猛然として私に暴行を加えたので、私がそれが為め健康を維持し難く、生命を落とす危険に陥ると思い、警察の調べは最終のものでなく、後に検事、判事の調べがあるものと思い、私の主張を枉《ま》げて、警察官の要求に追従して、私の警察に於ける取り調べを終了したのであります。従って警察の調書は検事並に予審判事の調書と甚だしく異なる結果となりました。検事、予審判事の調べによって始めて、私は自己の所懐を有りの儘に陳述する事が出来たのであります。

また、一九四七年四月の神奈川県特高警察官二七人に対する告訴状には、細川に対する四二年九月一六日・一七日における拷問の状況が「世田谷署に於て取調に当り平手及書物を以て頭部並に顔面を殴打し、同時に土足を以て腰部を蹴り、約一ケ月間歩行困難を与えました外、十ケ月に亘る取調中或場合に於ては食物並に必要な物品の差入を中止し、老齢病弱な告訴人を危険に陥し入れました」とある（『ドキュメント横浜事件』）。

(216)吉右衛門　初代中村吉右衛門（一八八六年―一九五四年）。歌舞伎役者。一八九七年に吉右衛門として初舞台。六代目尾上菊五郎とともに人気を博した。時代物を得意とした。

とはないということで、欅に教えられたよ。木というものは何でもなく立っておるけれども、そこに座ったらずっと一生そこにおる。そしてまた思い出すことは、あの状況でさえあのように進歩しているんじゃないかと、また自分にいって聞かせるんですよ。

〝何をくよくよ川端柳　水の流れを見てくらす〟

実にこのどん底のもの静かな気持ち、これを思うと俺は愉快になる。手前は幾ら思想家だとか、共産主義なんかいったって駄目だぞというようなことになる。それでずっと通してそこに一年おって、『論語』だとか『周公と其時代』という林泰輔の書いたものだとか、いろいろ読みましたよ。

出獄まで

細川　そうして暮しておって、若い連中との関係で俺を横浜に移した。一九四四年の七月に移された。奴等はあすこに行って叩こうというのだが、勇んで行きましたよ。前に言及したようになぜ泊の事件というものを作り上げたか、それを非常な手数をかけて……。とにかく共産主義といえば、これで執行猶予にさせられるとか分らんと。その間にそんなことがあるかと頑張っておった奴がえらい目に遭わされて、命を捨てたんだよ。西尾なんかそのためにえらいことになって、段々おもしがかかってくる。それで結局、細川が共産党再建をやったということをつくり上げていって、共産党の統一をこいつが承認したような恰好になったんだ。

そこで僕は共産主義は可愛いくても、喧嘩しなくてはならない。それで僕は向うにいくと、いい加減に大日本主義者だと大日本主義を主張した。そうすると雑役がそうだ、君達は喧嘩はこうしてしなければ駄目だ、という。

それでいよいよ予審ということになったが、予審なんかに行ってもいうことをきかないんだ[217]。とうとう予審調書をとらず出た連中がほかに幾人かあるんだよ。

そこで僕は家内のおかげで、一流の栄養をとっておりましたよ。[218] それでからだがもったといいますよ。私は最後に残るつもりでおった。執行猶予で出られるんだといってもそれをきかない、そっちが悪いんだから、こっちは悪くないんだから、どこまでも争ってみせるということを海野さんにもいっておった。[219]

面白い話もあるんだが、もういよいよ出る際になって一人一人風呂に入るんだが、一挙に入らないで長い溝が掘ってあり、それにまず入る、そこに入れられたときに小森田一記[220]君のタオルがわかめみたいになって

---

(217)細川は一九四三年五月一〇日に警視庁から東京刑事地裁検事局に送致され、九月一一日に東京刑事地裁検事局から予審請求（起訴）された。四四年五月一一日と五月二三日に東京刑事地裁予審（門田実）で訊問を受けた後、四四年七月に横浜刑務所未決監に移され、一〇月一一日から一二月二二日まで七回の予審（石川勲蔵）を受けた。一二月二九日、相川博とともに予審終結決定がなされ、横浜地裁の公判に付されることになった（「予審終結決定」は『ドキュメント横浜事件』所収）。

横浜刑務所の看守で裁判所への出頭などを担当した土井郷誠は「石川予審判事さんの調べのときなどは片隅に腰をかけて私も聞いておりましたが、細川さんの頑として強い否認の主張には判事さんのほうが困ってしまって、ほんとうに立ち往生しておりました」と語っている（木村亨『横浜事件の真相』）。

(218)弟がやはり治安維持法違反容疑で勾留されていた久保文は、弟との面会の参考にするために「警察での先生との面会の御様子」を尋ねた際のサダ（みね子）の話を、サダ葬儀の弔辞で次のように述べている（『細川夫妻を偲ぶ』、一九七七年）。世田谷署のことと思われる。

「さしいれのお弁当のふたの上に、日々色づいてくる木々の葉、花々をのせてまいりますの。細川は、ああ、うちの庭の様子が見えるようだ、と大変によろこびます。この前は南の庭のもの、こんどは西の庭のもの、というふうに、その都度、かえてまいりますの」

おるんだ、その時分は物資不足で。そうすると僕が花模様のついた綺麗な手拭を女の役者のような髪型にかぶって……（笑声）、おいらんのような髪型をしてそうしてふざけるんだ。そういうことをするよりほかないんだな。そうしてふと鏡を見て、よくも瘠せたもんだと思った。うしろからみると骨ばかりで、お尻の肉なんかまるでないんだ。とんびのようになっておるんだ。そういう風呂に入れられて、これは愉快だと、まるで太平洋に出たようなつもりで入っとったよ。

　風呂から出てから部屋が変るというので、これはいよいよ持久戦だと思った。いざともなれば俺はおもむろに腹切ると、俺がこういう問題で入ったということを君達は考えてくれ、いざともなれば遠慮しないということをいっておった。そこである夕方、僕に出ろといってきた。嘘をつけといって初めは本気にしなかったけれども、とうとう僕は出された。これは案外なことで、奴等はまるで腹いせにいってるんじゃないかと思った。

服部　それは終戦の前の年ですか。

細川　終戦の年の九月、終戦になったあとです。

小宮山　党の連中が出るより、ちょっと早かったんですね。

細川　ちょっと早い。

服部　終戦を聞かれて、愉快だったでしょう。

細川　ああ、それは大体いつかは敗けるということは分ってきておるから……。それから砲撃を食ったらどうするかということ、どこは誰がやる、ここは誰が指図で出るんだというようなことが決って、それから終戦だというわけです。その日は昼頃からざわついておる。夕方になって雑役に調べたら、天皇の放送があって、それを聞いたというんだ。それで分ったんですよ。そのときは、朝になってから話合いも大分自由になった。

　　初鶏《はつとり》や八紘一宇になき渡る

とやった。天皇が鳴くということで、初めて元旦を迎えたと。こっちは愉快だったよ。[221]

---

(219)細川は「カッパの屁」において「裁判所で早く出てくれという。執行猶予にしてやるから我慢せよという。それはだめだ、私は裁判所か国家があやまらない以上は、ここは死んでも出やせぬぞ、私は日本が民主主義的に平和な発展をすることだけを望んだ。それは民衆に基礎を置かなければだめなんだ、私は軍国主義侵略に反対し、民主主義を主張した。この主張しか持っていない私に、わるかったと頭をさげよ、そうしたら出てやる、とに角大官連中がこの拘置所に入れかわる都合があるから、出てくれという（笑声）」と語っている（『ひろば』創刊号、一九四七年四月）。

(220)小森田一記　編集者（一九〇四年―一九八八年）。一九三〇年に中央公論社に入社し、三七年から四〇年の間、編集長。四四年一月検挙され、四五年九月四日、懲役二年、執行猶予三年の刑を受けた。四六年世界評論社を設立、尾崎秀実の書簡集『愛情はふる星の如く』を刊行する。

(221)細川は「獄中で迎えたあの日」（『世界』一九五五年八月）において、「拘置所内には、何となく活気がただようて来た。「初鶏や八紘一宇になき渡る」。これはこの時の私の思いが、この文句となって口をついて出たものである。……私にとっては、この日からその翌日にかけて、大晦日と元旦とがかさなり合った思いであった。普通、お盆とお正月とが一緒に来たというが、どうもこの日は、大晦日と元旦とが一緒に来たといわなければこの時の感じがよく出ない気がした。この場合私にとっては、大晦日という言葉は、多事多難な、押しせまった、そして暗い意味をもっていた」と記している（『細川嘉六著作集』第一巻所収）。

　また、木村亨は敗戦の報を知った八月一五日、雑役を通じて細川から「初鶏や」の一句とともに「わたしたちに対する当局の不法拘禁は断じて許せない。総理大臣か、司法大臣がここへ来て、手をついて謝らないかぎり、決してここは出てやらぬ肚を決めたまえ」という紙片での連絡を受けたことを回想している（木村『横浜事件の真相』、一九八六年）。

共産党入党

細川　それで出てきてね。今度は一、二年間ずっと勉強してやろうと思ったんですよ。それでもう一切に関係しまいと思った。ＮＨＫから僕のところにマイクを向けてくるというのをすべてお断りしたんですよ。志賀義雄さんや何かいろいろいっておるけれども、僕は喋らないんだ。

　そうしておる間に、段々といろいろの奴が出やがって、また国民を騙《だま》し、芝居するということが分るようになってきた。それで実は自分は能力者ではないが、鉄は打つときに打たなければならないというようなことで、入党する気に段々なってきた。そうして若干考えておった。そこに入党を奨められてきた。しかし、うんといわなかった。

　それからね、一九四六年正月に朝日におった友人の奨めで「わが民族躍進の大道」[22]を三回にわたって書いた。これを書きながら考えた。大分天皇制廃止が盛んだけれども、向こうのいいたいように動いておる、これは進歩ではないと。それで徳田球一、志賀君のところに会いにいった。それで君達はどんなことをやるか、大衆にどう話さなければならないかと聞いた。そうしたら大衆はこれで受けるとか、それなら安心だとか、アメリカの記者あたりもそれなんか書いておりました。この間の論文で僕が民族という言葉を使うのは、終戦前まで承知の通り民族に応わしい、民族の感激ということを志賀君はいなかったから分らないんだ。そこで志賀君には妙なところがあるんだな。つまり共産主義なら、日本の現状に合わせてどうするということはないんですね。

　そこで野坂参三さんが帰ってきました。それで入っちゃったですよ。野坂君が入ったらどうだというので入ることにはするが、家内に相談したら裏から入るよりは表から入った方がいいというし、インテリは多少動いた方が仕事の刺戟になっていいというので、社会党の中央委員会があるという前日を狙って声明したんですよ。

それから入党してみると、別格なんだ。入り方が……。徳田、野坂が推薦して履歴書なんか書いて、それで記者会でもいったんだが、実際運動に入って、嘘つきと戦うにはそれよりほかにないから入ると。そういうわけで、最初の年の選挙には富山県から代議士で出てくれんかというけれども、それは駄目だといっておったが、参議院の第一回に出て当選した。[223] 第二回も当選した。

実際考えてみると私なんか、政治家になる気もないから……。それが政治の前に押し出された。政治の前に押し出された以上、日本の情勢に応じてその役割をどこまでも果していかなければならない、今こそ一つ

---

(222)「わが民族躍進の大道」一九四五年一一月に執筆、四六年一月一日、三日、四日の『朝日新聞』に掲載された（『細川嘉六著作集』第一巻所収）。冒頭、「未曾有の恐るべき事態は日に日に深刻に展開されている。かつての支配階級を除く一般勤労民衆はいかに考えいかに働くべきか、いかにして明日の希望をつなぐべきかにつき、途方にくれている」としつつ、「今日八千万の国民が大勇猛心を奮起して一体となり協力するにいたれば、現在当面の大破局を転じて一大光明世界を打開発展し得ること疑う余地がない。これがための大道は民主主義にほかならない。一言にしていえば、民主主義とは、国民各自が自由平等の立場において政治・経済・社会全般の主人公として社会生活をなすことである」と展開していく。天皇制についてその「存廃の問題は、新民主主義の徹底的実現に重大な関係をもってくるだけに、明確な決定を要する。この決定は、全国民の冷静周密かつ科学的な討究と国内建設の総合的結果として、全国民によってなさるべき問題である」などと論じている。

(223)細川の選挙応援に加わった西沢富夫は、「細川嘉六は、演説の中で、直接に占領軍批判はやらなかったが、日本をとりまく国際情勢の見方について述べる中で、必ずアメリカ帝国主義批判をやり、それに民族解放、平和、社会主義の国際勢力の積極的役割をはっきり対置した」と記している（「細川嘉六の人柄と業績」『文化評論』一九八二年一一月）。

勉強してみたいという気持ち、そして本当に世界秩序に関する課題を果していきたいという気持ちがあるのですが、これができないんだ。まあ何だな、横浜から出たとき、「天《てん》網《もう》恢《かい》恢《かい》疎《そ》にして漏らさず」という気持ちで出たが、俺のあとに戦犯人の大将共が東京拘置所に行って、皆しっかりしたと思った。そのときに感じたことは、民主主義の小野塚先生が生きておったら、どんなに喜ぶだろうと思ったが、今になってみると、老人やっぱり生きていない方がよかったかなということになっているんですがね。

小宮山　小野塚先生が亡くなったのは……。

細川　終戦の前年ですよ。私のことを最後まで心配して亡くなっている[224]。そういうわけですよ。

それからもう一つ、獄中で私は普段はあまりしたこともない、自分を顧みて、自分は碌な仕事もしない。親を初め、いろいろの人に恩を受けたけれども、報いることが少ない。しかしこれでもう勘弁して貰おうと思ったよ。「世界史の動向と日本」というようなものを書いて……。こんなもの書かずにおったら多少は命永らえておるかもしれんけれども――学者とか、思想家とか買いかぶられておるが、その分だけ果したという感じですね。あのひどい時代にとにかく書き上げたということで、とにかく勘弁して貰おうということが最後の落着きでしたよ、人間どん底にあって考えて、一歩求めるといかんですよ。まあそれだけかな[225]。

山崎　結局あの中での勝負というのは、精神的な敗北が最初の瞬間にあったらもう駄目だ。だからやっぱり善悪というものは、ああいうところに生かせられるものですね。

細川　そうだ。一九三三年、あの当時どうして佐野学や何かが転向したか、ずっとそれを問題にして考えた。脳味噌に入ったものがどうして離れようか。それは分りますね。それは頭の知能の上でいろいろつくり上げたら手際よくても、それだけのものです。これが血となり、肉となっておればピシャッとくっついて直ぐとれません。これが段々今日初めて分った。どうしてあれほどの者が変るかということね。それですからね、私らそういうことがはっきりしておる。この一日一日をただ理屈ばかりをいっていないで、からだに応《こた》えさせていく。生活の中で固めていくことが、一層の力となる。

服部　それはやはり長い体験の中で、子供のうちから、そういう環境に屈しないものがなければ、ちょっと立場が違ったりすると理屈にほろぼされますね。

細川　それは親が大半だ。そこで最後に、東洋経済新報社から来年の正月の別冊として「わが青春に悔いなし」という依頼がきた。こういうものを書くのはいやなんですが、しかし、これも何かの役に立つかと思っ

---

(224)細川は「書斎の思い出」のなかで、「私の家内は、東京に対する空襲が激しくなるにつれ、夫人なき先生が孤影悄然軽井沢の別荘に避難される出発まぎわに、先生の好物ヨーカンをもって御見舞し、先生に玄関で御会いした。その際先生は私の身の上を心配され、私の安否を問われ、何とか尽くしたいと思うけれどこの政府のもとでは、手の出しようがないと嘆息されたということである。家内の話では、私の逮捕後、わざわざ妹さんを私の宅につかわされて慰問されたこともあった」と記している（『思想』一九五四年四月）。

(225)この「世界史の動向と日本」についての強い思い入れは、一九四六年六月にそのままを七二頁の小冊子にして伊藤書店から刊行していることにあらわれている。五月三日付の「序」には「戦争責任者層が断罪を受くるに至った今日、拙論「世界史の動向と日本」が、ここにおおらかな太陽を見るに至ったことは、敢て筆者の喜びでもある」としたうえで、この論文が「世界史の動向に鑑み、大和民族の戦時及戦後における任務、即ち民主主義の徹底的実現を論述し主張したものである」とする。細川は「世界史の動向と日本」が戦後においてなお読まれるべきもの、すなわち「戦前戦後を問わず、新たなる民主主義の徹底的実現を主張することに変りはない」とする。

この再刊に先立ち、四六年二月の『世界評論』創刊号巻頭には堀江邑一との対談を「世界史の動向と日本」と題して掲載している。そこでも「日本国民は第一に世界がどういふ方向に動いてゐるかを、此の際徹底的に理解しなくてはならない」という細川の発言からはじまっている。

て三枚ほど書いたよ。[226] その意味はこうだ。どうも編集者は年取った私に過去を顧みさせて愉快がらせようとするのだけれども、それをまた書く者の私にとってはあまり愉快なことでもない。しかし、政治上宗教上の日本の動向を発端から書くのもいいけれども、これからが愉快なもので、過去なんか二の次だよ。

そこでつまり、今はこうだ。世界の天岩戸《あまのいわと》が開けるか開けないか。これにあるんだ、こんな愉快なことがあるかと。前進座のいいのは進歩的な決断の新しさだと、そういうことを思いながら親のことも思い出して、親は親鸞の歌ったという

あすありと思う心のあだ桜　夜半に嵐のふかぬものかは

それを今思い出したよ。夜な昼な、絶えずこれを一番楽しんだというようなことを書いて、それからこういうことが醇化されたものが大らかな恋というものかと書いた。[227] 女の別嬪さんより、これ程大きな恋というものはない……。

服部　それではこれで、どうも長い間有難うございました。

---

(226)「青春のよろこび」『東洋経済新報』月刊別冊一六（一九五四年一月）。

(227)「青春のよろこび」はこの歌を引いた後、「めざすところは私と異っていても、一瞬もとどまることなく、道をもとめ、道をおこなう心——それは「わが青春に悔なし」という、まったく私の全内容である。現在は、私にとっては悔なしどころではなく、よろこびである。この心は、純一に純化された、おおらかな恋心とでもいうものであろうか」と結ばれている。

第二部　「妻への便り」
細川嘉六書簡

細川夫妻と愛犬マル

第一章　結婚まで

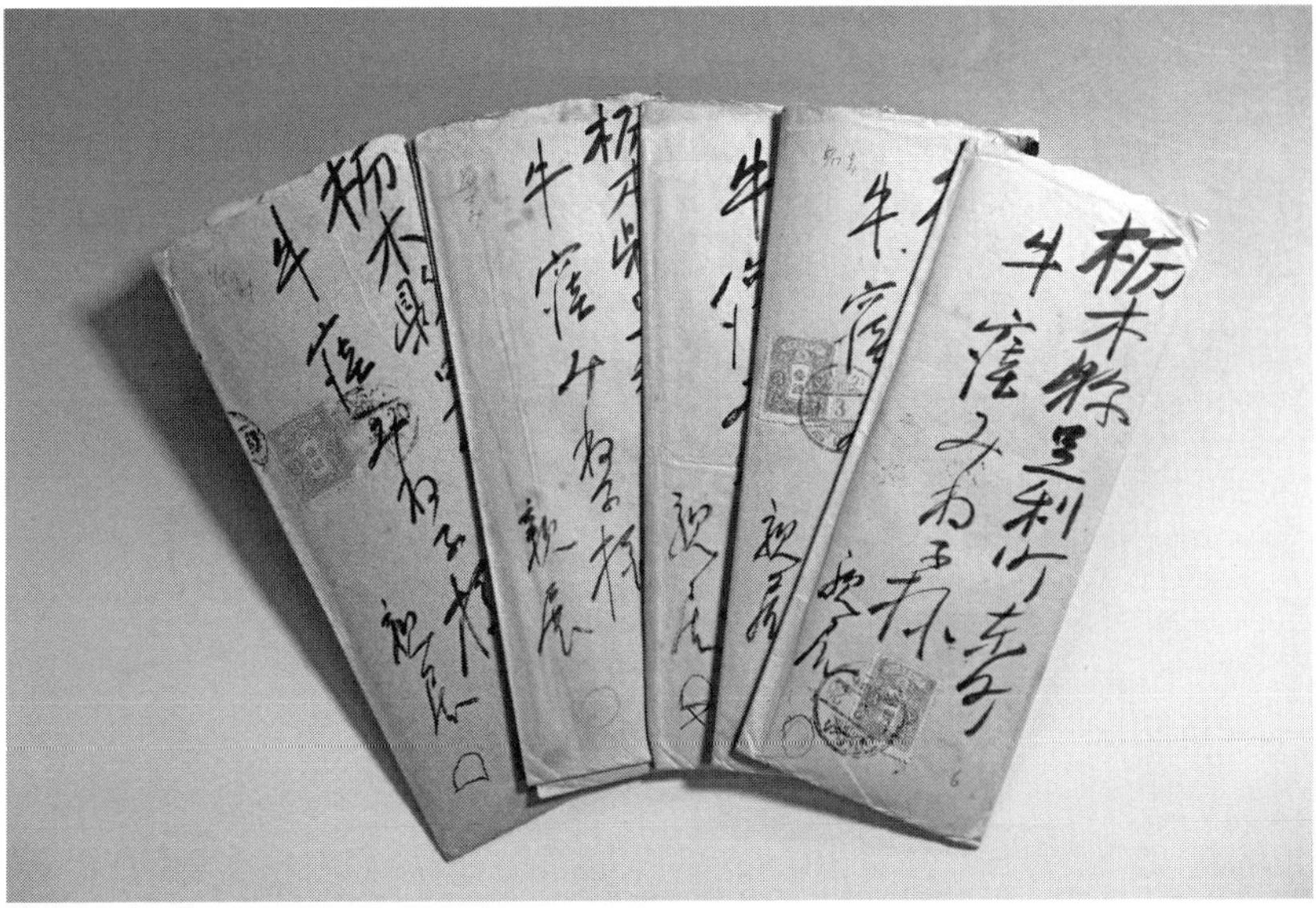

結婚前、旧姓牛窪みね子あての書簡

一　小林晴十郎[1]

一九一九年一一月二四日後九時／兵庫県武庫郡西ノ宮川尻二六〇一／米原にて／細川嘉六◇郵便葉書（二枚）[2]

憂きか情か悔いか愛か　僕の心はこの文句そのまま、大津駅を発《たっ》た前後は到底一生の深い深い何物にか喰入った、忘れられたものではない。牛窪大人さんとも名残つきぬ別れをした。武田氏とも別れ、ステーション前の床やでヒゲを刈り、例のキツネウドンを食べて此所《ここ》待合室で九時の北国行を待っている。洋ちゃん[3]をめぐり、今夜の寂しさはそちらばかりではない。寂しい、秋の旅は寂しい。

僕の今はそれだ。愚かなものに何故生まれたのであろう。愚かなことにかかわり果てるのではなかろうか。今日のあの急病は全く心労の結果に過ぎまい。稟《う》けて生まれた愚かさは今更ドウもならぬ。行こう、行けるところまで行こう。そして其所に自分の命の安全を得よう。書けど思いつきぬ。奥様、峯子様によろしく。洋坊は今頃スヤスヤと寝ているであろう。　不一

大阪へかえればヨカった。

二　牛窪みね子

一九二〇年一月二七日／栃木県足利町東町／東京市小石川区小日向台町二の三六　小野塚邸内　細川直次郎気付　細川嘉六◇封書[4]

もう三十五日も済んで、だんだん寂しさが増すばかりでしょう。この間から書面差上げようと思いながら、御承知の通り大学では森戸問題が起って、徹夜までして忙しい日を送って居たのと、かれこれ考定めねばならぬこともあったので筆をとりませんでした。寒さと流行風の強盛な時節柄、御父上様にもあなたにも御変わり

はありませんか。御父上様によろしく御伝え下さい。

私も両親を亡くした経験、心に深く深く刻まれて居るのですが、月日を経過した今日となって見れば、親の死は私をして人生の味を私相応に考えねばならぬ羽目に立至らせ、而《しこう》して親の死なくてはトテモ私として到達し得ない有難い教導にまで運び出しました。死してその児を導く親の慈悲、報恩の心自ら起きます。

あなたも母上様を亡くされて、日尚お浅い痛々しい経験をして居られる有様、同情の感に打たれます。私は四年前、大学出て間もなく母を亡くしたその頃は歩くことも物言うことも億劫でした。併《しか》しよくよく考えて見ると、生と死は表と裏であり、亡き人の跡を思うて殊勝なる感情に今充ちては居るものの、母にして生き永らえて居るものとすれば、決して業縁《ごうえん》の深い私として、只今のごとき考は起らざるべく、今自分の罪障深き性分を悟り得るに至れるは全く母の死であり、母の死が深き反省にまで導きたりとすれば、死して尚お生ける以上に我を教化するというもの、親の恩や広大、これより以後は報恩の生を送らずばあるまいというに思至り、還《か》えらぬ後悔は懺悔となり、感恩となり、漸く慰安ある力を得る様になりました。御会い申す折には尚おいろいろ私のその頃の話も致しましょうが、何かの為めと思うて、今かく申します次第です。

先週の日曜にあなたに勧めたい書物と仏前へのローソクとを持って御宅へ参ろうかとも思いましたが、用事が出来て止めました。今週の日曜もどうかも解りません。御会いして話したいことがあるのですが、急ぐこと

---

(1)住友時代の友人。
(2)本書簡の清書原稿に「細川夫人書入レ」として、「これを入れるのでしたら、これがそもそもの始まりで、小林のもとに出したものです」とある。
(3)牛窪みね子の妹米子と小林清十郎の長男。
(4)嘉六がみね子を訪問し、直接手渡している。

でもなし、東京へ御出の折でもよろしいのです。その話は何であるか書面では十分であり得ず、又御悲しみの際いかがという人もあるでしょうが、これは御互《おたがい》に真面目な事件であるから、一応御伝えするのに差支はなかろうと思います。

それは私の結婚談――結婚談を書面ですると必ず私には破断となるに決まっているようですが――その結婚談をいうのです。私は先づ私の今持って居る感情から申しましょう、簡単ながら。

もし私を真に一生を共にするでなければ満足の出来ぬ人がありとすれば、私はその人の如何をかれこれ詮議せず承諾する性分です。

真に一生を共にしたいと思う人は、私の善悪をよく知りぬいて居る精神的の――極端なる精神的の人でなければならぬ。私は生《ナマ》ハンカの精神家には困《こ》まる性分です。私の過去はこの性分を善悪とも大胆に披瀝したもので、誤解も受け、正当な非難も蒙りました。併し私は依然この生活に満足するものです。

私は一生の事業として、世の事情が許せば五十年の生命を三十年に縮《ちぢ》めてもよりよき世界の創造の為に、学問探究に全身を捧げる覚悟を持って居るものです。真に一生を共にしようとする人はこの心持を同情し居る人でなければならぬ。

そして私は一生涯、真に裸一貫の男という所にビクつかぬ人でなければならぬ。

私はこの手紙であなたにかく申すのはあなた、若しくは其他の人に於て私のこの性分に打込みうる人を見出し得るかどうかを見たいが為めであります。普通の男は突然とこんな手紙は書きますまい。何も私はこんな男です、真面目な心でこの書面を上げますが、之れを一笑に付せられるのも意にかけるような男でもありません。この様な人的関係問題に於て一毫の無理も大嫌いな性分ですから。

心持は御解りでしょうが、先づ何所まで一致が出来るか、書面では十分ではありませんから御会いして御互に会得するより外はありますまい。微塵ほどの曇りない心の底を互に見て、人間らしい決心はなすべきものと考えますから。

今年は私も三十三歳、人生半《なかば》を超えて学問上何の見る所もなく、誠に哀れな話です。出来る限りの力をそそぎ、倒れて立得ない所までと思って昨今一層の力を研究にそそぎかけて居ます。

かかる状態で結婚話でもあるまいと思い、親しい友も止めたらどうだと忠告しますが、独身を覚悟し得ない以上、矢張何とか解決しなくちゃならぬ、とはいうものの、その心の下から家なく妻なく子ない気楽な呑気な一生を送ろうかとも思う。それも未だ会うべき人に会わない為めか。

とにかく簡単ながら思うままを書きました。あなたは何と御考えになりますか。御返事も面倒ならば御出しにならなくてもよい。

小林君は近々当地へ出るだろうとの話もありますが、忙しいからどうでしょう。洋坊や米子さんの便りがありましたか。

一月二十七（八）日　　細川嘉六

牛窪峯子様

三　**牛窪みね子**

一九二〇年二月二日／栃木県足利町東町／東京市小石川区小日向台町二の三六　小野塚邸内／細川嘉六◇封書

今朝は重ねていろいろ御世話様、汽車が動き出してからハット思ったが間に合わず——あの手紙を御手元に渡したままで別れたことが。多分あなたの手でポストへ御出しになったことでしょう。もし差控えてあるなら早速出して下さい。

あれからガランとした車中で独り寝つ起きつ思い通うし《ママ》たことは、我等の将来と現に問題となっている裁判事件[5]とでした。粉の様な雨の中を徐々に歩きながら広小路の或るカフェーに立寄り、コーヒとケーキとで朝食を済して学校の研究室に入ると十時半、権田[6]、糸井[7]両君テーブルに向い煙草をふかしながら話合うている。矢張り例の問題についてである。話が一段落済んでから、昨年末から今日に至るまでの事件の経過を日記体に三人とも協力で書き列べたが、互にどうしても覚《おもい》出せぬこともある。こうしている中に十二時、相変らず例のテーブルへ出て昼食、森戸[8]君来り、櫛田君次で来る。食卓のゴシップ（雑談）が一時間も続いてモー止めようと思っている所へ河合[9]氏来り、又渡辺教授[10]来る。森戸氏早稲田大学の阿部[11]氏訪問に行く。

櫛田、糸井、権田三君と私とが研究室へ帰えって各仕事に取りかかる。私はオッペンハイマーの国家論（英訳）を読続く所へ渡辺教授入来り、雑誌の「我等」所載の森戸事件に関する長谷川如是閑氏の論文[12]について問題を持出す。仕事をしていた私等四人、一人立ち、二人立ち、皆仕事を止めて議論例の如くやること二時間余り。渡辺氏去って四人とも各自のテーブルに向うて又仕事を始めたが、五時近く四人とも帰宅することにして学校を出る。小雨降るアスファルトの上を話合いながら三丁目までやって来て、各自の電車に乗る。

弟[13]の宅では今夕食という所、弟は出勤中で明朝帰るとのこと。机の上には小林君の書面ではなくて奥さんからの端書が来て居る。洋坊が風邪も平癒し、少し眼は悪るいが元気でいるとのこと。小林はどうしているのであろう、明日でも此間の返事を呉れるのであろうか。

夕食後読書に取りかかる為に机に向ったが、疲れている様で気がすすまぬ。止めようかと思う。然し又思い直す。櫛田君は専修大学へ今講義に出かけて居られる所だ。自分一人怠けてよかろうか。学問は針で井戸を掘るようなものという……こう考えている中にあなたのことが頭に浮ぶ。勉強する気になってカバンの中にあったワルドの社会学を読むこと一時間余り。読書を中止してあなたの許《もと》へこの手紙を書き出したわけ。

あなたがポケットへ入れて置かれた「朝日」が未だ数本残って机の火鉢の横にある。今日は節目正しい洋服を着ていることが出来た。その情《ナサケ》が又思出される。今頃は御父さんとどうしているかと小雨の中の足利を想う。御母さん亡き此頃の暮し、なにかにつけ寂しさのいや増すばかりであろう。昨日墓前で泣かれたという御話、私は胸にこたえる。今日は本家の仏前へ御頼みしたもの上げて下さったことでしょう。私はあなたの真心を通して御母さんに香花《こうげ》を挙げることが、又私を生み育てた亡き両親に仕えることと信じます。

---

(5)一九二〇年一月一四日、クロポトキン事件で森戸辰男と大内兵衛は新聞紙法違反で東京地方裁判所に起訴された。一月三〇日、東京地裁での公判が開始された（判決は三月三日）。

(6)権田保之助（一八八七年—一九五一年）。社会学者。このとき東大経済学部助手。

(7)糸井靖之（一八九三年—一九二四年）。統計学者。このとき東大経済学部助教授。第一部注(79)参照。

(8)森戸辰男（一八八八年—一九八四年）。社会学者。東大経済学部助教授だったが、一九二〇年一月一〇日付で休職となっていた。

(9)河合栄治郎（一八九一年—一九四四年）。経済学者。このとき東大経済学部助教授。

(10)渡辺銕蔵《てつぞう》（一八八五年—一九八〇年）。経営学者・政治家。このとき東大経済学部教授。

(11)安部磯雄（一八六五年—一九四九年）か。

(12)『我等』第二巻第二号（一九二〇年二月）の長谷川如是閑「森戸助教授筆禍事件の論理的解剖」。如是閑は「大学は何故に自から雑誌を回収したか」、「森戸氏は何故に休職となったか」などと論じて、「経済学部の教授会全員の教授としての学問上の資格、人間としての道徳上の資格……、これらの資格の全部に対して悲観的の判断を与えている」と迫っている。

(13)細川直次郎。三歳違いの弟。

迷霧多きに過ぐる不完全なる人間同士とはいえ、全身を上げて頼みうる微かながら曇りない真心に出会い得たことは何ものにも勝れた貴い仕合せと互に喜ばねばなりますまい。私達のこの喜びは又私達の親たちの喜び——幾層倍したその喜びであると信じます。こういう訳で今まで求めて得なかった心の落付き場所を今こそ得たという信念が出来ました。

形式は世の中の秩序を保っ為めの仕組だけの役あるばかり、形式をまだ履まないとて、それが何んでこの心を妨げるでしょう、仮令《たとえ》死という事件がわたくし達の間に突発したとて、それが何んでしょう、わたくしはこの大胆に聞える、動《ヤヤ》もすれば狂人めいた偽善者めいた言葉を敢えてここに始めて述べることが出来るのであります。小林夫婦始め友人たちはわたくし達のここに立至ったことを満足してくれるでしょう。

この手紙は後の為めに大切に始末して置いて下さい。「三日も物言わず」「出てゆけ」という小林の予言が的中して来たときの魔除けにしてもらいましょう。

まだ腹ふくるる思が致しますけれど、この後《アト》今少し何か読んで床に入ろうかと考えますから、これで書き止めます。

乍《ながら》末筆、御父さんによろしく。　早々

二月二日夜九時　嘉六

みね子様

形式がまだであれど、内輪の書面だから姓は略します。

四　牛窪みね子

一九二〇年二月一九日／栃木県足利町東町／東京市小石川区小日向台町二の三六　小野塚邸内／細川嘉六◇封書・毛筆⑭

それに私は今度こそ今までにない決心をしました。それは一日でも半日でも生きて居られる間は——どうしても事業の完成まで生きていたい——宿願である精神的大伽藍《ガラン》を人間の心裡に建立したい、せねばならないということです。精神的一大ガランというのは後にわかりましょうが、私としては人類の政治的将来に対し、今日の学問が導き得る極限の光明を発見することであり、発見の暁には之れが宣伝に力めることであります。この私の努力は今日に始まったことではありませんが、今度という今度は明確に思定めたのです。それにはあなたは私と共になくてはならぬ人であり、友であり、妻（従来の夫婦関係とは異る）であるのです。お互に慰安者として、光明として、激励者として。私は一時間でもこの努力の為には空消してはなりません。

私の今日のこの心を喜んで下さい。祝うて下さい。どうしてこの心が此の如く強くなりましたか、私にはよくは分りません。この心を十分察してこれを急ぐ為にはあなたも十分覚悟してかかって下さい。その手始めとして先づあの日に何とかして出て来て下さい。小さいコダハリはどうでもよいとして。

一両日前からオストロゴルスキのデモクラシーの研究書を読始めました。先覚の苦心の跡、快心に堪えません。今日も読んで来ました。明日も又やるのです。何所が面白いのか、それはあなたと或は夕食を共にしながら、或は歩きながら話す折が近い中に来るでしょう。お互いの深く感じたり考えたりする所を語り合うのが、そして一歩一歩広い世界を開拓するのが何よりの楽でしょう。

今晩は静な晩です。空には雲の吐《と》きれ吐きれに清い星が奥深く輝いています。地上には唯物観を懐《いだ》きながら、天上に神秘の光を認めずには居られません。この感情は私等の学問を左右する土台である様に思われます。

今頃はどうしています？　停車場も隠居所も火鉢のあたりも眼にちらつきます。二十三、四日には御出でな

（14）細川みね子により一～三枚は削除、四～五枚目のみ。

さい。待っていますから。

早々

二月十九日夜　嘉六

峯子様

勝太郎さんへ礼状を出しておきました。

櫛田さんは「奥さんの方が君より文字も上手、文章もよい」といって誉めています。私は「妻君が私に及ばないので悲観する」といいましたと抗弁しましたが、聞上げられなかった。余り名文を書かれると、宿六は頭が上りません。私も力めなければなりません。

以上

五　牛窪みね子

一九二〇年三月七日／栃木県足利町東町／東京市小石川区小日向台町二の三六　小野塚邸／細川嘉六◇封書・毛筆

御父さんによろしく。

只今（午後十時半）浅草の歌劇と曲馬（女子供の）とを見物して大内、[15]糸井両君と別れて帰宅したところ。手紙——朝起きる《ママ》から今か今かと待って居た——その手紙を見た。直次郎宛の絵端書の説明を弟妹にしてやった。私の出したのがモー手に入ったことと思う。その文面にある通り金曜日の会議は私の切ない覚悟に依って誰人にも満足の行く様に解決された。心配かけるほどの事でもなく、又この度ばかりという筈のものでもないから安心してくれと言うことも出来ぬ。併し私の心も一先づ落付いた。明日から又例の通り真剣にとりかかることになった。

昨日は朝からあの相談会に出なかった櫛田兄を尋ねて小川町の奥さんの宅や東中野の本宅を歩き廻ったが、不在で困った。四日に森ヶ崎(16)へ行ったというものの、今彼処《かしこ》に居るか解らず困ったまま大学へ出て、糸井君に例の通り仏語《フランス》を教わった。夕方糸井君と共に松岡博士から招待されているので日比谷付近の陶々亭（支那料理）へ出かけた。幸！　尋《たずね》廻った本尊の櫛田兄は来て居たので安心。会するもの上野、森、権田、大内、森戸、其他我等三人。支那料理は十数種、更《かわ》り更り出されたが、皆私には初めてのもの、スッカリ私は支那料理党になった程気に入った。西洋料理の会食と違い、呑気に気儘に食べて居られるので、落付いて気持がよい。老酒《ラオチ》も初めてだが、之れも又気持のよい酒。無邪気な面白い一晩を送った。十時頃解散。

櫛田兄とは小川町の宅へ帰るので同途。神保町の乗換を止めにして歩き出した。私は相談会の模様や私の態度及覚悟を語った。櫛田兄も十分満足してくれた。私は之れで心が清々した。飯田橋へ来かかると十一時、小川町の宅を叩き起すのは気の毒だから旅館に宿ろうという櫛田兄の動議に私も賛成して、帰宅するのを止めて待合ばかりの神楽坂を尋ね廻って、ようやく坂下の警察署の向《むかい》にある旅館に泊らしてもらった。火鉢を囲みながらいろいろ語合った。寝込んだのが一時頃か。

覚めると晴天。外には寒い風がピューピュー吹いている。食事は小川町の宅で御馳走になった。十一時近く

---

(15)大内兵衛（一八八八年―一九八〇年）。経済学者。東大経済学部助教授だったが、一九二〇年一月二九日付で休職となっていた。

(16)鉱泉や海水浴場のある東京近郊の保養地。現在の東京都大田区大森南。

まで語り合った。からだが弱っているので、引止むる櫛田兄に背いて帰えった。午食に粥を食べ、そして床にもぐり込んだ。机上の例の花を眺めながらあなたのことを思込んでいる中に、糸井君から何所かへ見物に行かないかとの電話である。気晴しにと思って出かけた。大内君も同行。公園内のすしやで蒸しすしを夕食に二、四杯酒を傾けて、何とかという歌劇の小屋へ行った。中途で止めて出ながら、階段の上で糸井君は一白舎の西洋料理よりも味がないね、二度と二度と来る元気は疑問だという。僕等二人は即座に賛成した。

中店《ナカミセ》の辺を通りかかると曲馬の小舎が目についたので、三人とも又入込んだ。若い女や小さな女の小供《ママ》が巧みな軽業を見せる。アンナ小供を育てて見たら何うであろうとフト例の通り思浮ぶ。可愛相でならぬ。生れ落《オチ》て人の子に何の罪があろう。人間の作りつつある、又作り固めた人の世の仕組と迷える人の心の罪だ。

峯子が私の恋であり、愛でなかったら、我はあんな女を妻にしたらと仮定してみたろう――薄命の女の為に！　私は人の子が人の子の労力とその成果を奪略し、推しも推されもせぬ人らしい生活を晴々と送り得ない状態に置いて平然たるこの世の中の姿には尽きぬ不平不満を懐いている一人だ。世にも憐れなのは奴隷の状態に暗い生活を送る様に習慣付けられている人の子、殊にその状態に陥っている婦女子である。糸井君は小屋から出かけながら、法律で禁止は出来ないものかと言った。私と同じ思を持ったのであろう。そして軽業の修得には飢えと鞭との二つが必要だということだとも語った。虐げられたものの為に泣かずに居られようか。横暴に憤激せずに居られようか。

今日常次郎[17]は大久保へ家探しに出かけたが、三十五円のが一軒あったばかり。これは私には及びも出来ぬ。大内君の今日の話によると多分今月中に友人の家が（大久保）空《ア》く筈とのことで、交渉を頼んで置いた。どうなるか。久保さんの奥様から電話で五月に大久保に一軒（二十五円）空くが如何、それ迄は私の所へ二人とも寄寓してもよいとの話であった。考えて見る様に返事述べて置いた。マッチ箱の様な家を持つことすら容易でない。ケチ臭い世の中だ[18]。

少し疲労しているから、これで筆を止める。毎日あの赤い袖の寝巻が目についてならぬ。この次には心中のいろいろの思を書こう。　早々

三月七日　　かろく

峯子様

六　牛窪みね子　一九二〇年三月一三日／栃木県足利町東町／東京市小石川区小日向台町二の三六　小野塚邸内／細川嘉六◇封書

只今（午後八時）櫛田さんと石切橋で別れて帰った所、机上にはあなたの三度目の手紙が乗っています。過去の春のいろいろの思い出聞く私は同情して聞いてくれる他人ではなく、同じ血の同じ鼓動をなしながら廻《め》ぐっている他の私となった深い因縁をただただ感ぜさせられるばかり。この手紙には明日あたりキット私から書面が着くだろうと書いてありますが、この三日間はとうとう病床に倒れざるを得ない羽目に陥っていたので、昨日午後床の中で第二回の書面を受取ったまま筆もとらずに物思いに沈みながら過しました。

事の起こりは全く私の乱暴から、倒れる一週間程前から妙に寒さを感じては居たものの、無理推ししては寒

(17)細川常次郎。七歳違いの実弟。
(18)清書原稿には、「ここから約十行削除、細川夫人の検閲通らず」とある。

い夜風にさらされて過したことに始まるのです。又、例の肋膜炎が起るかと内心ビクビクしていた所、三日半程神妙にも安静にして居たので昨日から熱も平生に下り、今日から学校へ出ることが出来ました。読差しの書物を読んで居ると、櫛田さんが珍らしく出て来られたので二人で学校を出ました。神田で夕食を済し、それからコーヒを飲みに行き、それから神楽坂の活動写真に入り、それから石切橋の際のミルクホールで熱い酒ではなくて牛乳を飲み、櫛田さんは小川町の奥さんの里へ、私は弟の宅へと別れたわけ。学校から宅へまで始終二人とも散歩しながら語合っていました。思えば二人とも漂浪癖浪人癖の男、肋膜炎も何も会うと忘れるという困った代物《シロモノ》……。

マッタ、こんなことを書くつもりではなかった。又小言を聞かされ、心配をかけるのであろうと思われるが、先づ先づ難なく癒《なお》ったから安心をして御免を蒙りましょう。熱はモー無くなったのだから。

櫛田さんは大学を退いて専心多年研究された経済学史をこれから著述されることになったので結構、明日大阪へ一寸旅行なされるそうです。

病院生活の話を聞くと、私も丁度大学を出た真際、風邪が原因で哀れな花の節を送ったことが想出される。否、聞かされる前に既に床について寝ながら往いた春を想出して、又今度も始まるのではないかと不安に思って、この三、四日を過していたのです。そこへ持って来て半生の病気話だから妙な巡り合せ、不思議なことで一つの心が二つの肉体に離れているようなものですね。あの曲馬曲芸のこともそうであった。月経のこともやっぱり不思議!!

病床であの文学評論を半分以上読みました、あなたがこちらへ来たら読ませたいと思っている。面白い本だから、森ケ崎で二人であぁして私は読んでいたのを覚えているでしょう。夢のようだ、美しい気持ちのよい。二、三年は二人とも無病息災で生きていたい。自然が私等にこの幸福を許すなら、私は煙草は愚か何んな禁慾でも養生法でもやるから、どうしてもこの間に私等の精神内に包蔵している一切に目鼻を付けて見たいものだと思う、願う。それでないと生れた甲斐もなく、今はない二人の親が自然とかく迄に苦闘して育てて呉れた大恩の万一に報いることも出来ぬ。又、学業を修める為に男を屈して他人の世話になった義理にも済まぬ。私等二人はお互に一日でも共になくてはならぬ。無事でなくてはならぬ。かくまでに精神的に肉体的に運命づけられた以上は、一日でも離れ離れになって送ることは非常な無理というもの。又この大切な二人の生活に無益な障碍《ガイ》を投ずるわけだから、一日も早く一所になるように力めて下さい。四月二日には是非出て来るのですよ。家のことは心配しなくともよい。当座のことは何とでも都合しておけばよい。私等二人の目指している事業は生命だから。

真理を求める学者、思想家ほど一面からみれば世にも哀れな貧乏籤《くじ》を抽《ひ》いたものはあるまい。夜も楽々寝ず、昼は勿論陰気な日を見るばかりのことが有勝ち。求めた真理に辿《タド》りついた喜びのあまり大きな声を出せば世間は大騒動だ。社会の秩序を破り、朝憲を紊《ミダ》すと叫んで、その結局は世間から指弾され、因業な人間の作出した応報を受けさせられることとなる。それが厭なら止めたら善い、平和な月日を平和に有難く送ればよい、とは云うものの、併し幾多の悲劇を生んでも止められぬが人の子の恋《コイ》だと同じく、真理《マコト》に対する人の子の憧憬《アコガレ》である。この恋、この憧憬の勝利こそ、生きたものの歓喜であり、往生である。

男は己を知る者の為に死すという、男に限ったことではない。浮き川竹に身を沈めている女でも矢張りそうだ。或は却ってそうだ。人の心のはかなきを日夜に見るにつけ、誠の皮だけでも誠そのものと思込みたいが、その心の願いだから。あなたの年月永い苦悶を涙ながらに聞かされたとき、私は白状する、崇厳《オゴソカ》な気持にうたれてしまったのであった。私は何も言う言葉がなかった。その時、私は唯あなたと離れては私は此儘《このまま》悲劇の連続——一生思うて求めて得られないものの滅亡から生ずる——を背負うより外はないと、愚かな心にも感得したから今の二人になったといった。私等は落《オチ》付く所に落付いた。これからは山も裂け、地も砕け、それは何んだ、地獄にも落ちよ、それが何んだ。知る者の為に人は生きよ。人は死せよ。生まれたからにはそれ丈け位いするのが人の子の道だと信ずる。

以上、十二日夜記

煙草、談話、読書、茶菓子、散歩、読書会等で一日を送って、夕方には一時間前かと思われる頃、「土曜日だから少し早いが帰えろう」と糸井君に誘われて、彼は学校を出た。後から権田君がやってくる。糸井君「少し散歩してゆこう」。細川「それでは上野を廻るか」。放浪癖の細川の提案は大ゲサだというので、駿河台を通うって行こうということになった。相変わらず研究室流の洒落《シャレ》やら議論やら揶揄やらで快く歩む、駿河台で独逸書店のガイスラーに立寄る。

神保町で権田君の本家行くのに別れ、後は糸井、細川二人で放談しながら夕暮れの九段坂、神楽坂を通うる。大学生時代の奇行や妻帯しては勉強が難《ムヅ》かしくなることや、学者の懐疑的な妙な生活や書物の厭な程沢山出て来ること、鶏の交接の奇現象の実験談、それから子供はこの実験を真とする以上、自分のものか社会のものか解らぬこととなるなどと語りながら歩んでいる中に、肴町の停留場へ来てしまった。

糸井「今晩僕の所へ行って飯を食おう」、細川「行くとすると十時か十一時になるだろう。之れでは肋膜大明神の祟《タタリ》も怖《おそろ》しいから今度は止めよう」。折角な友人の勧めに躊躇はしたものの、如何な放浪癖の細川先生も肋膜大明神には恐れたものと見えて、遺憾な顔をしながら断って友と別れ、家へ帰った。

足利には妻はどうしてこの二、三日手紙が来ないのだろうと不思議に思っているだろう、心配をして居ないだろうかと、彼は面構《ツラガマエ》に似ず、自分の机の上にかばんをドサリ置きながら考えた。妻が立つ前に整理して呉れた机の辺《アタリ》は日が立つにつれて大分乱れだして来た。机上の一輪指しの花は勢がなくなった。彼はハンケチの香りを心ゆくばかり嗅いで見た。そして恋は無限の歓喜であると共に無限の寂涼であることを、泌々《しみじみ》と彼は感ぜずには居られないのであった。

一昨日、彼は病床から出て気持よく午後の日光に日向ボッコしながら、庭前の梅がモー開くばかりの脹《フク》らみの力強さを示しているのをながめて居た。フト何を思うたか、その弟の妻に吩《イイ》付《ツ》けて自分の妻の寝巻を乾《ホサ》せた。女らしい色、女の香り、何も知らぬは彼の義妹である。彼は愛恋の情に堪えぬ様子である。呑気に煙草をふかしては居るが、縁側を例の癖の通り漫歩しながら乾せたものを時折眺めては考込んでいるのであった。熾烈なる情愛に相抱擁したその痕跡も印せられているではないか。霊肉の一致という、それはただ相恋うる者が相抱擁して、その時その所を虚無とせるその状態に於てこそ言われることと迄《ママ》で彼は考えるのであった。

男女の恋愛をただ生殖欲の衝動とばかり観るときに、正気の沙汰ではない血の迷いだということも出来よう。恋愛には他の動物と同じく生殖欲に基く所少くないことのあるのは言う迄もないが、人間の精神的発達に於ては尚おその上に男女相互の精神的要求の熾烈なるものの、その人その人に従って程度こそ異《こと》なれ、加えられていることは拒《イナ》むことが出来ない。即ち恋愛は一面精神的であり、一面肉体的物質的である。霊肉の合致である。物心の諧調である。人生何の幸か、之れに越したものがあろうか。人間の生活に於ける神聖なる一大事実でなくて何であろう。この一大事実を通うして人は無限の世界に入るのであると信ぜられる。

もう春らしくなった。宅の庭の梅は開くばかりになっている。手水鉢《ちょうずばち》で手を洗おうと思って手を出した途端に、梅の枝から小鳥があわてて飛立つのを見た。鶯であろうか。午食後、校内の庭を例の如く散歩するが、時折帽子なしでお互に出かけるようになったのもこの暖かさの為めであろう。こんな天気の日には奈良の二月堂の回廊から高からぬ低からぬあの山々を見渡して見たいものだなどと、ありし昔が思出される。あの時分はまだ今より後れて居たろう、若葉若草が和らかい日光に湿《ウル》んだ光を浴びていたから。

今日の午後、研究室の茶の時に森ケ崎のいろいろな話が出て、櫛田さんの逸話が可なり話題に上ぼった。その折に海苔が泣くぜと私が口挿した。「之れは又一段と奇妙だ！」と皆な笑こけた。糸井君は「可笑しくて言葉も出ないよ」とようやく言う。笑の静まるのを待って、私はその訳を話した。権田君は「細川君は詩人だ」といってとうとう詩人にまで推挙されてしまった。海苔が鳴く、この大発見を妻君と共に春風に吹かれて歩きながら発見したということも出来ず、心の内で森ケ崎のあの折のことを想出していた。

以上、一三日夜記

今日は日曜でショボショボ雨だ。電話二ヶ所へかけて用向を弁じて置いたが、外出する気持がせぬ、行かねばならぬ所もあり、訪いたい人もあれど、体の精《セイ》であろう、気分がよくない。閉ぢ籠《コモ》って本でも読んで暮らそう。一家皆揃うて在宅、朝から弟二人で蓄音器をやっている。昨夜求めた浪花節「小松嵐」を繰《クリ》返し楽しんでいる。

生きて行く丈けの僕の生活資料をせちからい世間から受けて、その一隅に少年から青年、青年から壮年、老人と送り迎えて行く我等の境遇哀れと云えば哀れなものだが、その中にもこうした閑日月《かんじつげつ》を楽しむことが出来るのが生活の妙味であろう。この妙趣を享楽し得るものは富貴栄達の者に限る訳ではない。これは人間の境遇に因るのではなく、その人々の道徳的力に因《ヨ》るより外かない。この力あるに依て如何なる苦難も化して甘露とならざるを得ない。ますます力ある自由への導きとならざるを得ない。私は世の中に苦楽がないと信じている。何事も何物も私等をして最後の悟達に入らしむる為には皆必然な運《めぐ》り合せと考えられるからだ。死も亦然りだ。クヨクヨいらいらするのは、それは人の子のヒガミだとしか思われぬ。

まだまだ書列《つら》ねたいが、少し疲れて来たから今回はこれ丈にしておく、それにあなたも毎日書面を待っているだろうし、いろいろ書いて見たく思うたが、気乗りがしないのでツマラぬ事ばかりになった。この次に何か面白く書こう。

からだはモーよくなったのだから心配せずに居てもらいたい。手紙を待つ。

早々

三月十五《ママ》日　嘉六

峯子様

七　牛窪みね子

一九二〇年三月二八日／栃木県足利町東町／東京市小石川区小日向台町二の三六　小野塚邸内　細川嘉六◇封書

二十一日発の書面見た。同時に小林からのも見た。そして返事は小林の方へ丈《だ》け書いた。小林から折返し昨日返事が来た。書面を書くのが最近面倒臭《クサ》くてならない気持がして居るけれど、我慢して手紙を書いて見たが一向気乗りがせぬ。妙な文句ばかり出される――自然に――忌々しくなって手紙を止めて今度はハガキにした。三行半で用事が済んだ。足利の都合のよい様に延期してもよいという賛成説を書いてやった。世間体とか何とかゴタゴタしたことは出来る丈け避けろ。近頃は森戸事件以来こんな問題で困った為め人事問題では可成《なるべく》アッサリした所が欲しい。モー賛成説を出したからには心配しなくてもよいよ。病気になられた時にはソレコソ大変だから。

書いた序《ついで》に又何か書くか？　モー用事は済んで居るのであるけれど、書いてもドコで止めるか解らぬし、又二度と読返すことはしないのだから間違いも沢山あるだろう。何なら読まなくてもよい。モー煙草を止めてから四、五日——今日で——。糸井君も権田君も皆止めたものだから。そして強い煙草を始めだした本尊の私は煙草を原因にからだを可成養うて近来居るのであるから、トウトウ思切った。併し時折咽喉から手が出される程に欲しい気がして落付かぬことがある。今も丁度飲みたいところだ。モー五、六日も試験して見てどうしても反対にからだが禁煙の為に悪くなる様なら、相変わらず喫することにするつもり。今の所、煙草の濫喫《らんきつ》で旧い肋膜の所が妙に厭な感じを起すようで面白くない。兎《と》に角止めたから案内しておく。安心してもらっては後になって心配されることになるから、私としては案内だけする。安心は願わない。

一昨日帰宅したのが一時頃だった。研究室から午後早々櫛田、権田、糸井の三君と私とで目黒に居る権田君の友人で木彫界の天才川ト邦世[19]君を訪問に出かけた。その前日にハガキを権田君が出して置いたのであったが、在宅かどうか疑問にも思われたので、居なかったら日本橋へ出て櫛田君の送別会を四人でやろうという第二案も揃えて置いた。

併しそれは不要の心掛けであった。権田君と櫛田君とは先づ川上君の玄関へ入る。後《おく》れて行った私と糸井君との為に「居た、居た」と言いながら、間もなく権田君が出てきた。川上君在宅！　ヨシと言い捨てて糸井と細川が付近の酒屋へ行く。そして「最上等の酒二升」を川上宅へ届けてくれる様に酒屋の主人に命じた。

集りも集ったものだ。主人の川上といい、権田といい、糸井という、櫛田、細川という普通の人間ではない、皆夫々片輪者ばかりだ。しかし蓼《タデ》食う虫も好き好きというか、片輪同志の相求め、相集まるのも自然な道だ。不思議はない。世間の黄金道は片輪では通られぬ。通られぬから骨折をしても見ない。が併し、生きて居る間は賑やかな黄金道の近所に居なくちゃならぬ掟だから、時折忌々しい心も起きる。そこでそれ片輪同志の会合という丁度今の様な場合が起きる。

五人で飲んだ、飲んだ、語った、語った、飲んだ、飲んだ。細川は例の通り大の字で寝込んだ。権田君はかれこれと枕や何や世話した。川上は義太夫を世間を通り過した声でやり出した。トーハチケンが不思議にも驚くべくも櫛田から始った。権田、川上連中が歌う。寝て居た細川が妙な踊りを始め出した。踊りの終らぬ先に相撲《スモー》が始まる。糸井対櫛田、川上櫛田、川上細川、細川櫛田の組合せで腕撲、足撲《スモー》、根競《クラ》べ、意地競べ、腕も足も折れぬばかり。川上と櫛田とは両大関株。

小便に立つのも厄介だ。用捨なく二階の室から隣家の屋根へ放捨する。川上、権田、細川は矢張行儀が悪るい、ソコに行くと糸井と櫛田は違ったものだ。併しこの二人も保証は出来ないが、近来の野性を発揮したものだ。遺憾なく吐いたものだ。川上と細川、糸井とは初対面だ。櫛田はこれで二度目。皆、権田の媒介だ。川上は今私の机上にある女郎屋を描いた男。別れて帰える前に糸井に古風なドンブリ（陶器）の大きなものを、序に細川には之れも劣らず古風な酒徳利（陶器）の妙なものを呉れた。貰った二人は酒の力で運んで行くには危険というので、権田は二つの贈物を抱えて出た。安全な権田も矢張危険だったことは後でわかった。というのは院線の電車に入ってから徳利を枕に寝込んでしまったからだ。酒中の妙趣はこんな筆では現われないからモー止めた。

昨日櫛田さんに会ったら、東中野の宅の付近に丁度新しく家を四、五軒建設して居るものがあるので、今朝奥さんを見にやったといって居た。何から何まで御面倒をかけるものだ。

細川には非常に他人に誤解される癖がある、之れには私も日夜一緒に居るものとしては忠告して置かねばならぬと思って居るのである。併し根治しないとは察して居るのではあるが、その癖というのは気心を許し合っ

---

(19)川上邦世（一八八六年―一九二五年）。彫刻家。川上冬崖の孫で、高村光雲に師事。

た友人間では片意地な潔癖を有って居る彼も全くそれはホントーに全く世話をかけ、厄介になるのは平気の平左《ザ》に思い込んでしまうことだ。彼の心の内では己を知る友の厄介になるのが世知辛《セチガラ》い世のなかで、片意地のドウともされない男には愛も異な味のするものだが、許せばこそ厄介も厄介だと言われなくなり、思われたくなるのであろう。併し本人に聞くと時折懺悔するのである、彼自身ほど他人に厄介になるのが平気で、そして他人の世話の出来得ないものはないと言うのである。

他人に世話をかけ、厄介になるのを忌嫌う彼が許した友達に対すると全く打って変るのが妙だ。或人は、彼の不明の罪で狎《ナ》れる根性からだというたのがある。併し之れとても全く彼の気持を表したものではなかろう。彼の性来は強烈な熱情に生きる、生きねばならぬものなんだ。こう云う性質の男は直に普通の人間が酒に酔うた或《ある》場合と同じく、自他の境界を取払《ハラ》うものなんだ。こう云う手合に礼儀や何やと責めると却って妙なものが出来上るであろう。直ぐと自他の境界を取払う所が彼の妙所であり、短所なんだから。

櫛田君との間柄も矢張これだ。彼の妻たる人[20]は片輪の彼の為には補う所が非常に沢山あるのを発見することであろう。女房として、世話女房として、それに又恋女房としては働き甲斐が沢山あるであろう、という話だ。

何も落書だから未だ書こうか。四月一日から十一日頃まで学校の方は春の休業だ。旅行するに意力、体力があっても、黄金力の不足している者には一所決定の必要がある。花が深山の奥に優な風情を示そうが、鳥が谷間にどんな妙に歌うが、この必要のある以上、春駘《ママ》蕩の気持は胸中方寸の中に堪《タタ》えて余りある。その真の性根に帰らねばならぬ。この帰らねばならぬのは忌々《ママ》ではない。生れ落ちてからの習慣で至極自然な段取りだ。

糸井と細川はこんな約束した。昨日（土曜日午後）帰路を神田にとりながら、休日も矢張毎々研究室で仕事を続ける。そして気乗りがしたら荒川だろうが、浅草公園だろうが、何処だろうが、飛出すことにしてやったら面白い、ね、そうしようというのであった。

細川の胸の中では未だ一つ面白いことがある。それは細君が四月末でないと上京せぬというのであるから、細君というものはその相場厄介者と定まっているという公式がある以上、この公式を例外なく根拠あるものとして、呑気に桜咲く春の都会生活を鑑賞しようという胸算である。「困る」ということは人間にはないものだ。あるようになってはモー「困る人」になってしまったものであるという彼自身の哲学からして、春宵一刻価千金という春の日に妻君の居ないのも興趣又一入《ひとしお》と思浮んだのだろう。これは月は満月のみをみるものかはと何とかの粋な坊さんが言ったともいう、それに先例を発見したのでもない事は確実だ。彼は何でもよい、生きてる間「苦楽」「家達《ママ》」を馬鹿にしてかかろう。無いものにして見ようとしているのだから、豪気なものさね。

細川は近頃勉強が過ぎるようだ。日夜起居を共にしている私としても心配になる。足利に居る彼の妻君に知らせてやりたい、喜ぶというよりも心配ごとだといってやろうかと思っている。彼は生きて居られる年を計算して見たのか。学問的立場を持たない自分を顧みるに至ってからなったのか。又研究室に居る期間は何うかすると彼自身の意志如何では今年中丈けに短縮しないかとの掛念《けねん》から仕事を急いで居るであろうか。私の考では矢張勉強自身が面白くなったのであろう。之れが主なる原因だろうよ。何でもよいから、弱いからだを無理に使わないようにしたいものだが、側《ソバ》に妻君でも居ないと私一人ではどうしてやればよいのか困ることだ。男同士だから気の付かぬ間抜けばかり多い。後は例の十九世紀末か二十世紀初頭頃に出来た洋服を着て外套なんかは少々寒くても廃止して、朝早くから学校へ行く。定った仕事として新聞を午前中読む。午後から頻《シキ》りとテーブルに向うて何か専門の書物を読んでいる。併し何をやって居るものか、私には解らぬ。辻褄の合わぬ学問を

(20)櫛田ふき（一八九九年―二〇〇一年）。女性運動家。戦後は日本婦人団体連合会会長となる。

やって無茶苦茶に終るのではなかろうか。疑問だね。止せば善いのに学問なんか燻《クス》ぶった妙なものをやってさ。それに性根や天分には疑問と来て居るではないか。併しこれは人性の悲劇であり、人生の喜劇というものかな。一寸見ているのも面白いね。本人の先生にはお気の毒だけれど、学問か、ハハー、フフーン、ヒヒー、アハッハー、シシー。

「いろ々の声が下界からかすかに聞える。少しクシャミが出る。誰か又何か言っている様だ」

もうこれで書くのは止めた。書いたとて碌《ロク》なものが出来るでなし。

ソレはそうと煙草が又喫《の》みたくなった。モー午食《ひるしょく》だがどうしたものか、あの紫の煙が恋しい、慕わしい、なつかしい。どうしたものだろう。こんな苦しい思いをするのであると始めから知って居たなら、喫みはしなかったろうに。今ではどうしたものだろう。一寸だけ一吹《プク》喫《す》おうか、一寸だけ。さて困ったことになった。その一寸だけにはなかなか済まないことになるは必定だから、一層のことネッから止めたがよかろう。しかし変だな、頭の中が、一寸一吹《プク》、一寸、否々、否々否々ではない。一寸、否々。困ったものだ。

末筆ながら百ケ日には花とローソクを仏前に備えることは忘れぬように頼む。お父さんによろしく。手紙をすぐ出せよ。こんなに永く書かないと、私は益々年をとらないことになるから。

からだはどうなんだ。知らせてもらいたい。

三月二十八日　　嘉六

峯子様

第二章　中国から

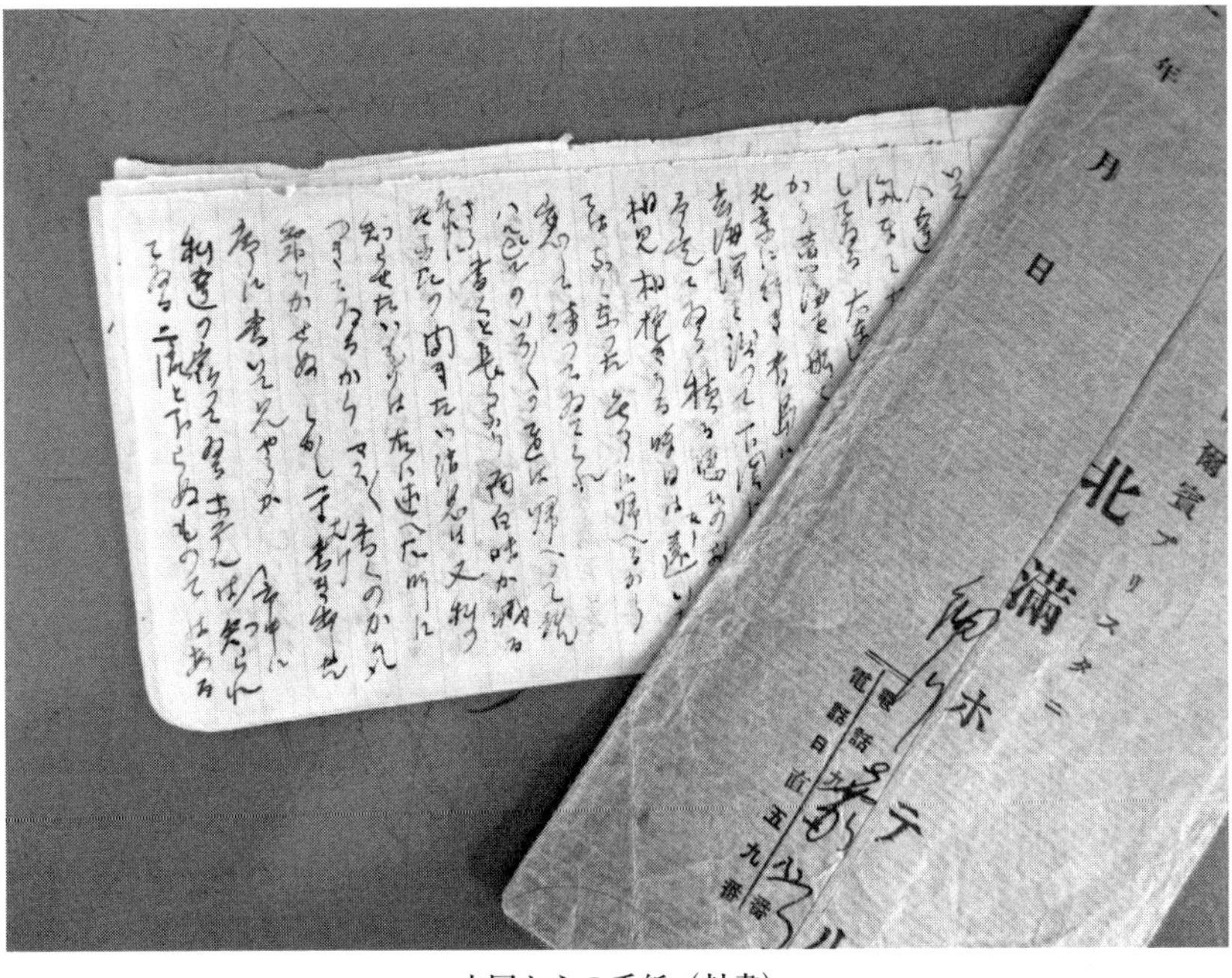

中国からの手紙（封書）

八 細川みね子

一九二〇年八月／兵庫県武庫郡西ノ宮川尻二六〇一 小林晴十郎様気付／満州五龍背にて／嘉六◇絵葉書

無事、息災にて旅行を続けてる。京城に四泊、平壌に一泊。今夜、安東県に着いた。満州の土を踏む始りだ。苦力《クーリー》の人力車で小雨降る中を諸所見物して午後四時発車、同五時、この五龍背に着いた。平野の中に唯一つ温泉旅館あるばかり。村らしいのも見当らない。ステーションもこの温泉の為めに立てられてるといっても差支なかろう。緑の小丘の上にポツリ立てる西洋館の一団が案内書に名高い五龍背の温泉場だ。安東生れの若い支那人にカラダを洗ってもらい、只今（七時）ランプの下で夕食を二人[21]で済した所、室は洋館の離れ屋、給仕女は本所《ほんじょ》から去年来たという千葉県生れの中年のお婦《ママ》さんであった。外にはコーロギが鳴いている。理《わ》けがわからないが、支那人の俚謡《りよう》が遠くに聞える。

この十時の汽車で奉天に向うことにしている。明朝七時に着く筈。

小林君夫婦によろしく。

早々

九 細川みね子

一九二〇年八月三一日／兵庫県武庫郡西ノ宮川尻二六〇一 小林晴十郎様気付／哈爾浜《ハルピン》プリスタン北満ホテル／細川嘉六◇手帳の切れ端 四片

いろいろの所を見物し、いろいろの人達に会うた。ハルピンはようよう何であるかが、わかるようになった。今晩七時の汽車で大連に直行することにしている。大連で四日程逗留。それから黄海を船で天津にわたり北京に行き、青島に出て、又船で玄界洋《ママ》を渡って下関に帰着する予定でいる。積る思いのお互が相見相抱きうる時日はもー遠いことではなくなった。無事に帰えるから安心して待っていてくれ。

　ハルピンのいろいろのことは帰って話そう。書くと長くなり、面白みが減る。それにそなたの聞きたい消息は、又私の知らせたいものは右に述べた所につきているから、ますます書くのが気乗りがせぬ。しかし、一寸丈け書出した序に書いて見ようか。

　私たちの宿っているホテルは市中に知られている二流と下らぬものではあるが、しかし私達の今まで宿ったホテルとは比較の出来ない程野蛮な、呑気な、不潔なものである。ダダッ広い、人でも居なければお化けでも出そうな三階建ての洋館である。昨年の春まではロシア人のお医者さんの病院であったが、露シヤ《ママ》がこの通りの混乱状態になったが原因で、お医者を廃業して今はホテル一室に家族と共に暮らしてる。明日の空はどうなることかと心配してるのであろう。

　糸井さんと二人で三階の南側の端の一室を占領して仮りの住居としている。二、三日も寝起きしている中に住めば我が家だと思われるようになった。主人は日本人、女中は皆日本の若い女連中。門番はロスケの大男、兵隊となってサンザン、ロマノフ家のために、ケレンスキーやコルチャックやセミノフやの為めに諸所奉公した上げくの果て、妻子、親達にわかれて露命をホテルにつないでいるのであるかも知れぬ。軽蔑してはならぬ。

　この宿には日本の将官佐官も宿って居れば、領事官、実業家も居る。ロシア人もいればインド人も居る、面白いホテルである。停車場から十五分もかからぬスタールハルピンやプリスタンの繁昌な町、フーチェチェン、其他・ニュータウン――何が何んだか書いた丈けでは解らぬであろうが――の間に位していて、何所へ出るにも都合がよい。場所はプリスタンのノオゴロドナ街とボレワヤ街と相横ぎっている角である。

---

(21)同行者は糸井靖之。

ハルピンに入るとサスガはロシヤ人の創造した都市丈けあって街区の規模が大きい。広大な原野にロスケ式に大きく始めたものだ。百万二百万の人々の大都市を興す考えであったとのことだ。この五、六年の中にそれが欧州の大戦となり、ロマノフ家の滅亡とケレンスキーの出現となり、過激派の勃興と反過激派の争闘となった。ロスケの家はガタガタになった。ハルピンもその通り。

此所へ私達がこうして居付く迄はハルピンは命懸けの所とさえ思われた位であった。しかし今の所、ピストル騒ぎや、強盗、窃盗、強迫の様な事件が起る丈けであって、一面平穏である。平穏とは言うものの、この平穏の中には人間のいろいろの罪悪がぬたくってる、生き生きした人間のエネルギーが躍動してる。喜びがあり、悲しみがあり、平和と混乱とが隣合うている。

ロシアのユダヤ人は富み栄えている。傍に衣食の道に困窮し、盗人となるもの、操を売るものの哀れがある。独占の我利に得々たるものがあると見れば、一つ鍋の中を分け合うているものがある。無一物の天下泰平、三日した乞食が忘れられぬというが、あるいは巨富を持ったが原因で付きねらわれて安き呼吸が出来ぬというが。あるロスケの若い男が昨日、食料品店の前で店の何か摘んで食べたとかいうので、因業な支那人に口ぎたなく叱られていた。ロスケの若い女が夜の公園をウロつく。五円十円で操を売るのであろう。金持ちは或は鉄道クラブに、或は公園劇場に、或は商業クラブに、星月の明き夜を涼しい風に気持よくオペラに、演劇に、賭博、酒色、虚栄に午前の二時、三時までも夢中になっている。

ロシア人、支那人、日本人、英米人其他種々の人間の寄合せ所帯であるこの地で一番巾《はば》をきかせて居るのが支那人、ロシア人中のユダヤ人であろう。一番困窮の底に居るものの多いのはロスケの職を失い、夫や親に分かれたもの、避難して奥の方から来た連中であろう。

まだまだ書けば沢山あるけれど、少々床の中で横になり、仰向けになり、ウッ伏して書いているのであるから疲れて来た。ホテルの私達の室の外は往来道であるが、今夜も亦、馬車、自動車、人、犬猫いろいろのものが毎日の様に歩いている、走っている、駆けてる、賑やかなことである。

　向側のベッドに寝ていた糸井さんが起き出した。モー書くのを止めようか。之れから朝飯を済して二、三ケ所訪問する所があるから――それに夕方七時出発であるからモー之れで止めよう。北京についたら又書簡を差出そう。御機嫌よかれ。

　お父さん、小林夫婦によろしく。　早々

嘉六

三十一日

みね　殿

一〇　細川みね子　一九二〇年九月二〇日（消印）／兵庫県武庫郡西ノ宮川尻二六〇一　小林晴十郎様気付／支那　北京東長安街東安飯店／細川嘉六◇封緘《ふうかん》葉書

　　この手紙も読直さない、読悪《にく》いであろうが。

　そなたの事を想継《おもいつづ》けて暮しながら汽車に乗れば一日、二日も乗通うし、目指す場所に着けば見物やら訪問やら心忙しく打暮す旅先のこととて筆とる余裕はない。筆をとってイザ書出そうとすると頭の中はイロイロサマザマの思出が湧出して、何か言送ろうか選択に困り果てて、平生筆不精の為めに文章の満足に運ばれぬ欠点が益々増すばかりである。

　只今午後十二時過ぎ、モー午前一時になるであろう。北京市中の真中東安飯店《パレースホテル》の一室で、独寝のベッドの上に臥しながら遠くそなたの身の上に千々《ちぢ》の思いを走らせて、今日の、殊に今晩の印象話を書いて送ろうと思う。

　このホテルは支那人の経営で西洋式の北京に於けるホテル内で一流ならずとも二流と下らぬものである。昨日午前当地に着いて、直に先づ第一流の北京《ペキン》大飯店《ホテル》に投宿したのであったが、旧友で住友の北京出張員である河村君に計らずも相会う幸なる運合せに接して、直に今日から当ホテルに止宿することにしたのである。河村君は二階の端の一室、それから一室隔てて私の室、その隣が糸井君のと相ならんでいる。

　只今外出から三人とも帰宿して、一寸《ちょっと》糸井君の室で語らいながら別れて各自の部屋へ入った所である。私はそなたの為めに書面を認めずにはトテモ寝入られない気がして、今こうして夜更《ヨフカ》しを継けている。

　部屋は六畳ほどの広さ、西洋式に諸道具――テーブル、鏡、洗面器等一切の家内道具――も揃えられてある。ベッドの四方には小な柱が立てられ、上と三方とは白い布で覆《オー》われてある。

　今日は忙しい、又印象の深い日であった。朝まだペキンホテルに居たときは昨夜の宴会――日本の或料理屋兼芸者屋で開かれた――で夜更しした為めに二人とも朝寝をして起きたのは十一時近く、朝食は食《ク》いハグって空腹をかかえながら十二時半からの昼食を待ちあぐんでいた。

　食事済んでから予定の通り北京の山の手とも云うべき北の方の北京大学へ人力車を飛ばして旧友で同窓の陳啓修君を学校に訪ねた。生憎《あいにく》出校せず私宅に居るとのことで引き返えして私宅へ行ったが、今度は外出という門番の申立てで東安ホテルへ河村君を訪ねて行った。

　丁度河村君が北京ホテルに逗留中の住友店員で私とは旧知――私たちが大阪に立寄った折も会った。その折、一週間程少し遅れて北京へ、行くから会おうと約束――一昨日は到着まで会見した――寺西将軍(22)の所へ用事に行くという所なので同途してホテルへ戻った。糸井君と私とは部屋専属の浴槽で一浴している中に河村君は用事が済んでやって来てくれた。東安飯店へ引越の用意もペキンホテルの支払いも済し、序《ついで》に七階の屋上庭園に一寸散歩してから人力車を飛ばして約束の通り五、六丁ばかり隔てた当ホテルへ投宿した。

三人でデンキの下に夕食をやっている所へ寺西さんから食事を中止して直ぐ正門外の某料理屋へ三人とも来いとの電話がかかったのであった。

直ぐ人力車を飛ばした。胃の腑へ入れたものが妙に落ち着きが悪るい。苦力の人力車と来ては賃銭が安くてそれに向う見ずにドンドン韋駄天そのままに走るのである。山の手ともいうべき所にあるこのホテルからペキンホテルの側へ出て、各国公使館のある公使館区域の城廓外に例の政治犯人の日本公使館脱出を監《カン》視している巡警隊の厳しい銃剣の間を疾走し、各国公使館の森厳な建物の間を右に左に通過し、又例の如く厳しい監視隊の間を駆出して愈々《いよいよ》、昨日からペキンホテルのルーフガーデン《屋上庭園》から指示、説明されていたその繁昌な正門外の街へ打ち出る。

繁昌というも日本橋や心斎橋の比較を通越しているから日本人の観念する繁昌ではない。一寸こんな私の筆で書いても解るまい。虎を描いて猫とやら、筆の自由ならぬ身の哀れさ今更に感ぜられる。見渡す大通り、何という世界であろう。自動車が、人が、人力車が左に右に横に縦に走る、駆ける、歩む、行く。私の後から来る人力車のカジ棒に背骨を打抜かれはしまいか、前の人力車に衝突はしまいか、少し神経質が起こってくる。三人とも無言である。話しかけても、話が通じない。それに私も糸井君も初めてのことで心は四方八方に飛んでいる。

電灯は店々に輝いてる。人は人道を河流の如くに往来する。時めく紳士もあればエビス腹の町人もあり、苦力もあり、中には時折哀れな乞食がヨボヨボ人のアゴ下に死人の顔付と声とを展開して哀願する。人力車の後

---

(22)寺西秀武（一八七〇年–?）陸軍軍人。一九〇一年陸軍大学を卒業。〇三年以来、中国の地方軍閥に招聘され、新式軍創設や陸軍大学創設に努める。一六年陸軍大佐で予備役となり、一七年住友合資会社に入る。

からもする。何と形容したらよいのであろう。この人の子の雲集は、霧散は、この生活の姿は！

星は天上深く輝いている。その神秘は益々深い遠い。この地上の生活の姿と対照されては愈々深い。此処は商業地である。この街路を可なりに通過し人力車は横町に入る。前の本通りとは異り静かな裏町である。裏町だと思うている中に又賑やかな本通りに出る。又静かな裏町に入る。今度は左に右に廻って新世界という所のある花柳街《イロマチ》に出た。料理や、両替屋、芸者や、娼妓《ジョロー》やが列《なら》んでいる。通路が狭くなったが、人力車が益々密集する。しかし速力が縮まる。タルロー、タルロー、タルロー、タルロー、人力車を引いている苦力が怒鳴る。歩いている見物人、遊冶郎《ゆうやろう》が間を逢うて行く。乞食が行く。犬が何の要求に動かされてか人並みに通る。

車は某料理店に着く。幾つかの中庭を経て寺西さんの部屋へ導かれる。将軍、無ゾーさに気楽に迎えられる。将軍と同行の、ソシテ今晩の主人役である今一人の将軍の旧友である、現在支那陸軍省付武官である危氏という三十五、六の支那人に紹介される。これも武人流に無造作である。李烈鈞《リレッキン》(23)とは日本の士官学校留学時代は同窓とのことである。十七、八年間へ《ママ》日本へ行かないから私の日本語は錆《サビ》ていると言いながら、日本語で、又支那語で打解けて話す。卓上には珍妙な山海の御馳走が次から次ぎと出る。紹興《ショーコー》の酒が出る。乾杯《カンパイ》する。真先きに私の顔が真紅になる。気楽な話が花に花咲く。気取る根性は犬に食らわせ、山《ヤマ》けは穴に投ぜよ、疑いは海に野に捨て、真の人の心は一つである。真なるものは気楽なものである。無理のないものである。真に気楽な団欒である。

十時過に切上げて私等の為に支那の芸者屋へ出かけられる。ココまで書いて来ると背の骨が痛く胸がくるしくなって来た。窓の外にはツヅレサセ虫が又泣き出した。一寸（以下、欠）

(23) 李烈鈞　清末・中華民国の軍人・政治家（一八八二年―一九四六年）。日本に留学し、陸軍士官学校に学び、卒業。辛亥革命に加わり、一九一二年江西都督となる。二〇年北伐では大本営総参謀長に任命された。

第三章　獄中から

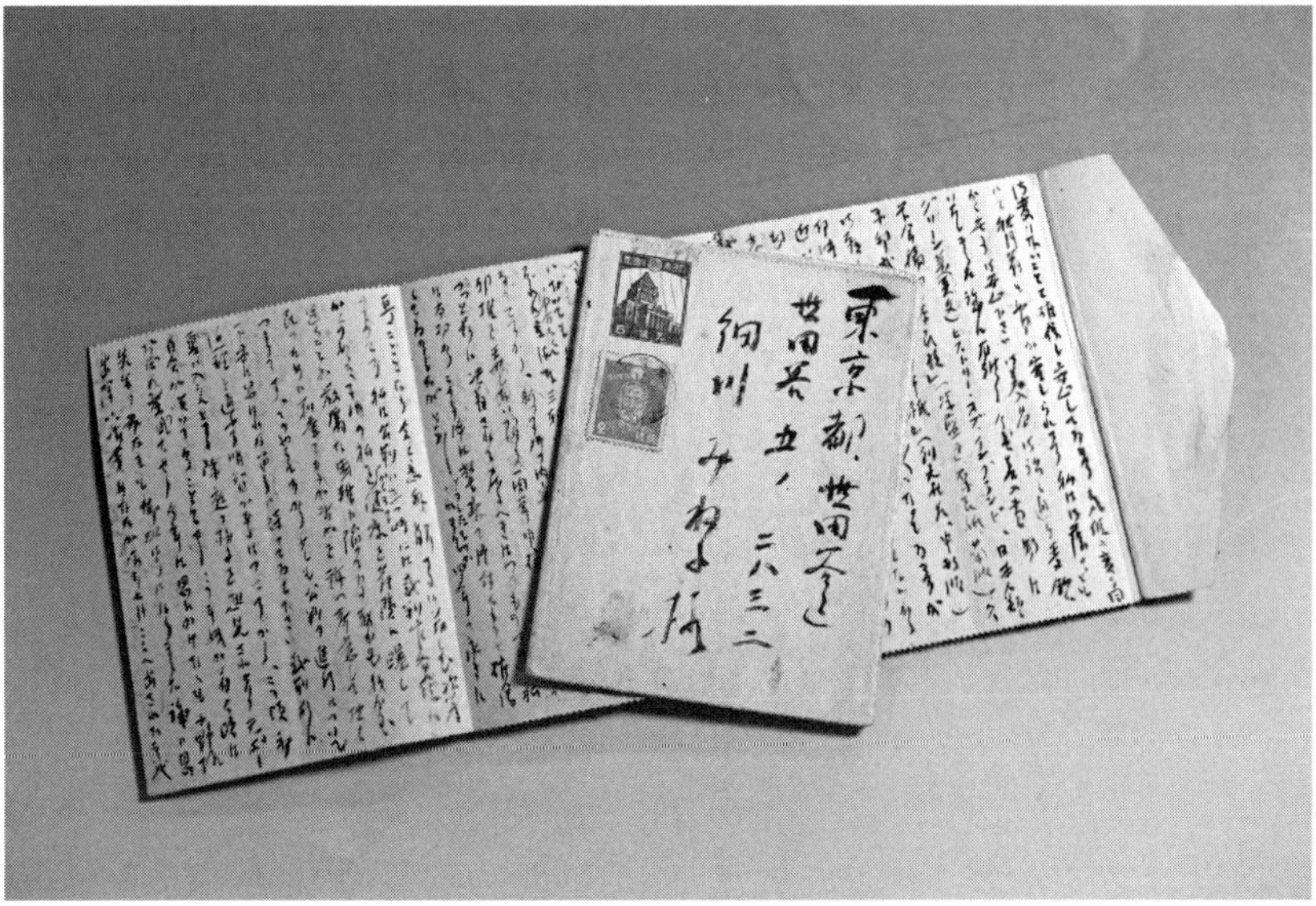

妻みね子宛ての獄中書簡（封緘せん）

東京拘置所から

一一　細川みね子　一九四三年七月五日／世田谷区世田谷五の二八三二／豊島区西巣鴨一の三二七七[24]／細川嘉六◇封緘葉書

御健康相変わらぬことと想像し安心しています。私も相変わらず保合《もちあ》っています。御放念下さい。今日銘仙単衣《ひとえ》、夏羽織、タビ宅下げ御願いしました。転居[25]までにチヂミ単衣入手出来なければ、紺ガスリ袴にて出向きます。これにて事足ることですし。

この手紙の着く頃はおボンでしょう。例年通り精霊祭なされることと、今より想見しています。マルちゃん[26]にも御線香が供えられることでしょう。

鉄砲百合はこの頃盛りか、或はおボン頃盛りか、昨今、庭の様子が思い出されます。そして一つの楽しみともなっています。

――先日の御書面で晩春の庭の様子がよくわかり、有難く今日まで何度も読み返えしています。幾日もかかって記述されたものですから、庭の変化がつぎつぎに展開されていますので、興味誠に深う御座います。

――転居について、その場合、荷物は一切先づ宅下げにします。私の所持品中、書物六、七冊、チリ紙、手拭、石ケン等位携帯します。これだけで充分当分の用が足せますから御安心下さい。先方への差入については御急ぎになる必要はありません。何よりも先づ差入、面会等につき、病弱のカラダに無理を少しでもなされないよう切望します。あんたに無事で居て貰わねばどうともなりませんこと、何が何でも今の健康を保持されるよう祈念の至りです。

それと共に秋月翁[27]が御健在でいてくださること、切願、切望のことです。私の修錬を喜び、更に私の将来を教導される親身の人の無事健在は祈念せずには居られません。

――長い間私のことで皆さんに御心配をかけ、甚だ申訳御座いません。しかし、いづれその内《うち》、片付くこと間違いなきこと、今一息きの辛棒《ママ》と存じます。

おボンになるにつけ、親類皆さんに御序の時よろしく御伝え下さい。皆さんに御心配かけた償いは私のこの生活で修錬したことによって、幾分か出来ることと思います。

――天津の姉さん[28]に御変りありませんか、腰の疾患は治りませんか。暑さにつけて老姉さんのことが折にふれ、思い出されます。時節平穏となれば、必ず御会い出来るものと信じ、かつ待たれます。

――書物の差入は転居の場合でも、今手許にあるもので不足しません。御急ぎになることはいりません。今日までのところでも、差入書物によって私一生の一大収穫が出来かかっています。東洋思想の淵源について丁

---

(24)未決囚を収容する東京拘置所の住所表記。細川に対する警視庁による三一回におよぶ訊問は一九四三年四月中旬まで勾留されていた世田谷警察署でおこなわれていたが、その後、東京拘置所に移された（一九四四年五月まで）。

(25)これについては不明だが、実施されなかった模様である。一九四四年五月に横浜刑務所未決監に移されるまで、細川は被疑者・被告として東京拘置所に勾留されていた。

(26)細川家で飼っていた犬の名前。細川サダ（みね子）の注記には「満九歳にてS・一八・三・一二死亡」とある。嘉六は「書斎の思い出」（『思想』一九五四年五月）のなかで嘉六検挙後の「翌日から毎夕、わたくしども夫婦の友、子犬マルは庭にあるイスの上にチョコナンとすわり、書斎の方向にむかい、今にも私が帰ってくるかとまちかまえていることとなった」と記している。

(27)かつて読売新聞社入社時に社長だった秋月左都夫のこと（第一部参照）。

(28)細川みね子の姉やす子。

度、謂わば堂に入ったところ、これから深く室に入るというところです。誠に皆さんの御尽力によってここに至った次第、誠に有難く感謝申しています。

　重ね重ねの不幸をあんたにかけて済みませんが、しかし不幸中にもこの一大収穫が私に成長していることも一つの心の慰みとして下さい。健康保持にも役立ちましょう。

――正直の頭に神宿るという格言の通り、雨が降ろうが降るまいが、暑かろうが寒かろうが一切関せず、心中常に一点の曇りなく、絶えることなき光明に浴しています。従って健康も保たれています。

――橋本景岳全集、この頃毎日夢中になって読んでいます。歴史を知り、自分を修めるため、これほど大切な書物であるとは思いませんでした。差入の御配慮なかなか有難く存じます。転居後、下巻入手出来ればと欲も出ています。

　一層の御好在をいのる。余は後便に。　草々以上

　　七月五日

一二　**細川みね子**　一九四三年一一月一日／世田谷区世田谷五ノ二八三二／豊島区西巣鴨一丁目三二七七／細川嘉六◇封緘葉書

　先日御手紙、はがき到着。更に面談叶い、盆と正月一度に出会ったようで誠に有難く、嬉しく安心しました。なによりもあなたが健康であるのは私にとって無上の仕合せ、希望です。

　御便りで家のことが眼で見るようによくわかり、家に帰ったように感じました。この秋は八ツ頭が上出来だということでしたが、ズイキの皮むきはもう終わりましたか。私もいづれ帰宅して皮むきの仲間入りし、秋の

陽光と共に楽しむこともできましょう。

鈴木さん方[29]は既に引越されたことと思います。願ったり叶ったりで、誠に満足です。田園の空気と陽光、新鮮な野菜等が皆さんの健康を更に一層善くし、殊にお子達がこの自然のうちに朗かに強く成長されるでしょう。

私は前よりも一層健康になっています。ここの設備その他がよく出来ていて、ここで病気になるようでは全く意気地ない次第と思い、十二分に気をつけています。御安心下さい。毎日毎日の経《タ》つのが全く早く、読書している中に時間を忘れ、それに読書で疲れるようなこともありません。今日は何日であるか、どうかすると何月であるかも忘れそうです。書物の差入れも念入れて下さって有難う。左の書物も差入れて下さい。

○日本儒学史――書斎にあります。徳川公主宰斯文会編と思います。麻布表紙、分厚い本です。

○概観維新史――書斎にあり。維新資料編纂会編述です。

○平凡社発行　東洋史　中（書斎にあり、七、八冊つづきもの）第一巻総論＝古代史関係　増本とかいう著者のもの[30]。

○箕作《みつくり》博士著　ナポレオン時代史[31]――中央亜細亜探険《ママ》記[32]（二冊とも冨山房百科文庫中にあり、国民性十編[33]と同様のもの）出来れば求めて下さい。

家にある文芸書、漱石、露伴等のもの、日本文学全書（春陽堂のもの？）中のものも差入れて下さい。

---

(29)細川みね子の姪、千代さんの一家、鈴木虎雄。
(30)正しくは橋本増吉『東洋古代史』（『世界歴史大系』三、平凡社、一九三三年）。
(31)箕作元八『ナポレオン時代史』、一九二三年刊（冨山房百科文庫、一九三八年）。
(32)スウェン・ヘディン著・岩村忍訳、一九三八年。
(33)芳賀矢一著、一九三八年。

あとがつかえている[34]とのことですから、これで止めます。どうぞ、健康第一に御暮し下さい、これ以上の願いはありません。私はますます元気で呑気で暮しますから、安心して下さい。

取りいそぎ　以上

十一月一日朝

一三　**細川みね子**

一九四三年一二月九日（消印）／世田谷区世田谷五ノ二八三二／豊島区西巣鴨町一ノ三二七七／細川嘉六◇封緘葉書

皆さんと共に御健在のことと確信し、全く安心しています。私も御蔭で健在です、これは念に念入れた差入と正直の頭に神宿るで、心中曇りなく光りありという心境との御蔭です。御安心ください。

史記第三も卒業になりますので、漢文の左伝[35]（又は左氏伝という）を入れて下さい。この本はむかしの早稲田大学出版部出版の漢籍国字解中に、冨山房出版の漢文大系中にも入れてある本です。神田古本屋巌松堂などで求めて下さい。丁度史記列伝のように漢文に注釈を加えたものです。

――岩波文庫中、世界人類歴史物語[36]二冊、大思想家エンサイクロピヂア中「東洋思想」[37]、辻善之助著海外交通史話（皆、家にあります）もまぜて入れて下さい。

――春陽堂文学全書中、尚お蘆花、独歩、紅葉、岡本綺堂、藤村等のものも混ぜて下さい。家に無いものは借りて。買うには及びません。

――理研ビタミン落手しました、有難う。未だ前のものが残っている中に頂《いただ》けて心丈夫になりました。毎月金は四十円宛《ずつ》入れて下されば、食代及び小使は充分です。夜具はあれで十分温かです。一枚のフトンは未だ使わずに予備して居ります。成るべくカラダを寒さに慣れ耐えるように力めています。御安心ください。
お子達はお風をひかぬように――元気でしょう。一番下の方は知りませんから想像できませんが、あつ子ちゃんがおばちゃんに甘えている様子が目に浮びます。鈴木さん夫婦が同居なさるようになったことは因縁深いことであり、全く自然なことであって、誠に有難く存じ、全く安心事に存じます。この上は互に思いつつ思われつつ仲睦《なかむつま》じきよう祈る外ありません。平生のことを思えば、この点全く疑うことも心配することもないことです。

暇がありましたら家のこと、畑のこと書いて下されば有難い次第です。しかし無理なさらないように。

――何卒相変わらず御健在をいのります。

――本月末に新潮社出版世界文学全集中「ドンキホーテ」（家にあり）を入れて下さい。正月の読物にしようと思います。

この手紙のつく頃は年末になりましょう。皆さん、御健在、御元気にて越年のほどを祈ります。取り急ぎ以上

十二月　日　嘉六

みね子様

(34)こうした獄中からの書簡は独房のなかではなく、専用の書信室で書かれた。
(35)『春秋左氏伝』。
(36)正しくはコフマン／鈴木厚訳『世界人類史物語』（全二冊）、一九三四年。
(37)『大思想家エンサイクロペヂア』八「東洋思想」、一九三〇年。

一四　細川みね子

一九四四年一月五日／世田谷区世田谷五ノ二八三二／豊島区西巣鴨一ノ三二七七／細川嘉六◇封緘葉書

皆さんと共に元気に芽出度く新年を迎えられたことと確信し、喜び安心しています。私も御蔭で芽出度く迎えました、御安心下さい。

衣類其の他差入物は皆三十一日までに入手しました。有難う。

心配していた正月の植木鉢のためにもよいこととなりました。梅花の莟《ツボミ》は深紅の新鮮なのを日々に深めて行くようです。よい慰めです。座ブトンカバーに着けてあるヒモも丁度あつ子ちゃん位の小児連中を想わせる色、形なので、これも心を喜ばせます。

ここはここなりで正月であり、これを深く有難く感ずる心は私の心中にあり、新たな年と古き年々と異り、全く新たな希望の光に満たさせます。

——差入の宅下げは毎月十五—十八日間に落手なさるように致します。一度で片付けることとしましょう。金銭、衣類、書物等、この時に一度に差入れて下さい。

今日、史記第三、儒学史、漱石、民国三十年史[38]を宅下げに出し、今手許にあるのはシーボルトの書物、左伝の二冊だけです。

——今まで差入れられた書物と私の持参したものとは、この二冊を除き皆宅下げに出してあります。あんたが差入れられて一カ月以上も家へ帰えらぬ書物は何であるか、次便で書いて下さい。支那語講座等の如く差入れても私に知らせてないものもあります。こういう場合のものは取り下げた方がいいね。

——この次ぎの書物の差入は左伝中巻、プルターク伝第一、国民東洋史又は平凡社東洋史第一巻、辻博士著海外交通史話にして下さい、ドンキホーテはこの次ぎにして。

——左伝の買入れは鈴木さん非常の骨折であったことと思い、誠に有難く存じます。この書物が手に入った時、私の心は全く飛立つほどに喜びに溢れました。年内既に正月の喜びに子供心が浮き出たと同じでした。又々面倒を煩わして誠に恐れ入りますが、御頼みします。同じ漢籍国学解叢書中、第一巻（論語、孝経等）、孟子、書経の三冊を求めたいのです。しかし、思う通りに求められるとは思われません。この全叢書二十幾冊が四、五十円で買われるものなら一度に求めて下されば、この困難は除かれます。どうせこの叢書は今後永く私に必要なものです。今求めても無益にはなりません。ただ借金を多くすることとなろうと思われ、あなたの配慮を重《オモ》くするのが気がかりです。借金は、自然に尊敬される、心の豊かな人からいたしたいものです。

——更に今一冊「周公と其時代」林泰輔博士著求めて次ぎの差入に出して下さい。その代り辻博士著は後に廻わしてください。御願いします。

——民国三十年史、西洋の追放[39]、北満の樹海[40]、皆面白く読みました。

——マルで私の今の気持は書物に餓えているようですね。これもしかし、病弱の自分に健康を保持させる医術、医導《ママ》と同じものです

——ここの医局はよく私の病弱を承知されておるので助かります。御安心下さい。湯タンポ（一日十銭料金）の貸与も私の申出なしになされたものです。御蔭で早く寝つかれます。どうしてもここで病気を重らせ、

---

(38)橘樸『中華民国三十年史』（岩波新書）、一九四三年。
(39)松本慎一『西洋の追放　中華民国の歴史』、一九四三年。
(40)H・バイコフ／園部四郎訳『北満の樹海と生物』、一九四二年。

倒れ度くありません。

その内に調べも運ばれ、片付きます。隣人遠藤さんがアメリカから帰宅されたということ、道理のある我が日本にいて年内に帰えれぬこともないと確信しています。心を大きくして待っていて下さい。富有柿《ふゆうがき》も八ツ頭芋《イモ》も沢山に今年は成熟してくれよ。帰宅して互にこの自然の賜を楽しみましょう。

――秋月翁へツルシ柿を呈上することができましたか。この約束はいい人情ですが、御達者でしょうか。三上夫婦[41]は誠に不運ですね。君子[42]さんが良縁あり、結婚したということ、誠に喜ばしい。亡き姉さんも喜んでいるでしょう。後は善四郎[43]君だけですね。よい嫁さんであり、婦人であるように尽力してやって下さい。小林君方も万歳で結構です。報いてくれたわけですね。若い時代の姪、おい等皆巣立って行く、聞くも見るも愉快なものですね。私共老年連はこれに動かされて、若々しい気持を大きく懐かねばなりません。これが天地に対し、生み育てた親に対する道をつくすに必要なことです。老い込んでは全くいけませんね。

それでは又次便に書きます。更に一層の御健康を祈ります。この月の下旬に前島[44]さん方へ避寒《ひかん》された方がいい、疲れを癒《ナオ》した方がいい。鈴木さん御夫婦、御すすめ下さい。匆々《そうそう》

一月五日

一五　細川みね子　一九四四年二月五日／世田谷区世田谷五丁目二八三二番地／豊島区西巣鴨一ノ三二七七／細川嘉六◇封緘葉書

御健康のことと確信し、安心しています。御書面で家内正月の芽出度い様子がわかり、喜びました。私も御蔭で健在、御安心乞う。

切角《せっかく》卵油を用いなされ、便秘に注意なさい。この注意はあなたに大切。具合悪るい時は直ちに医師にかかりなさい。どうぞ大切にたのむ。私はここで病気に倒れては全く浮ばれないと観念し、張り切って生活しています。

六十の手習は老人の冷水、哀れなことと思っていましたが、しかしここに静かに考え、暮らしている中に全くそうでないことが悟りました。それは私のように欠点多く、失敗の多い者にとって後悔慚愧《ざんき》深ければ深いだけ、そこに誠に懇切な、賢明な、厳粛な先達先生が厳存するのであって、これに従うことによって過去一切の失敗を取り消し、更に過去に求め得なかった善いものを実現し得るという道理です。ここに真剣なればなるだけ何十年の失敗も一年の中に、否一日の中に一瞬の間にも取り消し、全き新天地を打開されるのです。

私はこの六十の手習を毎日毎日、全く喜びと希望とを以てやっています。フランクリン、福沢諭吉の如き自伝中に過去の生活に顧みて後悔がないと述べているのを痛切に羨望したものですが、今日はそうでなく、同じ境地に至りうることを喜べるようになりました。磨き上げた一生、最後の磨きをかけた私を御健在で迎えて喜んでもらいたい。

――現在ここにある衣類中小なるものは、タビ一、タビカバー一、サルマタ三（一はヅロースの如く大なるもの）、股引一、シャツ一、ジャケツ一、チョッキ一、胴巻一、座ブトンカバー一、シーツ一、風呂敷三（一つは夜具を包んで来たもの）、羽織・袴・着物・ジュバン・ドテラ・寝巻綿入れ・タオル寝巻、手拭二本、ハ

---

(41)細川みね子の親戚。
(42)細川みね子の姪。
(43)細川みね子の甥。
(44)細川みね子の姪の婚家。

ンカチ一。

――正月十日頃、腰巻、夜具エリカバー、タビも宅下げにしましたが、届きましたか。一両日前、腰巻と夜具エリカバー不許可と告げて来ました。その理由なきことを申返えしたが、ダメでした。御問合せ下さい。取り下げられてよろし、無くても寒いことはありません。御蔭で十分寒さ凌ぎができていますから心配はありません。節分も過ぎ、冬はもう何でもなくなりました。全く御安心下さい。いかに寒い日がこの後あっても。

――書物の今手許にあるのは左伝二冊、日本全史一冊、本月十日頃には左伝（上）と日本全史とを宅下げにします。プルタークは大概許可になるでしょう。今月は左伝（下）、日本全史（中）、崋山（渡辺）全集（家に在り）、蘆花か藤村一冊、人類学会編「日本民族」（家に在り）を差入れて下さい。来月は書経、日本全史（下）、「大化の改新」[45]（著者を忘れたが、家に在り）、世界思想エンサイクロペヂア「東洋思想」、国民東洋史、概観世界思潮、海外交通史話等御願いします。

――報国会へ依託された書物は皆一冊も届きません。会から役人の許へ届け出してもありません。責任をこの会の係《カカ》りは持ってやっているのではないようです。依託した書物は全部一度取りもどし、今後一切預けない方が得策です。紛失されたとすればあっさりと打ち棄てた方がよいです。私の方でも尚お係りへ取り調べてもらっています。

――論語と書経とが入手されたということを聞き、全く子供のように、世界中が一度に祭日のように感じられました。鈴木さんの労苦かたじけない。御厚情深く感謝しています。今日書物を入手することの困難なことはよくわかっています。この御厚情あだには致しません。

御書面中の御尋ねの書物は林泰輔《タイスケ》博士著周公《シューコー》とその時代（周公＝古の支那の周公旦《シュウコータン》です）園《エン》公ではありません。これは是非読み度いのです。又、一方ならぬ御苦労かけてすみませんが、神田に無ければ早稲田ではどうでしょうか。御願いします。尚おこの序に「詩経」と「管氏《ママ》」を入手されば、更に有難いのですが、漢籍はそれで先づ充分です。

——天津のやす子姉さんはその後、御健在ですか。未だ床を離れることができないのでしょうか。金井の姉さん方にもいろいろ御配慮を煩わし、感謝いたしています。秋月翁へ串柿進呈することができましたか。御丈夫なのでせうか。御高齢のこと故、案じられます。

私の持物中、時計だけ除き凡べて適当に売却して下さい。必要ありません。テーブルがよい値で売れたということ、時節の様子が想像されます。書斎の押入、戸棚中の新聞切抜（袋入れのもの）不用ですから、一切反《ほ》古《ご》にして下さい。鈴木さんの物を入れる場所となるでしょう。

——差入のため余り心身を労しないようにして下さい。月一、二度で止めるように。交通の際は、天候の悪るい日、気持のすぐれない日の如きはいかなることがあっても御出かけにならない方がいい。無事健在は何よりも大切ですからね。このこと十二分に御願いしたい。

私のことはこちらでは係りの方々に善く理解され、善く面倒見て頂いています。書物も六冊を十二冊に増してもらえるかもしれません。石鹸は品切れですが、差入れ許可されるものか、かけ合って頂いていますような次第です。

——正月二十五日は御存じの天神様の祭日で、この日朝から番茶をいれ、小な串柿を味いながら御祝いしました。子供の時、亡き父母が子供の学問上達するようにと毎年この日を大切に祝って下さったもので、しみじみと感じられました。大阪、東京の生活でも、私達はこの日を毎年祝って来ましたね。

(45)坂本太郎『大化の改新の研究』（一九三八年）か。

昨日は節分でこれ又番茶をいれ、肝油入りのボンという小な飴菓子を味いながら、冬を越したという喜びを祝いました。不自由ながらここで福神漬《フクジンヅケ》、ゴマ塩、梅干の加工品等が買えますので、こうして何とか満足していくことができます。御安心下さい。余り心配し通《ど》うしてはいけません。いずれその中に必ず良い日が来るでしょう

——週報[46]有難う。これはここでもニュースの放送もあり、日本—世界の出来事、その情勢はよくわかります。週報はまとめて二回に差入れて下さっていい、急ぐこともありません。しかし、おくれても是非入れて下さい。家のことを思うと、皆さんと一緒にコワメシをフカフカと賞味して見たい、大原漬をお菜にして御神酒を数杯頂きながら、こういうことはいろいろ空想されます

——あつ子ちゃん、赤ちゃん、皆元気ですか。鈴木さん夫婦によろしく、くれぐれ。

——一ノ宮へ半月か一月転地することはできませんか。間借りでもして、疲れをなおした方がいいのですがね。一つ考えて下さい。一層の御健康をいのる。

余は又後便で。　以上

二月五日

追而、鉢植の白梅は昨今満開です。観て、嗅《カ》いで楽しく、手入れも楽しみです。福ジュ草の咲くのを待っています。

一六　細川みね子　一九四四年三月六日／世田谷区世田谷五丁目二八三二番地／豊島区西巣鴨一ノ三二七七／細川嘉六◇封緘葉書

最近の御手紙二通とも拝見、病気は一時的で癒ってよかったね。一層気をつけて下さい。殊にこれから便泌《ママ》に注意して下さい。鈴木さんも気をつけて下さるので、喜び且つ安心していますが。

――昨日降雪で思いがけない雪見をしましたが、しかしモー春です。この雪はモー春になったことを知らせるものです。宅の庭の春景色がありありと目に見えるようで、心が恍惚となります。この手紙の着く頃は、庭も周囲も春色鮮やかさを益々盛んに加えて来ていることでしょう。

――私の健康はともかく平均を保っていて無事です。痔も納まって来て居り、珍らしく起った凍傷も癒って参りました。肉体がヘコたれようとしても、精神力を以て克服します。御安心下さい。精神一到何事か成らざらんという古人の心がよくわかります。又これは私の心であり、実証されています。

六十の手習いといい、還暦といい、よくも人間の深奥な経験、真理を表わしたものと深く感心します。青少年の若さにかえり、過去六十年に近い経験を先生とし、毎日毎日進歩を押進《ママ》めることを無上の喜び、励《ハゲ》み甲斐としています。自分で言うのもおこがましく聞こえようが、私の精神裡は空前の早さ、深さ、広さで進歩し、成熟しつつあることを感得されます。禍を転じて福としなければなりません。これは真人間の正《ま》さに努むべき大切事です。書物もこのため必要であり、健康にとっての薬餌《やくじ》でもあります。

鈴木さんにも少からず苦労をかけて済みませんが、当分御願いします。御尽力をムダにはしません。

「周公とその時代」は入手出来たでしょうか。序《ついで》の時、他の書物と共に尚《ナオ》「荀子《ジュンシ》」を求めて下さい。市村瓚《さん》次郎《じろう》博士（百合子さんの友人の祖父さん）著「東洋史統」第一冊から二、三冊求めてください――「シーボルト江戸参府紀行」は一月十日頃宅下げに出しました。史記列伝（第三）等と共に、報国会に御たずね下さい。

（46）政府の情報局が編集発行した週刊の広報誌。隣組などで活用された。

「国民東洋史」は世田谷署から持参しません。あなたの想像して居られるのは、その時持って来た列伝（史記）です。持参したのは五冊で、初めからあの本はありませんでした。書斎にあるでしょう。しかし、今のところ平凡社のもので十分ですから御放念ください。

――差入れ品は皆手許に届いています。六十個入りビタミン三ビン等皆届いています。ただ足袋については只今ここにはタビカバー一、メリヤス足袋一、シュス足袋一（このシュス足袋は二月中頃入《ハイ》ったもの）だけで、御尋ねのものは私の方へ届いていません。一月末、二月初めかに差入品につき一寸ゴタついていたようです。時には差入品の取扱いにつき、粗漏《ソロー》なことも起きるようです。あなたの方からも報国会にただして下さい。無ければ無いで放棄することですね。今月は未だ理研ビタミンは入手しません。尤も手許に当分服用するだけの分はあります。平祐さんにい《ママ》らい御世話になり、有難く感謝しています。またこの上とも入手出来れば結構なことですが、どうでしょうか。

――前島さん、三上さんの御不幸につき、謹んで追悼申上げます。前島さん方も寂しいでしょう。三上さんは沢山の子供をかかえて誠に気の毒です。

秋月翁はともかく元気で居られるとのこと、安心です。喜ばしいことです。勿体ないことですが、恰《あたか》も親のような思いがいたします。ビスケットと飴との交換が老翁と赤ちゃん達との間に行われた話は、この時節にとって誠に和楽純情の浅からぬものを全身に浴する感を与えます。串柿がもう届いたでしょうと想見しています。あなたがよく気をつけて下さるので、私も心からうれしく存じます。私共は勿体ないことですが、亡き親につくし得なかったものを老翁によって、老翁の御蔭によって万分の一を達しさせて貰えるというものです。

隣家の遠藤さんが無道な米国から帰宅されたのであるから、日本にいる私のこと、近い内に帰宅して老翁始め皆さんに御会いし、皆さんの御心を安んじ得ることと確信しています。心を広くして待っていて下さい。

第一に健康であることが大切ですよ。お互いにこのこと丈けは何よりも大切です。私はどうあってもこの所で病気のため倒れないことに深く固く決心しています。又、この心がけのためにこれまで健康を維持して来ています。空襲などということも無いでもないでしょうが、少しも慌てることはいりません。思うよりも産むが安い。あのひどいロンドン空襲の真只中にハナ唄《ウタ》を歌って往来を通っていたロンドン児があったというようなものです。

今月十二日はマルちゃんの一週年忌でしょう。線香《センコー》を供えてくださるでしょう。カマボコは入手できないでしょうか。犬とはいえ、あの往生の態度は誠に深く教訓し、立派なモデルですね。神の、仏の、創物主の心そのままに従った大往生ですね。

何があっても少しも慌てるものではありません。人間は人間として従容《しょうよう》自若、宇宙そのものの如くであるべきです。良寛禅師の歌に「かたみとて何かのこさん　春は花　夏ほととぎす　秋はもみぢは」というのがあります

――洋[47]さんは軍艦に乗り、協[48]さんは兵隊になったということ、時節の大きな変わりようですね。協さんがどんな顔《カオ》をしているでしょう。若い連中は皆こうして大きな時代を生きつつ、意外な生長をなすでしょう。人傑となってくれるよう祈られます。

子供の無い私達はあなたの述懐されるように寂しい感しますが、しかし無いものは無いでこの時代に尽くすべきであり、又尽くす道は与えられているはずです。

---

(47)細川みね子の甥、小林氏。
(48)細川みね子の甥、小林氏。

――週報に出る国民合唱の歌謡にいいのがあります。正月中旬のに「十億の団結」[49]というのがありましたね。誠に気持のよい精神を表わしたものと思いました。週報を見るのが一つの楽しみです。

御書面には戦争等のニュースを書き入れないように心がけてください。検閲官に御手数をかけることとなります。入手がおくれることとなりましょう。ニュースは一寸おくれますが、当初《ママ》の放送、週報等で知れることですから。

――差入、面会等につき、くれぐれ無理なさらないようにして下さい。止むを得ない時には鈴木さんの親切も受けなさい。何よりもカラダが大切ですから。

赤ちゃん達、健在でしょう。御夫婦によろしく。千代[50]さん、此度の御産は必ず容易であり、且つ一層健康な赤ちゃんを産むであろうと信じられます。世田谷の宅はよき健康地にあるのですから、今度は男の児かな。

――モー春、春、畑にはできるだけ何かといろいろ種子をおろしなさい。皆さんに相談して、この年はなかなか食糧入手はむづかしくなるでしょう。鈴木さんに頼んで肥料（人造）を入手されるといいのだけれど。

――カナリヤは未だ生きていますか、宅の畑に出来た粟を楽しんでいるという幸福者ですね。御健在をいのる。　以上

三月六日

嘉六

みね子様

一七　細川みね子　一九四四年四月五日／世田谷区世田谷五ノ二八三二／豊島区西巣鴨一ノ三二七七／細川嘉六◇封緘葉書

その後は如何、無事健康を維持していますか。東金井の姪[51]と一緒か、同居人のこと決定したか、鈴木さん達安着したか、いろいろ案じられます。ここで心配していたところで何の効果もないことながら、時にふれ心配されます。

尤も先月下旬シャツ、股引、サルマタ、タビ、寝巻、シーツ、紙、ビタミン——それに書物四冊受取ったので、ともかく無事健康を維持して居られるだろうという《ママ》考えられ、気楽になって来ました。まさかインフリュエンザに感染しなかったのでしょう。鈴木さんの引越で病弱の身相当こたえたろうと危険にも思って居ますが——効果のないことを思い悩んで自身の健康を損じては、却って私の身を思って努力しているあなたの真意に反するものと自分で自分を矯《た》めることに努めています。その後私の健康に変りなく、平穏無事に暮らしています。御安心ください。

此度の書物の差入は、日本全史第三、エンサイクロペヂア「東洋思想」、平凡社東洋史の東洋中世史第一冊目（三国、五胡十六国史）、藤村の「家」又は「破戒」を——その次ぎの時の差入は辻博士「海外交通史話」、平凡社「東洋中世史」第二冊目（隋、唐史）、「論語」、プルターク英雄伝第二冊目を御願します。こういう生活をしていては、読書は誠に有難い。殊に書経と「周公とその時代」とが入手されたと聞いた時には、後になって聞きちがえでなかったかと思ったほどであり、実際にこの二冊を受け取った時は誠に喜びと満足とに全身

（49）情報局『週報』第三七八号（一九四四年一月一九日）。作詞勝承夫、作曲片山顕太郎。

　一　アジアにはためく六旒《むつ》の旗は　正義の狼煙《のろし》に集る旗だ　共に進んで繁栄《さかえ》を開く　固い誓をつらぬく旗だ

　三　アジアの朝《あした》をみちびく者は　正しい伝統尚《とうと》ぶ我等　共に文化の昂揚目指す　若い伸びゆく努力の民だ

（50）細川みね子の姪。鈴木虎雄氏の妻。

（51）細川みね子の姪。みね子の注記に「因みに小林氏兄弟はそれぞれ細川夫人の姉妹と婚した」とある。

溢れたようでした。

大学卒業前一年、前の総理大臣平沼男爵、当時の検事総長の御宅で書経の講義を「周公とその時代」の著者林博士に、平沼氏一団の人々と拝聴したこともあるのです[52]。思出甚だ深いものです。このことを思ってこの二冊を求めたのではなく、史記その他を読み進めている中にこれらの書物に及んだわけですが、約三十年後の今日、ここでこれらの書物を味読するということは浅からぬ縁です。

鈴木さん去った後、書物購求のことであなたに奔走させることは甚だ心苦しい。誰か他に依頼する人はないでしょうか。無いとすれば仕方ありませんから、天気好く気分のすぐれた日に神田辺の書店をたづねて見て下さい。急ぐことはありませんけれど、暑くなっては一層御困りのことと思います。

先信で「東洋史統」と「荀子《ジュンシ》」購入のことを書きました。「荀子」は矢張り漢籍国字解全書中に、或いは又漢文大系中にある本です。尚お「詩経」も求めたい。既にこのことを書面で述べたようにも思われるのですが、思いちがいかとも思われるので又申します。この本も右全書中に、或は又大系中にあります。更に仁井田陞《のぼる》著「日支交渉史」（書名確実に記憶しません[53]）と秋山謙《ケン》蔵著「日支交渉史話」を求めて下さい。この二冊と前掲の市村博士「東洋史統」とについては東京堂、三省堂、冨山房等でたづねて見て下さい。皆新しい本です。これらの本屋になかったら古本屋の巌松《ガンショウ》堂でもきいて見て下さい。

書物をたづねる時には紙片に著者名、書名等を書いたものを店員に提示するのが簡単に用事が済まされます。こんな面倒なことで疲労し、健康を損するようでは私の真意ではありませんから、決して決して無理なことをつとめてなさないようにして下さい。御願いします。

差入れのチリ紙，石《セッ》ケンはこの八月中までも充分足ります。歯ブラシは未だ古いのを使って居り、歯磨粉はここで資生堂のを買って使っています。御放念ください。申したより沢山の小使銭を差入れて下さって済みません。御陰で肝油入りの飴玉のようなものを充分に用い、甘味代りにしています。

鈴木さん達から便りがありましたか、御序の時、私からくれぐれ宜しく申していることを一筆加えてください。いろいろ一方《ひとかた》ならぬ世話をかけました。内地に居るよりも一家にとって満洲に渡ったことは、この際《サイ》必要なこと、適当なことであると思います。どうか一家健在に楽しく暮されることを切望しています。あなたにとっても千代子さんがやがて三人の子供を持っているのを目前にしていることは病身とはいえ、心苦しいことであろうと私も思わないではありませんでした。鈴木さん去った後は自分勝手なことですが、困ったことになりました。私がここで何を思い悩んでも仕方のないこと、あなたが何とか苦心して解決されることと信じて、勝手ながら安心しています。今しばらくのことと思います。春と共に元気を新たにして、一層健康となってやっていて下さい。

天津の姉上へ書かれる折には、世間が落付いたら一度姉上を内地へ招待します、又場合によったら二人で天津へも参《ママ》える希望を持っていると書いて下さい。誠に姉上はお気の毒です。切に御健康を祈っています。命あっての物種《ものだね》ということ、長命でさえ居て貰えば何とかなりましょう。

空襲等のこともヤカマしく言われていますけれど、どうか気を大丈夫にし、落付いていることはこの際、最も大切です。宅の方は全く安心な場所です。空襲でもっとも危険は火事のこと、これは宅の方は全く心配はないところです。心臓の悪るいあんたは殊に平常から気持ちをコントロールすることを練習しておく必要があります。中井さんも世田谷は安心だと言って居るという、これは専門家に聞かなくてもそうです。この上は平常

(52)第一部第二章「青春の記」の「大学時代」参照。
(53)仁井田陞『支那身分法史』(一九四二年)か。

の用心をしっかりして置けばいいのです。

この手紙の着く頃は宅の庭は例の如くサクラ草も咲き出し、それからヒヤヒンス、チュリップ等々も咲き出し、芽出度い盛んな春景色となりましょう。こう書いていると現在、宅の庭に立って見ているように感じます。私の室の例の鉢植の梅は花が散って可愛い元気な若芽が吹き出ています。又、一本の沈丁花はポツポツ開き出して良い香を室にただよわせています。ここにも春がおとづれて来ています。

毎朝床から起きる時に、春《ハル》が来た、春が来たと口づさみ、心がのびのびします。それから亡くなったきん子さん手編みのセーターを着ながら、虎は死んで皮を残す、手前は死んで何のこすと口づさみ、それと共に又「日に日に新《あらた》に　日に又新たなり」と口づさみます。こんなことはこの頃習慣となっています。こうして自然に自分自身を新たにし、元気をつけているわけです。御安心下さい。

書物のことで一方ならぬ御心配をかけていますが、御蔭でこの頃の私は限りない光明かくやくたる宝の山に入っているような、量りがたい楽み、望みを感得している状態にいます。ここにも禍を転じて福とするいうことがおのずと出来ています。悲しみの中にもいくらかの喜び、望みを見出して下さるように希望します。

鈴木さん去った後の家のことで相談すべきことがある場合、どうか裁判所に御願いして裁判所で面談できるようにして下さい。

春になるとあなたはよく便秘で困るようでしたが、この頃はいかが、この際殊に充分気をつけて下さい。毎日ゲンノショーコでも朝中服用したらどうか。鈴木さんが居なくて注意してくれる人もないので気になります。用心して下さい。

カナリヤは未だ生きていますか。マルチャンのことも時折思い浮びます。いずれ宅もその内賑かとなること間違いありません。一層御元気のほど切に祈っています。親類皆々様によろしく。

又後便で書きます。以上

四月五日

横浜刑務所から

一八　細川みね子

一九四四年七月二二日／東京都世田谷区世田谷五ノ二八三二／横浜市南区笹下町七三一[54]／細川嘉六◇封緘葉書

去る二十日正午頃、ここへ転居し落着きました。健康に変りなく、気分にも変わりありません、ご安心下さい。

所持品は単衣二枚、シャツ、股引、サルマタ各一枚、足袋二足、腹巻一枚、手拭二枚、フロシキ一枚、――書物……詩経、書経、荀子、管子、孟子、橋本景岳全集上、鉄道案内、支那語講座――その他石ケン等化粧品、差入草履も持参、現に使用しています――以上の他の所持品は皆保護会に預けて貰いました。早く引取手続なさい。差入係の御役人はあんたが右のため御出の折、わからぬこともあれば一寸立寄るようにと話して居られました。その時、橋本景岳全集下巻は保護会に預っているということを申されました。下巻は未だ私の手に渡されたことはありません。何れその内ここへ差入れて下さい。

――今のところ夜具、フトンの差入は必要ありません。当所のものを当方拝借しても間に合います。ただ◯

(54)横浜刑務所の住所表記。

○○[55]の差入御願したいものです。
当所は東京の方と比べて先づ異って居ないと言ってよい。空気は極めて善いように感じられ、肺患に善い効果あるものと思われます。遠くあり、暑いことであり、差入の件はどうぞ、あんたの健康本位として取り計って下さい。

秋月佐都夫翁にくれぐれよろしく。

転居の際は東京の御役人各位に恵みふかく御取計《おとりはからい》を受けました。

一層の御健在をいのる。　以上
七月二十二日

一九　細川みね子　一九四四年八月二二日／東京都世田谷区世田谷五ノ二八三二／横浜市南区笹下町七三一／細川嘉六◇封緘葉書

千歳[56]先二十九日発御手紙、今十五日許可落手、誠に嬉しく誠に安心、拝読すると丁度家に現に居ると同じ、自然の風景に恵まれた実のり豊かな家の有様そのままです。畑に可なり精出されたね。

皆さん健在であり、君子さん[57]落付いて居つかれることとなり、それにあんたは夜早く寝るのを急がれるようになり、この上病気にまけないという決心であり、誠に誠に有難い便りです。

先二十六日に意外に早く御来所、今十日には甚だきちょうめんに御来所差入下され、誠に有難いこと。しかし、何よりもあなたの健康本位にしての上でやって下さい、願います。

先二十六日差入物（ビタミン共）受取りました。今十日には風呂敷共衣類九個、書物二冊、週報等四部受取りました。二回とも書物は私の現に願っていたもの、或はこれから願おうとしていたものです。全く願ったり叶ったり、気息合致不思議です。アシナガオジサンは宅下げしました。藤田東湖伝、松平春嶽全集前後して差入れ下さい。奥野七郎訳「ドイツ風土記」(58)、日本文学全集中独歩集の如きも他のものも共に入れてください。東京から持参した書物皆領置されてありますが、これは皆今一度読み返したいものです。手続の都合上、一度一冊又は数冊宅下げしますから、折返えし一冊宛差入れ下さい。他は差入店にあずけて。

――金二百円ほど東京からの残金、ここの会計部に預けてあります。御都合によって差入店への支払いになりとも当てて下さい。ここでは毎月四、五円も小使あれば充分ですから。

――秋月翁に、御恵与の書物はその出版に関係した方々は皆私の直接間接に知った人々であり、それにこの時節ここでこれを読むことは誠に有難いことであり、これから誦《しょう》志《し》玩《がん》味《み》いたしますと申し、お礼申し上げてください。

差入弁当は総菜式でジャガイモ、フダン草、ニンヂン、カボチャ等食べたように感じられます。御安心ください。畑のものを味われる時、私が不自由して居ると思って下さるな、私の分まで味わい、沢山消化して、一層御健康でいて下さい。

弘子さんによろしく、金井の姉に、前島夫婦、お玉さん、国の弟等によろしく。この十日夜からコーロギが鳴き出し、秋らしくなりました。

---

(55)ここは筆で黒塗りされている。
(56)細川宅。
(57)細川みね子の姪。
(58)オスカー・ワイゼ著、一九四二年。奥野七郎は細川の読売新聞社外交部記者時代の上司。

私は心曇りなく気楽に日を送っています。余は後便に。草々。

二十二日

二〇　細川みね子　一九四四年一〇月三日／東京都世田谷区世田谷五ノ二八三二／横浜市南区笹下町七三一／細川嘉六◇封緘葉書

一日衣類、風呂敷共六点受領、寒さにつき細心御配慮の様子、眼に現に視るよう、誠に有難く済みません。相変わらず御無事のことと確信し、安心しています。私も無事、御安心下さい。

先月九日、差入やの申出によりシャツ、ズボン下二点、同二十日頃、風呂敷共衣類十点出しました。差入出の手続、ここでは甚だ簡略ですから、疑わしい場合御知らせ下さい。果物の差入は八月二十八日から今日まで十四回、卵は二つ宛二回、初めは生《イキ》、次ぎは半熟でした。ここでは全く珍物中の珍物、誠に有難いことです。畑の収穫は如何、序の時御知らせ下さい。水瓜《ママ》、八屋柿、里芋、サツマの結実は如何、今秋はズイキの皮引きも出来ず、来年に待ちます。待つほど花という、楽探し、畑のことで御無理なさらないように。

――秋月翁御全快になりましたか、案じています。翁はこの冬無事越されるか心配です。翁への柿の手当なさいましたか。ビスケットの入手につき鈴木さんに頼んで見て下さい。翁は喜ばれるでしょうから。

――「天を怨《ウラ》みず、人を咎《トガ》めず、下学《かがく》して上達す（世間の学問をなして天命を覚《サト》る）、我を知る者、それ天か」という言は孔子が自らを語った言です。誠に有難いことです。私も毎日精励し、心の進歩純化を楽《タノ》しんでいます。

概観維新史、海外交通史話、黒板勝美博士著国史概説（菊判，海老色厚《アツ》板紙表紙、三百ページほどの厚さ）

——石川訳ルソー「懺悔録」上（菊判、灰色表紙）、漱石「倫敦塔《ロンドントー》」、ベーコン（訳者？）「論文集」（岩波文庫[59]）を他の書物と取り交ぜて差入れて下さい

——だんだん寒くなって来ますけれども、この夏以来寒さに恐れないよう鍛錬してきましたから、この冬は大丈夫です。御安心下さい。毛布一枚先日差入れありました。今のところ、その半分だけ着て寝ています。その内調べが始るでしょう。[60]この様子では来年の正月はここで迎えることとなります。相変わらず健康を保持しています。御安心ください。毎日「日に日に新なり、又日に新《アラタ》なり」と誦しながら、毎日心を新たにし、如何なる日も喜んで迎送している次第です。住めば何処も都です。ここでも皆さんの情けを受け、気持ちよく暮しています。

——東京からここへの移転はズットタキシーで、一時間半で達しました。これは全く意外にも役所の都合に便乗されたためです。御蔭で疲れませんでした。

——君子さん、健在ですか。よろしく伝えて下さい。帰宅の時は心の善いみやげを持って帰えるから、待っていて下さいと伝えて下さい。

先は一層の御健康を祈る。　草々　以上

近日少し老眼がすすみましたので、眼鏡（今使用中のより度の高い方）をレーザー袋（家にあるもの）に入

（59）『ベーコン随筆集』（神吉三郎訳、岩波文庫、一九三五年）か。

（60）一九四三年九月一一日に東京刑事地裁検事局から東京刑事地裁に予審請求（起訴）された後、東京地裁の予審は四四年五月一一日から始まったが、五月二三日の第二回予審以後は、横浜地裁予審に移管された（七月二〇日に横浜刑務所に移る）。横浜地裁で第三回目として予審が再開されたのは一〇月一一日だった。その後、一二月一二日の第九回まで訊問がつづいた。

れ、更に小ボール箱に入れ、差入下さい。係の御役人に取扱御注意御願下さい。眼鏡縁はそのままで許可されるとのことです。

十月三日

二一　**細川みね子**　一九四四年一二月二三日／東京都世田谷区世田谷五ノ二八三二／横浜市南区笹下町七三一／細川嘉六◇封緘葉書

この手紙の着く頃はお正月でしょう。お芽出度う、お芽出度う、笑う門に福来る、笑いないところにおいて笑うことこそ真実の福来るのですね。秋月翁の御仰《おおせ》の通りです。あなたは御健在と確信し、安心しています。私は相変らず平和に希望を懐いて暮しています。御安心下さい。

今日まで卵五、リンゴ六、みかん大一、小四差入れあり、数日前からは夕食にミソ汁つきました。あなたが当地に間借りすることはあなたの健康によく、気持ちよく暮される家の間があれば、あなたの思われる通りにしなさい。ここ一、二月のことですから――又間借りしないとすれば、一月二月は差入は一カ月に一度にしなさい、それで私は充分です。心配しなさるな、寒さきびしくなっていますが、しかし御蔭で十分に暖く用意してもらっていますから、ほんとうに御放念下さい。

この二十五、六日に予審終結決定、裁判にかかります[61]。面会も書信禁止がとけます。これだけでも気持ちよくなりました。私の心は誠に晴朗です。寒山詩に――

閑《ヒマニシテ》自訪《オトヅル》高僧、煙山万層層、師親《シタシク》指帰路、月挂《カカグ》一輪灯[62]

というのがあります。丁度私の今の気持はこの通りです。四十才にして惑わず、五十歳にして天命を知るという、私にはこの二つのことがこの六、七年間に一ペンに成熟し、今日この境地にあります。これから私にとっては一代のホントーの仕事が私なりに出来ることを自覚されます。誠に誠にうれしく、希望は尽きません。何卒このことだけはあなたも喜んで下さい。この私の心地を秋月翁に御伝え下さい。

来る正月を心地よく御迎え下さい。子供連中は大阪へ帰省しましたか。家内は君子さんとねーやだけですか。何卒心かろく朗らかに御暮し下さい。ともかく待望の春が成長し来ます。

ドイツ語辞書は丁度鼠が二俵のうまい米を思う存分楽しむべく与えられたように、私には好物山々頂いたようなもの、ベーコン集は誠にうれしく、二度もほんとうかと打ちながめました。

お玉さん、金井夫婦、前島皆さん、直次郎弟によろしく。以上

十二月二十三日

二二　**細川みね子**　一九四五年二月二一日／東京都世田谷区世田谷五ノ二八三二／横浜市南区笹下町七三一／細川嘉六◇封緘葉書

あなたも秋月翁も健在と信じて安心しています。私も相変わらず毎日を楽しみに暮らしています。御放念下

(61)細川嘉六の予審終結決定は一九四四年一二月二九日付で相川博とともになされ、公判に付されることになった。
(62)「寒山詩」一六六の「閑自訪高僧」。

さい。

インド一、雪下一、ミカン小六、ネーブル一、卵五、受取りました。御配慮、誠にすみません。

正月、天神祭、紀元節、節分、皆心から楽しく祭り、祝いました。意外にも林檎、タマゴ、ミカン等あり、口の楽しみも十二分にして。

――小野塚先生のこと、毎日思い出さないことはありません[63]。例の先生の書物は未《いまだ》に受取りません。「真理は自己自身の価値を判断して真理を追慕し、これを体得し、且つこれを信仰することは人生最高の幸福であると教えている」という教はベーコンの□□《判読不明》であり、孔子は「朝《あした》に道を聞いて夕《ゆうべ》に死すとも可なり」と述べています。

古今東西、人間の思いは一つ《ヒトツ》です。小野塚先生は学問を磨き上げつくされた人傑で、天地と共に動《ウゴ》かぬものを体現して居られました。私はこの人傑と共に生き、勿体なくも深い関係を結ぶことを出きたことは、何という光栄幸福でしょう。私は全力を挙げてこの深遠な恩義に万分一でも報謝したい。どうか先生のあの書物差入れ手続して下さい。ここの教務課長さんにも御願いしておきました。

――書物の件でむづかしいことあれば、久留間[64]さんに研究所で会うか、書面でか御たづねなさい。書物に詳しく通じて居られますから。

――又永田周《シュー》作さん（神田の栗田書店勤務のはづ）に頼むといいのですが、この人について久留間さんに御聞きなさればわかります。

――出来るだけ早く「ヨーロッパ地理書」、差入れて下さい。この書物は東京堂、三省堂辺で聞いて下さい。神田の誠文堂から善いものが出版されていると思います。

元気で一層健康になってください。いづれその内二人でヨーロッパへ旅行することも出来そうです。時代はこのような時代ですから、出来そうもないことも出来るようです。妄想としか今思われないことではあるが。

——洋さんの御嫁は定まりましたか、協さんは未だ学校ですか、常次郎方は未だ疎開しませんか、空襲の危険あり、子供達のため今の内に決行した方がよくはないか。

——寒いと言っても、モー春の気はいが一日一日とすすみます。庭の沈丁花、山グミ、水せん等、ポッポツ例の通り春の先駆をなしているでしょう。何とぞ一層の御健康をいのる。差入はノンキに考えてやって下さい、カラダ第一ですから。草々。

二月二十一日

二三　**細川みね子**

一九四五年三月六日／東京都世田谷区世田谷五ノ二八三二／横浜市南区笹下町七三一／細川嘉六◇封緘葉書

冬を凌ぎ、あなたも秋月翁も共に御無事のことと信じ、安心しています。

其後空襲と健康とからも佳《よ》き住居が求められましたか。佳きものが得られるよう祈っています。

卯五つ、後で又五つ、リンゴ三、ミカン三、受け取りました。誠にすみません。

小野塚翁の御著書は矢張り不許可でした。しかし、ここまで運んでもらったことにて、それに私の夢に生き

---

(63)恩師小野塚喜平次は一九四四年一一月二七日に亡くなった。七三歳。細川は「書斎の思い出」（『思想』一九五四年四月）のなかで「終戦の前年十一月には、疎開地軽井沢にある、住みなれた別荘でいともしずかに病死されたのである。先生のこの死については、私は横浜の刑務所で家内から知らされ泣いたのであった」と記している。
(64)久留間鮫造。このとき大原社会問題研究所所員。

生きと手にし戴いた実感のごときものを得られたことにて、全く満足です。ご安心ください。

差入書物は東洋中世史第四に引きつづき、同平凡社、東洋近世史（残っている一冊）、岩波文庫の「世界人類文化史物語」二冊、世界童話大系の中、支那のものを先きに入れて下さい（この童話の本は応接間にあるはづです）。週報、写真週報[65]は時日がおくれても少しも差支えがありません。世の中のこと、国内の出来事、皆自分の掌の中に見るようです。従来私が深く考え発表して来た通りに続々発現し来り、誠に学問の偉力をしみじみ感じます。愚鈍にして勉強の足らなかった私の如きをして、この力を享受し得るまでに育て導き下さった親、先生、皆々様の甚深《じんしん》な慈悲は今新たにひしひしと感じています。何日かこの大恩に報いることができるかと、このことばかりが気がかりに暮しています。国の内外の事態は更に私の学問の真価を証明するものと毎日想見しています。

空襲のため東金井の御宅、御影の御宅、常次郎の宅等、変事はなかったか、何もなかったことと思いながら、ここで心配しても心配損とは思いながら気にかかります。小林君の子供達は宅へ引越して来ているのですか。春と共に宅の内もますます賑かとなることと想像されます。

秋月翁の仰《おおせ》の通り同じ暮《クラ》すことだ、笑って暮らすことです。笑う門に福来るです。御話の通りお互いに健康でさえ居れば、心配することはありません。

秋月翁に御会いの折、健康で居《オル》こと、御伝えください。時代がますます困難になると共に偉人をおもうこと、いよいよ切《せつ》になります。三千年前の周公旦の人物と偉業とが切《しき》りと想像されます。大混乱大艱難の世界を治め、正大なる周《シュウ》を創建した事績は単に過去のことではない、日本のことでなければならないことを思うて居るとも御話ください。

何卒住みよい住居が求め得られるよう祈っています。

以上

三月六日

二四　細川みね子

一九四五年三月二三日／東京都世田谷区世田谷五ノ二八三二／横浜市南区笹下町七三一／細川嘉六◇封緘葉書

御来訪、誠に有難う。

秋月翁、直ぐ国の干し柿を御茶にて御賞味下されたということ、私も同席して同じく味ったと全く同じ感です。全身なごみたる温い気につつまれる感で満ち満ちています。あなたと弟との心づくし、誠に有難う。翁と何たる深い因縁でしょう。

韮川村[66]への疎開、真剣に考えて下さい。世田谷も安心は出来ないと思います。心配に心配を重ねさせた上に空襲で死去されては、トテモ私は堪えられないのです。

去る十三日差入《イレ》られた品物は皆受領、御放念下さい。書物の差入について――例の「大化改新の研究」、ドウソン著田中萃一郎氏訳「蒙古史」二冊（岩波文庫）、新井白石「読史余論」一冊（同文庫）、播磨猶吉訳「金帳汗国」（大形の書物）、伯爵林 薫《ただす》訳「羅馬《ローマ》興亡史論」（大形の書物）、御話の支那地理書、先日中しました世界地理書二冊（内一冊はインドその他、他の一冊は中央アジア）チョコレート色のもの――以上のものは皆家内にあるはずです。

(65)情報局の編集・刊行。週刊の国策グラフ雑誌。

(66)足利市近郊の群馬県太田市韮川町か。

――空襲等のため今後ここへ通うことも困難となるでしょうから、今の内に冨山房発行畔柳《くろやなぎ》著「大英和辞典」（赤い大きな辞書）、白水社発行「仏和大辞典」（これらも内にあるはづ）差入屋へ持参して下さるといいが、如何。

――ここに領置されている六冊の書物、それにハミガキ粉、歯楊子、石ケンをこの二十六日に宅下げします。その内書物は橋本全集と鉄道案内二冊は不要。家へ帰えしてよく、他のものは先づ詩経、次ぎに荀子という順に他の書物にまぜて差入れるよう、差入店によく指図して下さい。ハミガキ、楊子等も折返えし差入れて下さい。

――この役所の会計に一百円近く預けています。これはあなたが差入屋へ来て支払い出来ない場合、差入屋が直接私に請求するように指図《さしず》して置いてください。そうすれば互いに安心ですから。

――差入のことよりもあなたの健康が大切、生命が大切です。私は皆さんの御恵みを蒙むり平安に、そして絶えない大きな希望にてらされて暮らしていますから御安心ください。

以上の書物があれば、ここ数ケ月御心配はいりません。切に御放念下さい。

一日と言わず、ドンドン温《あたたか》くなって来ました。冬去りて春ぞ来ると雀さえづる、これは私の発句です。

家の庭、その四囲の風景、目に見、手にとるようです。毎朝毎夕マルチャンと散歩し、互に書斎でコーヒ等飲む昔を追想し、楽しんでいます。

切に一層の御健康をいのる。　草々

三月二十三日

二五　細川みね子　一九四五年四月二六日／東京都世田谷区世田谷五ノ二八三二／横浜市南区笹下町七三一

／細川嘉六◇封緘葉書

御手紙拝見、盛んな家内外の春を満喫することができて、内心一層深く新たなる力を感じることができ、又親類方々の安泰も知ることができて、全く安心です。

昨今は米子さん達逗留されることとなって、寂しい家の内も今度は他人水入らず、賑やかとなり、これまた喜ばしい。家は蛸家だが、世田谷の新鮮な空気、日光、野菜等、皆さんによき健康と気力とを盛んにすることと思います。親類各位と相談の結果、疎開問題解決されたので、私も満足です。ヘタな田舎転居よりも元の巣がいいと考えるのが適切と思われます。

御差入の品、皆受領――果物については、玉子前渡で十個、リンゴ大小四ツ、ネーブル二ツ、干し柿三ツ、誠に有難う。

秋月翁に御会いでしたか。御会いの折、このことお伝え下さい。

狼跋《フミ》其胡、戴疐《スナワチタオル》其尾、公孫《ユヅリ》碩膚、赤児几几、
狼疐其尾、載跋其胡、公孫碩膚、徳音不瑕《ヤマシ》(67)

(67)『詩経』「豳風《ひんぷう》」中の「狼跋」(『漢詩大系』一「詩経」上による)
　狼はあわててその胡《くびにく》を踏んだり　その尾につまづいたり　公《きみ》は大功美徳をゆずって赤い児を履《くつ》いてゆったりとしておられる　狼はその尾につまづいたり　その胡を踏んだりして苦しむ　公は大功をゆずって　大いなる徳は欠けるところもない

――この詩は周の大臣が周公旦の大徳を賛美したものです。現時局空前の厳重な状態を前にし、周公旦の大業を沈思黙想しております――この私の心胸《ママ》をお話し下さい。序の折でいいのです。翁は微笑されるでしょう。何れ事《こと》落着し、翁に拝顔する時も遠くはないはづ。この詩を心待ちし、喜んでいますと。

――書物について。グリーン著英文「イギリスの歴史」ヒストリー・オブ・イングランド――これは中形より大きい、表紙は濃い草色、六、七百頁の分厚《アツ》なもの。○満江さんの「ナイルの流」[68]。○吉田松陰の「吉田松陰書簡集」（岩波文庫）、小川芋銭書箋集（第二）[69]御願いします。皆家にある書物です。

　前回の絵ハガキ四枚、今回のもの上高地四枚領取し、誠にいい思いつきで心慰めること一方ならずです。絵ハガキは皆私にとって立派な掛物です。就寝の時も枕もとにおいて眺めています。何という広大な自然のながめでしょう。美術の世界でしょう。

　米さんと足利へ墓参りされ、大日様のタイコ橋[70]まで少年時代を追想しながら行かれたとの一条、何度も何度も読んでいます。マルで立派な詩を読むようです。二人姉妹がこの時代――歴史にないこの時代に生きながらえて、この郷土に尽きぬ思いをなす。楽だけの楽、悲しみだけの悲しみでなく、楽と悲を超えたほんとうの心の古《ママ》郷がここに見出されます。この度の墓参は真実によいことでした。喜び余りあります。

　小沢翁に御会いの折よろしく。

　書物はすべて願ったり、叶ったりのもの。これで又私の研究は広く深くなります。ボツボツ味読しています

――尚お差入書物について。久米邦武著「日本の神祇」（創元社）、家にあるものです、小型のもの、願います。

――米さん、前島さん、その他皆々さまによろしく。何はともあれ、更に一層の御健康をいのります。私は皆さんの御影《ママ》で平安に暮しています。

洋さんの結婚式万歳、小林方万歳。むろん細川方万歳　呵々　以上

四月二十六日

二六　細川みね子　一九四五年七月二日／東京都世田谷区世田谷五ノ二八三二／横浜市南区笹下町七三一／

細川嘉六◇封緘葉書

御変りないことと確信し、安心しています。気候の変り目にて秋月翁も如何か案じられます。私は御蔭でともかく無事、御安心下さい。御差入品、御話通り受領いたしました。誠に有難う。

今度差入書物はグリーン著（英文）ヒストリー・オブ・イングランド、日本人類学会編「日本民族」（浮藍色、厚表紙、菊版）、久米邦武著「日本の神祇」（創元社蔵、中形版）御願いします。

私の公判はのびのびになっていますが、何時までもこうほって置けるわけのものでないから、近い内に開かれるものと期待しています。[71] 公判の場合にも遠隔なところであり、殊に空襲の危険甚だしい際ですから、決して決して〱御立合[72]に出られるようのことなされないよう望みます。私の事件は全く公表した諸論文に限

(68)満江巌『ナイルの流』、一九二八年。

(69)『芋銭子文翰全集』下巻（一九四〇年）か。

(70)足利氏の守り本尊の「大日如来」をまつる鑁阿寺《ばんなじ》（足利市）の堀にかかる太鼓橋。

(71)横浜事件の多くの被告については一九四五年七月下旬から九月一五日までの間に倉皇のうちに公判と判決（執行猶予付ながら懲役二年などの有罪）がなされたが、細川の場合は最後まで公判が開かれないまま、一一月になって治安維持法廃止にともなって免訴となった。

(72)思想事件の公判は非公開であったが、家族には特別傍聴が認められていた。

ったことであり、それは又我国民中、最良最有識層幾千幾万の人の承知しているところであり、又そればかりでなくここ幾年に亘る日本内外の重大な事態の推移変化によって、所論の正邪当否がこの幾千幾万人の前に証明されているところであるのですから、毫末もあなたにおいても気にかけられるほどのことではありません。

それに申分なく立派な三輪、海野両氏[73]が弁護に当って居られるのですから、私の事件の内容はそれですから、悪意な曲解邪推を弄しない限り簡単明確なものであって、ずっと前に決着されて居るべきはづのものです。私は当初からこの事件は警察で片付くものと確信していましたが、とうとうどうしたものか、これまで四年の永きに亘ることとなり、全く意外、解するに苦しむ次第のものです。私は公判に立つ時には裁判官各位にかくの如き事件の私をかくまで健康を危険に曝《さら》して置くことが、厳粛な困難に陥っている我が国、我が国民のために利益であるか否かを訴え、考慮して頂くつもりです。このようですから、少しも公判の進行について不安に思われないように待っていて下さい。裁判所に道理を通うる明智があるはづですから。

この頃初夏に入らんとする際、庭の様子を想見されます。テッポー百合が咲いていることでしょう。

この手紙が届く頃はおぼん祭の日でしょう。今年は思いがけなくも小野塚先生のみたまも御加わりになりました。誠に思い出深い。

昨今あなたが昨年七月ここへ出された手紙を読んでいます。一年前のことがアリアリと眼にうつります。詩経第二番目の葛覃[74]という詩に

葛之覃兮、維葉萋萋、黄鳥于飛、集于潅木、其鳴喈喈、葛之覃兮、旋于中谷、維葉莫莫、是刈是濩、為絺為綌、服之無斁、言告師氏、言告言帰、薄汗我衣、薄澣我衣、害澣害否、告帰父母

この三千年前の漢詩の示す自然と人生との健康さはこの未曾有の時代に生きる者につきない光、力、安心——健康を与えます。小沢翁に御会いの時、この詩を講義して頂きなさい。必ずあなたの健康のためになりますから、私はこの詩を毎朝夕となえています。

前島さんは北海道から帰りましたか。よろしく伝えて下さい。毎度玉子の世話下さる近所の方々にもよろしく。一層のご健康をいのる。　拝具

七月二日

二七　細川みね子

一九四五年七月八日／東京都世田谷区世田谷五ノ二八三二／横浜市南区笹下町七三一／細川嘉六◇封緘葉書

この書面の着く頃はお盆で、内では親たち始め皆々様のみたまを迎い祭って居られるでしょう、秋月翁がこのみたまの内に入られ祭られることとなろうとは夢にも思いませんでした。(75)

---

(73)弁護士の三輪寿壮と海野晋吉。実際には横浜事件被告の弁護は海野が単独でおこなっている。

(74)『詩経』「周南」中の「葛覃」(『漢詩大系』一「詩経」上による)

葛のかづらが延びて　谷の中に移り連なり　其の葉がこんもりと茂る
これを刈り取りこれを煮て　粗糸《あらいと》や細糸のかたびらを製《つく》り　これを着て厭《いと》いはせぬ
さて女師にも告げて　暫しの別れ暇をもらって里に帰ろう　いささか我が衣服を洗い潔《きよ》めて　心残りを無くして置こう　何を洗い何を濯《あら》わずに済ませるか　早く父母の許に帰って喜ぶお顔が見たい

(75)秋月左都夫は一九四五年六月二五日に亡くなった。八七歳。

翁が私へ差入れ下さった御手沢《ごしゅたく》のある朱熹集注論語[76]は丁度翁が私への遺言です。この書物は私の心が何となく望み始めていたもの、それがご逝去に先き立って差入れ下さったことは、ただ事ではありません。翁は頭の三つ四つ打擲《ちょうちゃく》されても私を自由にさせたいと仰せられて居られたという深い深い御情けは、私が生きる限り忘れられるものではない。我が国の間近に迫っている前途を思い煩われた翁の御心胸《ママ》、誠に誠に拝察するに堪えない。私は一日でも片時でもよいから翁に御会いしたくてならなかったことは、これがためです、この一念が実現されなかったことは一生の遺憾です。

昨年小野塚先生を、今又翁を失った私は、あなたが生存して居られず、又私に厚大な恩義を報いるべき志が無いならば、この世にも何の望みもなくなっているはづです。私は何としても生きぬき、全力を傾倒して我が国、我が国民のために尽くさなければなりません。翁の御逝去を前にして、更にこの念は更に切実となって来ています。翁が国の前途にあのように望み少き思いをいだき御逝去されたことは、いかにもいかにも残念です。私はこの翁の志、小野塚老先生の志を達しなければなりません。

先日私の悲嘆の姿を目撃されたあなたは、昨今私の健康を損うことになるまいかと案じて居られることと思われるが、しかしこの点何卒安心していて下さい。

私はあの日から心を新にして、健康の増進を計っています。御差入の論語を翁と共に居る思いをして朝夕に翫味《がんみ》し、無限の心の□□《判読不明》を打開する手だてとし、心をおちつけています。必ず安心していて下さい。困難になればなるだけ、私は強力に成長しなければなりません。

こうしてこそ親たち始め——泊及び足利の——皆々様に辱《かたじけの》うした厚大無限の恩義に報ずることができ、生き甲斐があるのです。

この手紙を読まれたら、暇を得て内の庭、草花一束と線香とを翁のみづし[77]に捧げて下さい。

お盆の日にはマルちゃんのためにも花と線香とが供えられたことでしょう。お盆には私はここで皆さんのみたまを迎えまつります。同時に心内にかえり行き、皆さんのみたままつりにあなたと共に列します。お盆に際し、私の思いは到底つきません。

東金井・足利の皆さん、お玉さん、三上さん、千葉の前島さん、高□《判読不明》さん、親類皆々さん、そして又近所の皆さんによろしく。

今度の差入書について——グリーン著英文ヒストリー・オブ・イングランド＝英国史は未だ見出されませんか。ラッツエル著ドイツ文フェルカークンデ Ratzel Volkerkund 中の一冊——この書物は三冊つづきのもの、大きさは写真週報を半分にしたほどの広さ、七百頁ほどの厚さのもの。表紙は黒藍色、厚紙表紙、書斎の北側書棚にあったものです。

——三冊中一冊というのは日本、支那、南洋、中央アジア等について記述したものを差入れてほしいのです。誰かにたづねてもらって下さい。しかし、これがため急いでここへ御出下さる必要はありません。空襲の危険の甚しい時であり、且つ暑さも厳びしくなって来る際ですから、どうぞ無理なさらないようにくれぐれ御願いします。

内の方はどう片付きかけていますか。ここで心配しても効ないことですが、出来るだけ気心の知れた善き人の来られるやうにと祈っています。森田さんによろしく。ネーねのことで御会いになるでしょう。

---

(76)正確には朱熹『論語集注』。南宋の儒学者朱熹（朱子）による『論語』の注釈書。東京大学社会科学研究所の「細川文庫」には秋梧散史『新訳註解朱熹集註論語』（一九二七年）が収蔵されている。

(77)御厨子。仏像・位牌などを安置する。

何卒一層御健康になられるよう祈念します。内の庭、畑の様子、御暇があったら書き送って下さるといいが、毎日その風色を想見しています。　草々

七月八日

第四章　北京・平壌から

細川嘉六（左）、風見章（中央）、人民外交学会会長・張奚若（右）／1958年、国慶節で訪中

二八　細川みね子

一九五七年一〇月九日／東京都世田谷区世田谷五丁目二八三三番地／中国北京市北京飯店／細川嘉六◇絵葉書

私の健康は元通り、服薬も所□《判読不明》しています、御安心下さい。これからは寒くなるからゼンソクを警戒して下さい。近くに矢野先生も居られることですから。

一行はこの十二日に北京出発、東北（満州）地方に立寄りながら朝鮮に入り、二十二日にここへもどる予定、私も参加します。

何を見ても人と話しても別に意外なことはありません。しかし重大な困難を乗りこえ、左に走らず右に屈せず、静かに逞しく進歩して止まない広大な力を、特に又人に接し、直接に現実に感じられます。私の身内に新しい血が旧る《ママ》い血と徐徐に交換するような気持がします。これが又私の健康にも有益な効果を与えるでしょう。

今日で十日にもなるから照美ちゃんも寂しがらなくなったでしょう。別にたよりを出しませんが、国峯さん、その他の方々に御会いのとき、くれぐれよろしく御伝え下さい。

私も含めて一行への中国側の待遇はいたれりつくせりです。ご安心下さい。

十月九日

二九　細川みね子

一九五七年一〇月一五日／東京都世田谷区世田谷五丁目二八三三番／朝鮮人民共和国平壌市／細川嘉六◇絵葉書

今日午後二時過、一行はここに到着しました。私も無事です。皆さんの歓迎をうけ、夕方まで諸所見学し、晩には映画「世界に訴える」を見せてもらいました。

今日は丁度平壌の創立千五百三十年祭で、市内は夜にかけ祝のうづまきを呈していました。人民は他の社会から見れば絶望と思われた窮状の真只中からかくもすばらしい発展をもなしうることを、われわれの眼前に展示しています。

明日、開城市を訪ねて同市で一泊、翌日板門店に行く予定です。二十日に北京に戻ることになっています。北京出発以来、ずっと晴天で、毎日秋たけなわな景色の中で暮しています。御安心下さい。

十月十五日

解説

荻野　富士夫

成立の経緯

本書は、理論社から刊行の『細川嘉六著作集』全三巻（一九七二年から七三年）の補巻として準備され、未完のままとなっていた『河童自伝　妻への便り』を再現したものである。同著作集の内容見本では、補巻は次のように予告されていた。

> 著者の人間形成の歩みをたずねて、服部之総《しそう》が聞き手となり、数回にわたって「河童放談」をした記録がある。それを著者の独白文体に浄書する約束を果すことなく服部之総は逝き、著者も逝った。編者はその遺業を継いで故人に献げることとした。また若い頃の著者・獄中の著者が妻に書いた便りは武骨に語られた愛の文学だ。写真と遺墨若干も収めた。

「編者」とは理論社社長の小宮山量平であり、「放談」の聞き手の一人ともなっていた。小宮山は『著作集』「刊行のことば」のなかで「心ある人びとの胸底には、あの昭和十年代、時流が暗黒へと傾斜していく勢いに抗し、あえて直言をつらぬいた先生の姿勢が、かくべつ鮮かに甦《よみが》える昨今であります。温容剛毅な先生の学風や人柄だけでなく、その所論の条理までもが、未だその一つだに達せられない座標として、原点的にかえりみられるのです」と記した。この刊行には「今こそ墓を割って噴きあげてくる先生の憂国の肉声を、そのままお伝えする」という強い思いが込められていたが、それから五〇年を経て再び「時流が暗黒へと傾斜してい」きつつある現在にあって、この補巻『河童自伝』刊行は大きな意味を持つだろう。

第一部の細川嘉六を囲んだ服部之総らの聞き取り「河童放談」は一九五三年夏から秋にかけて四回（第一回　八月二一日、第二回　九月二三日、第三回　日付不明、第四回　一一月三〇日）にわたっておこなわれている。このうち第一回分の全部（一、私の生いたち　二、小学校のころ　三、父と母から承けたもの　四、東京へ　五、一高時代）と第二回分前半の「一、読書と人生」と「二、ふるさとの人びと」の部分は、服部之総の手によって細川の「独白文体」のかたちに編集・原稿化された。第二回分の後半（三、大学時代　四、就職第一歩　五、住友辞職てんまつ記　六、新聞記者落第記、なお以上の小見出しは服部による）、第三回分（住友・読売から東大経済学部・大原社会問題研究所へ）、第四回分（外遊、時代と社会に抗して）は、聞き取りの「放談」形式のかたちまで整理されて残された。これら四回分の原稿は、長野県上田市の「Editor's Museum 小宮山量平の編集室」に保管・所蔵されている。

なお、第一回分と第二回分前半の原稿は、金澤敏子・向井嘉之・瀬谷實・西村央『スモモの花　咲くころに　評伝　細川嘉六』（二〇一九年、能登印刷出版部）の「第一章　わが故郷」に金澤敏子編により収録された。同書第二章以下ではこの聞き取り部分の各所から引用がなされている。

本書では同書から第一章を再録し（新たな注を加えている）、第二回分後半から第四回分までの聞き取りの「放談」原稿をそのまま収録することとした。話題があっちこっちに飛び、記憶違いなどによる不正確な箇所が散見しながらも、聞き手の質問に触発された細川の応答ぶりは縦横無尽で、とくに人物評における辛辣で率直な発言は「放談」ならではといえる。第一部「河童自伝」を「放談」原稿の表記に準じて「第一章　生いたちの記」、「第二章　青春の記」、「第三章　住友・読売から東大経済学部・大原社会問題研究所へ」、「第四章　外遊」、「第五章　時代と社会に抗して」とした。内容に応じて一部の順序を調整するほか、「放談」にはなかった小見出しを付している。

服部之総

『著作集』内容見本には「著者は自ら大部分の遺稿を焼却し、晩年の解脱《げだつ》ぶりを示して去りました」とある。したがって、細川の波乱万丈で曲折に満ちた生涯の軌跡をたどるにはこの原稿のほかに、活字になったいくつかの自伝的文章に拠らざるをえない。その一つが木村亨らによって設立された世界画報社の『ひろば』創刊号（一九四七年二月）に掲載された「カッパの屁」である。これは林広吉を聞き手とした「放談」で、一高時代から横浜事件までの主なトピックを語る（続編は掲載されなかった）。

本「河童自伝」に向けた「放談」から半年後、細川は一九五四年四月と五月、雑誌『思想』に「書斎の思い出」を寄稿した。前半は恩師小野塚喜平次について、後半は大学卒業後の住友入社から横浜事件に至るまでを叙述している。

この二つの自伝的文章の内容は本「河童自伝」と重複する箇所も多いが、触れられていない事柄やより詳細な記述も少なくない。それらについては本文の注として補足することにした（「カッパの屁」は森川金寿編著『細川嘉六獄中調書』（一九八九年）に収録）。

なお、満鉄調査部事件で検挙され、戦後はアジア問題研究所やジャパン・プレスで細川と行動をともにした伊藤武雄は「細川嘉六の業績を、数年にわたって探究した結果が、今理論社から刊行されつつある四巻の著作集である。この事業は私と石堂清倫・前芝誠一・村上義彦の四人が、大内さんの協力によって刻苦したものであり、出版の事情から、この事実は記録されていないので、この際ここに記しておく」と書いている（伊藤「日中復交における二つの「反省声明」——戦争責任から解放されうるか」『アジア経済旬報』八七九号、一九七二年一〇月）。「出版の事情」については不明である。

聞き手の顔ぶれ

この時期、一九五一年九月に細川はマッカーサー指令により二期目の参議院議員の資格を剝奪され、翌五二年一〇月の衆議院議員選挙に東京第一区から立候補・落選するという状況にあったが、レッド・パージで共同通信を追われた記者らとともに国際事情研究会を設立するほか、アジア問題研究所所長として活動の拠点を築いていた。文筆活動においても「前進する世界平和勢力――ウィーン世界諸国民平和大会は世界平和の可能を証明する」を五三年三月の『前衛』第七八号に寄稿するなど、意気軒昂《いきけんこう》であった。

「放談」の聞き手として進行役を務めたのは歴史家の服部之総（一九〇一年―五六年）である。細川の著作・論文などに服部の名前は登場しないが、細川との接点は少なくとも二つ確認できる。一つは、服部が野呂栄太郎・羽仁五郎らとともに刊行した『日本資本主義発達史講座』（一九三二年―三三年）に細川も誘われ、第七巻に「日本社会主義文献解説」を執筆していることである（服部は第一巻に「幕末に於ける世界情勢及び外交事情」、第二巻に「明治維新の革命及び反革命」、第五巻に「条約改正及び外交史」を執筆）。もう一つは、メーデー事件の特別弁護人として阿部知二・鈴木東民らとともに細川と服部が名を連ね、五三年二月の第一回公判に出廷していることである（松尾章一『服部之総』、二〇一六年）。

年齢的には細川が一回り年長となるが、服部は細川の一九三〇年代後半の評論活動、横浜事件の中心に位置する人物として、さらに戦後の『世界評論』や『人民評論』などでの活発な評論活動、日本共産党所属の参議院議員としての国会での精力的な論戦などを深い敬意をもって眺めていたと思われる。一方、細川は服部の明治維新研究に注目していたはずである。東京大学社会科学研究所に寄贈された「細川文庫」には服部の著作『近代日本外交史』（一九四七年）、『明治維新の話』（一九四九年）など五冊が収蔵されている。

両者を結びつけ、「河童自伝」を服部による「放談」聞き取りと「独白文体」によるリライトという企画を発案し、実現に向けて推進していたのは理論社社長の小宮山量平であったと思われる。理論社からはこの聞き取りがおこなわれる直前の五三年四月に『微視の史学――服部之総随筆集』が刊行されているほか、五五年には『服部之総著作集』全七巻が刊行された。

聞き取りには服部のほかに小宮山量平とともに、宮川実（一八九六年―一九八五年）と山崎謙（一九〇三年〜九〇年）が加わっている。マルクス経済学者の宮川は師事した河上肇とともに『資本論』などを翻訳しており、細川とは戦前から面識があった可能性がある。前述の「細川文庫」には宮川訳の『資本論』第一巻第一分冊（一九四六年）が含まれている。

山崎は哲学者で唯物論研究会員であった。細川がこの座談で熱く語る尾崎秀実と風見章と山崎は親しい友人であり、師事する人物であった。四五年三月、三木清とともに治安維持法違反容疑で検挙され、敗戦まで警視庁に留置されていた（山崎『紅き道への標べ――わが心の生いたち』、一九七五年）。戦後、共産党に入党しているので、そのあたりで細川との接点があったのかもしれない。「細川文庫」には山崎の『現代哲学の解明――その実践的立脚点』（一九五二年、理論社）が収蔵されている。

細川・服部ら五人はおそらく政治・社会状況についての問題意識をかなり共有していたのであろう、聞き手全員が細川に対する敬意と親愛に満ち、そして細川がたどった足跡に強い関心をもっていた。「放談」は温かな雰囲気のもと、和やかに進行している。それを再認識しただろう小宮山は、『著作集』内容見本に「およそ革命家とか指導者を思うとき、四角ばった理論家ぶりや、勇ましい演説ばかりではなく、気のおけない《おじさん》をまっ先に考えられることは、幸せだなあ、と思うのです。そんな幸せを自分たちのこととして考えるとき、誰もが革命家や指導者の名にふさわしくない先生のなかに、なつかしいじぶんたちの《ホー「・チ・ミン」おじさん》を見出していたのです」と記すことになった。

著作集の補巻として刊行されるはずだった「河童自伝」は細川嘉六の「限りない温容と不屈の剛毅」の全容と、それらがどのように形成されたかを、肉声をもって余すことなく伝えようとしていた。

「妻への便り」について

著作集補巻では「若い頃の著者・獄中の著者が妻に書いた便りは武骨に語られた愛の文学だ」（小宮山量平）として、「妻への便り」の収録を予定していた。原書簡とともにサダ（みね子）による校閲がなされた原稿のかたちで残されており、三つの時期に区分されていた。

書簡番号一～七　結婚まで　一九一九年一一月二四日～一九二〇年三月二八日

書簡番号八～一〇　中国から　一九二〇年八月～同年九月二〇日

書簡番号一一～二七　獄中から　一九四三年七月五日～一九四五年七月八日

本書編集にむけた探究により、さらに二通の絵葉書が見つかった。一九五七年一〇月の北京と平壌から発信されたものである。したがって、本書「妻への便り」は二九通を収録している。

「結婚まで」の七通は「牛窪みね子」宛となっている。「獄中から」は七通が東京拘置所から、一一通が横浜刑務所から発信されている。これらに対応するサダから細川嘉六宛の書簡は不明である。

サダによる「検閲」のために二通の一部が削除されている。また、主に縁戚・友人関係についてのサダによる注記が付されており、本書でもそれらを生かしている。

細川は一九二五年八月から二六年三月まで外遊し、三九年には北海道・関東から四国・九州方面の農村などの視察旅行をおこなっており、これらの長期不在の期間にもサダ宛の書簡があったと推測されるが、それらは残されていない。

なお、これらの書簡の一部は『細川夫妻を偲ぶ』（一九七七年）に公表されているほか、いくつかの獄中書簡は田中伸尚『未完の戦時下抵抗』（二〇一四年）や『スモモの花　咲くころに　評伝細川嘉六』（二〇一九年）で紹介された。

一九二〇年八月から九月にかけて、京城・平壌を経由して奉天・ハルビン、さらに大連・天津・北京・青島を回った視察旅行については、これまで知られていなかったものである。東大経済学部の糸井靖之が同行者であり、細川にとっては東人を辞職して大原社会問題研究所に入る（九月に嘱託となる）という時期だけに、どのような目的をもった視察旅行なのか気になるが、これら三通の書簡からは不明である。

旅行中の近況を報じるなかでも、細川の文章は精彩に富んでいる。たとえば、ハルビンにおいては「平穏とは言うものの、この平穏の中には人間のいろいろの罪悪がぬたくってる、生き生きした人間のエネルギーが躍動してる。喜びがあり、悲しみがあり、平和と混乱とが隣合うている」と、国際都市の現在をするどく読みとる。北京においても「見渡す大通り、何という世界であろう。自動車が、人が、人力車が左に右に横に縦に走る、駆ける、歩む、行く。私の後から来る人力車のカジ棒に背骨を打抜かれはしまいか、前の人力車に衝突はしまいか、少し神経質が起こってくる」と、その鋭敏な感覚の一端がうかがえる。

のちに帝国主義論と植民地問題を主題とし、横浜事件の発端のひとつとなる「世界史の動向と日本」を渾身の力を込めて書き上げていく細川の出発点および原点として、この一九二〇年の中国旅行における見聞と体験を位置づけることができよう。

新発見の一九五七年の一通では、いずれも建国からまだ日の浅い中国・北京と朝鮮民主主義人民共和国・平壌での印象を「重大な困難を乗りこえ、左に走らず右に屈せず、静かに逞しく進歩して止まない広大な力を、特に又人に接し、直接に現実に感じられます」、「人民は他の社会から見れば絶望と思われた窮状の真只中からかくもすばらしい発展をもなしうる」と書き送っている。

この中国・朝鮮民主主義人民共和国訪問の詳細は不明である。翌五八年五月、右翼団体の男が切手展会場の中華人民共和国国旗を引きずりおろして毀損した長崎国旗事件を受けて、七月一四日、細川は風見章・伊藤武雄・中島健蔵とともに「反省声明」（『細川嘉六著作集』第三巻所収）を発表した。中国は風見を団長、細川を副団長とする「反省声明」訪中団を国慶節に招いた。

父と母から承けたもの

一八八八年生まれの細川は、「時勢におくれて沈滞した田舎町」と評する富山県下新川郡泊町（現・朝日町）でその幼少年期を過ごした。日本海に面した農・漁村地帯にも近代化と資本主義の波が遅れて押し寄せてきたことを、「古い生活のしきたり」や「婿とり」と「嫁入り」、「稼ぎ人」世界の結びつき、紡績業勃興直前の「晒《さらし》」や「高機《たかはた》」などの幼い頃の記憶を通じてあざやかに語り出す。日清戦争時には「尚武の精神」にひたっていたという。

細川は「私」を作りあげてくれたものとして、荒波の日本海に象徴される自然とともに「親の力」をあげている。貧しい生活のなかでも実際の生き方をもって「卑しいことはするな」という道義を教え込み、「伸びようとするものを押さえない」という楽天主義を貫いた両親への感謝の念は深い。決断を下す際の「速戦即決主義」は父親譲りの性根という。

禅宗から本願寺派へと夫の宗旨さえもかえてしまうほどの母親の「素朴な信条」は、決して変節を肯んじない細川の精神の拠り所となった。大学を卒業した直後の一九一七年五月にその五三年の生涯を閉じた母について、細川は二週間後に「今ぞ知る、五十三年の生涯は貧苦誘惑懐疑等一切を通して絶対無碍《むげ》の愛の悟達とその体現の努力とに存せると、ああ又尽きせぬ懺悔は我身の上のものなるを」と書き残している（「母を亡《うしな》いて」、『スモモの花　咲くころに　評伝細川嘉六』所収）。

妻への書簡でも各所でそれぞれの両親に対する恩義が表明される。結婚を前にした一九二〇年三月一三日には、健康を保って生きていかなければ、「今はない二人の親が自然とかく迄に苦闘して育てて呉れた大恩の万一に報いることも出来ぬ」とする。また、四五年三月六日には横浜刑務所から「愚鈍にして勉強の足らなかった私の如きをして、この力を享受し得るまでに育て導き下さった親、先生、皆々様の甚深な慈悲は今新たにひしひしと感じています」と書き送る。

学問による「精神的大伽藍」の建立へ

小学校高等科への進級さえもおぼつかない家庭の経済状況だったが、細川自身の強い向学心に加えて両親の理解により、高等科だけでなく、中学・高校・大学への道も開けた。しかも母は弟二人の進学も実現させた。中学から大学までの在学中だけでなく、社会人スタート時の慌ただしい職歴の変遷中にも、大原社会問題研究所在職中にも、そして一九三〇年代後半から晩年に至る精力的な評論・研究活動を通じても、細川の学問との向き合い方はひたすら真理を追い求め、常に社会のために国家のために自らの学問を生かすというものだった。それを後押ししたのが、大学時代のゼミにおいて、恩師となる小野塚喜平次が的確に評してくれた「批評して読む」という特性の自覚であった。また、哲学や文学への志向をもちつつも、自らの学問へのアプローチが「純理的な方面からいくより具体的の問題でいく」ということにも自覚的になっていった。

自らに課した学問への真摯で峻厳な姿勢は、必然的に細川の生き方や社会との向き合い方を随所で規定していく。たとえば、高校・大学時代には大部分にはびこる点数主義・立身出世主義をきびしく批判し、最初の就職先である住友ではもうけ第一主義を嫌って一年余で辞職してしまう。

さらにその姿勢は生活のために職にしがみつくことを潔《いさぎよ》しとさせない。念願の新聞社に入ったばかりにもかかわらず、師事しようと決めた秋月左都夫の辞職とともに読売新聞社を退社し、クロポトキン事件に連動するかたちで東京帝国大学経済学部助手を退くという決断を生む。いずれも望めば在職は可能だったが、細川は「恬淡《てんたん》」とした姿勢を貫いた。

そして、牛窪みね子との結婚においては、その前提として自らの学問観への理解を求めている。一九二〇年一月二七日には「私は一生の事業として、世の事情が許せば五十年の生命を三十年に縮《ちぢ》めてもよりよき世界の創造の為に、学問探究に全身を捧げる覚悟を持って居るものです」と表明する。さらに二月一九日には、次のように書き送る。

> 一日でも半日でも生きて居られる間は——どうしても事業の完成まで生きていたい——宿願である精神的大伽藍《ガラン》を人間の心裡に建立したい、せねばならないということです。精神的一大ガランというのは後にわかりましょうが、私としては人類の政治的将来に対し、今日の学問が導き得る極限の光明を発見することであり、発見の暁には之れが宣伝に力めることであります。この私の努力は今日に始まったことではありませんが、今度という今度は明確に思定めたのです。

すでにこの時点ではみね子も結婚に同意していたが、細川はこの「精神的大伽藍」の建立には「あなたは私と共になくてはならぬ人であり、友であり、妻（従来の夫婦関係とは異る）であるのです」とつづける。著作集編者が「武骨に語られた愛の文学」と評するようにかなり強引な迫り方ではあるが、東大経済学部のクロポトキン事件をめぐる渦中で、細川は今後の人生で「共になくてはならぬ人」を見つけると同時に、政治学を通して「よりよき世界の創造の為に、学問探究に全身を捧げる覚悟」の確立を宣言した。

その後の細川の学問探究はこの覚悟を生涯を通じて見事に貫いたものとなった。最大の試練ともいうべき横浜事件で獄中生活を余儀なくされたときも、「禍を転じて福」（一九四四年三月六日）となすという強固な信念の下、「六十の手習を毎日毎日、全く喜びと希望とを以てやっています」と、いささかの動揺も迷いもない。それは細川にとって自らの学問の「最後の磨き」（一九四四年二月五日）をかける日々に他ならなかった。

いかにしてマルキストになったか

自我の形成を始めたとき、まず細川をとらえたのは明治期後半の「国粋主義」だった。時代思潮とともに雑誌『日本人』などから影響を受けたもので、大学時代には漢学や撃剣を愛好する一面もあった。平民社などは視野に入りつつも、一高時代、幸徳秋水らの「大逆事件」には「無茶だなあ」と同情を寄せながらも衝撃を受けるほどではなく、徳冨蘆花の「謀叛論」にも大きな反応を見せることはなかった。

そうした細川の転機となったのは、大学で小野塚のゼミに参加し、「デモクラシー」論に触れたことである。「デモクラシー」の広がりは吉野作造の「民本主義」に主導されるが、細川にとっては吉野をさかのぼる小野塚の「衆民政」が決定的であった。のちの横浜事件の起点の一つとなる「世界史の動向と日本」（『改造』一九四二年八月、九月）の究極の論点は「民主主義」をいかに実現するかにあったし、戦後最初に発表する「わが民族躍進の大道」（『朝日新聞』一九四六年一月）の論点も「民主主義とは、国民各自が自由平等の立場において政治・経済・社会全般の主人公として社会生活をなすことである」に集約されるが、その原点は小野塚を通して学んだ「デモクラシー」論だった。

「民主主義」を原点としつつ、一九一〇年代末には社会主義に接近していく。大学卒業後、短い読売時代には外報部記者としてイギリス炭坑争議に関心を寄せて記事を書き、東大経済学部助手時代には月島の労働者実態調査に参加し、横須賀で労働者向けに講演することもあった。大原社会問題研究所入所後はマルクス・レーニン主義の文献を多数読み込むなかで、一九二五年頃にはマルキストを自認するようになっていく。なかでも決定的な影響を受けたのはレーニン『帝国主義論』（一九一七年初版刊行）であり、一九二五年から二六年にかけての外遊ではこの『帝国主義論』関連の文献・資料の蒐集に力を注ぐことになった。そしてモスクワでは片山潜を訪ね、日本労働運動・社会運動の先駆者と交友を深め、さらに親愛と尊敬の念を深めた。

細川はレーニン『帝国主義論』を通じて、自らの研究主題を帝国主義論・植民史へと展開し、眼前の問題として中国革命の問題へと進んでいく。

日本の社会主義史上からみると、三〇代後半になってからマルキストを名乗る細川はやや特異な例といってよい。しかも、明治後半期の「国粋主義」からの、「民主主義」を原点として確立しつつ、長い時間をかけてのマルキストへの転回であった。

小野塚喜平次

細川をそのように進展させていく要素となったのはいうまでもなく膨大な社会科学文献の読破であったが、それらの知識が実感をもって血肉となっていったのは、自身の生育環境に加えて、さまざまな「実際に働いている力の発展」を肌で感じているという自負によってであろう。少年期の泊時代に「私なりの身につまされた実感」として、日本のもともとの「精神的な前史」が欧米からの社会主義の導入にあたって受容の土壌となっていたことを語る。「放談」中の細川の言葉を引けば、「その実地に苦しんでおる人々の努力というのは、関係のない者には実際に動いている力の発展ということは分からない」、「実際下から叩き上げられたぎりぎりの、工場において、農村においてやって来た奴はやっぱりしゃんとしておりますよ」という箇所などがそれにあたる。

それは後年の外遊時に、「人間生活というのはそうどこでもあまり変らない」というパリやロンドンの下町を歩き回っての観察につながっている。

精彩を放つ人物評

この「放談」の特徴といえるのが、随所でみられる細川のさまざまな人物評である。それは前述した学問への真摯で峻厳な姿勢、「国粋主義」からマルキシズムに至る強靭な精神性から発露したものといえる。師事するに値すると決めた人物には終生にわたって敬愛と信頼の念をもちつづける一方で、同系統・同陣営に属するとみられる人物にも容赦なく辛辣な批評を浴びせた。

前者の筆頭は小野塚喜平次であり、秋月左都夫、片山潜、風見章というような人物がこの系列に連なる。住友の鈴木馬左也と久保無二雄も含まれるだろう。これらの人物に共通する点はいずれも無私で恬淡としているといえそうだが、それ以上にいずれもが細川と「ウマが合うこと」、別の言い方をすれば服部之総が「先生は一見して片山老人に好かれたんだ」というように、細川の人間性と思想が信頼され惚れこまれたという点がポイントとなろう。小野塚との関係でいえば、住み込みの書生としてやんちゃぶりを発揮しても見放されず、住友への入社や満鉄調査部嘱託への推薦という親身な世話まで焼かせてしまう間柄であった。学問的・経済的恩義にとどまらない人間としての温かさと親しみを細川は十分に感じ、大事にしていた。

同輩として信頼し、親しんだのが市川正一と尾崎秀実であろう。主に読売時代に交友をもった市川については「あれほど友情に厚い、あれほど正直なものを見なかった」と懐かしむ。そして、思想的に一歩先を進む市川は細川の指標となった。

大原社研時代からの十数年にわたる尾崎秀実に対する友情と敬愛は深く、厚い。中国問題については一回り年長の細川が当初は先生格であったが、尾崎が上海特派員として見聞と思索を深めて帰国すると、「今度は新しい中国について尾崎君が私の先生となった」（「カッパの屁」、『ひろば』創刊号、一九四七年四月）という。ゾルゲ事件を前にして、「あなたは今はこの問題に入らない方がいい、私等のあとを見ておって、それを伝えて貰えば結構です」という尾崎の言葉は、「世界史の動向と日本」執筆をうながす力の一つとなるだけでなく、獄中での毅然とした抵抗の姿勢を支えるものとなっただろう。

一〇歳近く年長の河上肇との交友は密だったわけではないが、自ら「しっくり」したと呼ぶように相互に信頼と敬意を持ちつづける関係だった。無我愛運動に没入した河上の心情に細川は共感するところがあった。期せずして二人ともに後年、一九二八年の新党樹立問題で相談した際に歩いた「芦屋の浜」の波音を思い出していることも、「しっくり」した間柄を象徴する。

片山潜

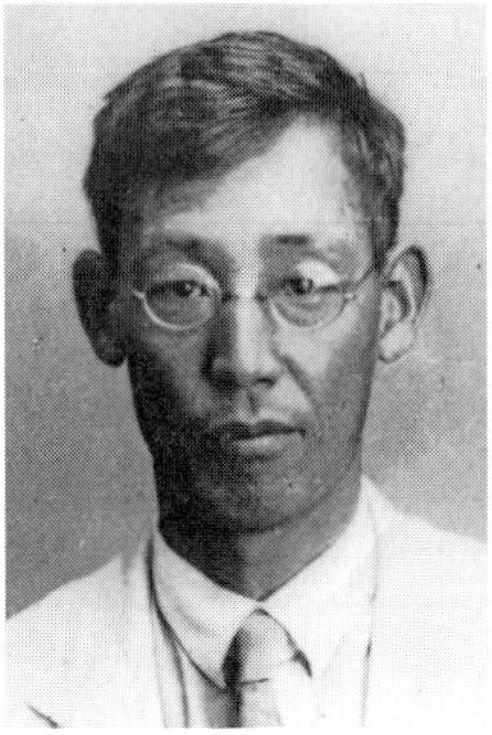
市川正一

一瞬垣間見ただけの人物描写も面白い。一九二二年九月の大阪の日本労働組合総連合結成大会におけるアナ・ボル論争の当事者として、大杉について「まことに太っ腹な鷹揚なところを見せていたんですよ。大軍の中へ入って論争をやっておる、引繰り返って仰むけになったり」と、荒畑寒村については「まことに精悍な、闘士的な態度で元気なところを見せておった」と描写し、彼らの鮮やかな立ち回りが彷彿とする。

一貫して社会と乖離したインテリへの不信は根強い。早くもそれは一高時代に、新渡戸稲造校長とその信奉者（矢内原忠雄・星野直樹・森島守人ら）に対して噴出していた。新渡戸の掲げる「修養」の内実は「点取り虫や立身出世主義を支える考え方」であると弾劾演説をおこない、新渡戸留任運動を始めた同級生たちには「闘うものが、真に闘うべきときに堂々と闘って、敗れて悔いなし、というのじゃなく、一つのお膳立ての中でめそめそしている感じだった」と断じて、同調を拒んだ。そこに「官僚的な要領の良さ」を感じとっての批判であった。

森戸辰雄や大内兵衛への評も辛い。森戸はクロポトキン事件では社会的にヒーローになったが、実際は「才能の人で、そういう問題を選んで巧みにそれを使ったということですね。才能の人ですよ。それで大いにアナーキズムに対して親身に打込んだような恰好になっちゃったんですよ」と手厳しい。大内についてはソ連を回って帰国した細川に対して「ソ同盟で反革命が起きないだろうか」という質問があったことを取りあげ、その立場を革命に対する「傍観者」とみなし、「あれは言葉はコンミュニストぶってはいたが、芯はそんなものじゃないだろう」と突き放した言い方をする。

さらに酷評といってよいのが、長谷川如是閑と櫛田民蔵に対してである。年長の如是閑についてはその主宰する『我等』に寄稿するなど当初は敬意を抱いており、同輩の櫛田とも東大経済学部時代から大原社研初期の間は非常に親しい関係であったが、細川からみればそれぞれの変節を機に辛辣な批評を加えるようになった。細川は一九二〇年代末から如是閑への不信の念を強めていたが、三三年一一月の共産党シンパ事件での行動が決定打となった。細川は、警視庁に検挙されたぐらいで「腰を抜かすような評論家というようものはあてにならぬと思った」と断じた。

大原社研の東京勤務となっていた櫛田とは「ソ同盟五ヶ年計画」評価の相違などをめぐって齟齬を生じつつあったが、ここでの決定打は河上肇への冷厳な態度であった。二八年一二月の労農党解散後の新党結成大会に河上が京都から参加した際の櫛田の態度は、細川にしてみると「非礼な皮肉のように、嘲笑っておるよう」に見えて許しがたかった。この「放談」では櫛田について「大原の嘱託も二年も三年も続いて、もうどこでもソヴエト革命の感激はないし、彼は如何なるものを書いても駄目になった」とまで言い切っている。

戦時下のもう一つの道の模索

一般に細川嘉六の名前は横浜事件の中心的人物として戦時下抵抗の極北に位置していると見られがちで、確かにそれは厳然とした事実ながらも、意外に為政者層に近接する位置にあったことをこの「河童自伝」は教えてくれる。一九四〇年前後、新たに知り合った風見章とその周辺の人脈のなかで、細川は長期化した日中戦争の打開を図り、日本の国際的孤立を脱する道の模索を試みていた。

一つは犬養健を中心に西園寺公一や尾崎秀実らも参加した支那研究会に細川も事務責任者として加わり、三民主義の共同研究を皮切りに中国研究を充実させ、現実の日中関係の改善を企図する場としていたことである。また、四一年三、四月頃から七月頃まで、興亜院総裁の依頼で非公式ながら橘《たちばな》樸《しらき》らと「興亜理念確立に関する研究」もおこなっていた。

もう一つは近衛文麿を動かして軍部と対抗しようとする風見の画策に賛同して、「国民の考え、肚《はら》の底に沈潜しておるものは戦争には賛成していないということだから、いよいよの場合は、近衛さん、あなたはもう内閣総理大臣なんかになりなさるな、殊に青年と肚を割ってやりなさい、青年と共に自分は終始すると。政界から退いてこれをやるべきだ」というアジテーション的な進言をおこなったことである。一九三九年九月末のことだが、この前提として細川は風見の依頼を受けて「北海道から九州四国にかけ、各地方の情勢、殊に国民が侵略戦争をどうみているかを確める」視察旅行をおこない、「非戦的意識の発生漸く顕著にして、その傾向は漸次に昂まりつつあること」などの確信を得ていたことがある。

しかし、近衛が細川の進言を「つまらなかった」と受け止めたため、風見を通じて近衛を動かそうとする構想は頓挫してしまった。実現の可能性は低かったとはいえ、戦時下の日本のもう一つの道を模索する動きのなかで、細川の懸命な努力がつづけられていたことを本「河童自伝」は示している。

ゾルゲ事件で尾崎が検挙され、余波が細川にもおよぶ可能性があったため、もはや何か具体的な行動をおこす余地はなくなり、制約された文筆活動をもって破局を不可避とする戦争へと向かう時勢にあらがうことになった。

「世界史の動向と日本」

一九四二年八月と九月の『改造』に発表された「世界史の動向と日本」論文は、陸軍情報部の後追いの横槍によって横浜事件の発端となったことはよく知られるが、細川自身もいつ問題になるかもしれないという覚悟をもちつつ、難解さでカモフラージュするという「用心をしながら」、「力の及ぶ限り書いた」、「あのひどい時代にとにかく書き上げた」ものだったと語る。細川の思い入れの強さは四六年六月に同名の小冊子として再刊し、その「序」の結びで「筆者は極度の弾圧下に、憐れむべき態度でようよう論述した本書の拙論を、敢て新民主主義の徹底的実現のために一切を献《ささ》ぐる我が国民と学界との参考に改めて捧げたい」と記すところにもうかがえる。

「全く僕は手を縛られたような感じ」のなかで、対米英戦が切迫する一九四一年秋、やむにやまれぬ気持ちから本論文は書き始められた。重大な問題に取組んでいるという自負のもと、熱意とたゆまぬ努力によって原稿を書き進めるなかで眺めた自宅の庭の爛漫と咲き乱れる桜は「一生涯の桜」だったという深い感慨をもたらした。

細川は論文執筆にあたり、このままでは「戦争はうまくいかない」という考えが根底にあり、それを回避して「幸福なわが国民の前途」を示すことを自らの責務と考えていた。大きく文明史を俯瞰する壮大な構想のなかで、この難局に立ち向かうべき方向性を提示した。現状の世界史的動向への理解の乏しさを克服し、「人類の発展」という根源的な観点から現在を見つめ直すという構想を立てた。そこからアジアの問題に目を向け、「依然帝国主義的思想乃至非科学的思想が支配的であること」を指摘して、社会全般の蒙を啓くことを意図した。

半年以上をかけて「世界史の動向と日本」を書き上げると、細川は疲れを癒すために郷里の泊、ついで群馬の温泉にでかけた。帰宅後、愛犬マルの様子などに事件の予兆を感じ、「空気がどうも険悪、起るなら起るで、どうもしようがない」という気持ちだったと語る。

論文は「編集者達の憂国の志」によって『改造』に掲載された。編集部員だった青山憲三は「今日読み返してみれば、さすがの細川論文も遠くのほうから説教しているような、まだるっこい論旨のはこびかたではあるが、しかしそれは、当時の日本の軍政の致命的な欠陥を大局的な見地から衝いていた」と回想する（『横浜事件・元「改造」編集者の手記』、一九六六年）。「少し直した」かたちで、ひとまず内務省の検閲は通過し、読者の手に届いた。青山によれば、八月号の「反響は、ふだんの月よりもぐっと大きかった。やはり細川論文が話題を呼んだ」という。

一九四二年九月一四日の検挙後、警視庁での取調を経て東京刑事地裁検事局に送致される時点（一九四三年五月一〇日）、および東京刑事地裁検事局での取調を経て東京刑事地裁に予審請求がなされる時点（起訴、四三年九月一一日）で追及されたのは「共産主義的啓蒙」と一括された細川の長年の言論活動であり、日本共産党・コミンテルンに対する目的遂行として治安維持法第一条後段に該当するとされた。予審請求の末尾は「被告人は国際問題、民族問題の一権威として論壇に独自の地位を占むるものなり、共産主義に対する理論的水準極めて高く合法的表現の下に、共産主義的世界観を巧妙に展開する其の論文が一般に与うる影響力は蓋し深甚なるものあり、起訴の要ありと認む」（司法省刑事局『思想月報』第一〇六号、一九四三年九月）となっていた。

この警視庁による細川検挙とは別に、神奈川県特高は川田寿《ひさし》・定子夫妻に端を発する芋づる式検挙を通じて細川を中心とする共産党再建準備会の結成という構図を描き、それに内務省・司法省が同調し、いくつかのグループが結びつけられ、人きく横浜事件という虚構が組み上げられていった。

細川にとって警視庁から横浜に移されて、泊での懇親の場が共産党再建準備会と決めつけられたことは予想外のことだったと思われる。「私の論文が事件のきっかけとなったのは平和運動を始めはしないか、ということだった。そこからさらにできるなら風見を引っつかまえ、近衛を引っつかまえてやろう」という思惑だったと細川は見立てている。それは前述のように、風見を介して近衛に進言したことなどから考えるとありうることである。しかし、妻みね子に対する経済的援助について、のちに横浜地裁予審が風間を参考人として訊問することはあったものの、この方面からの追及は不発に終わり、細川とその周囲のいくつかのグループによる共産党再建容疑に収束していった。しかもこの共産党再建準備会を中心とする構図も最終的には雲散霧消して、空中楼閣におわる。

反撃開始

神奈川県特高が「頼みとしていた若い連中」を次々と検挙し、共産党再建準備会事件としてフレーム・アップしていくことに、細川は「あのときの苦しみというか、悩みというか、あれほどがっかりしたことはない」と深い苦悩があったことを語る。その長年の言論活動を問題視する細川への予審はすでに東京刑事地裁で進んでいたが、一九四四年七月に横浜地裁予審に移され、新たに共産党再建準備会結成をめぐる問題が追及されることになった。「勇んで行きました」と語るように、「細川が共産党再建をやったということをつくり上げていって、共産党の統一をこいつが承認したような恰好」にもっていこうとする取締当局の描く構図に徹底的に反駁していった。

　七月から予審の再開される一〇月までの間、泊における共産党再建準備会について木村亨・平館利雄・相川博らの「手記」をもとに迫ってくる神奈川県特高や横浜地裁検事局の思想検事に対して、細川は「いい加減に大日本主義者だと大日本主義を主張し」て喧嘩したという。また、刑務所内の木村・平館らにレポを通じて徹底抗戦と反撃を呼びかけた。

　横浜地裁予審でのこの問題での追及は遅れて第八回（四四年一〇月三〇日）と第九回（一一月一二日）の訊問に限られた。そこでは細川は「お示しの手記の内容は全く虚構で、私には理解できませぬので、各筆者の心理に重大なる錯覚があるとしか思われませぬ」（第八回）、「夫々手記を執筆した平館、相川、木村に付、精神鑑定及び斯《か》かる手記の出来た事情の御取調べをして頂き度い」（第九回）と反撃し、拷問によって強制的に書かされた「手記」の虚構を突いた（『細川嘉六獄中調書』）。

　しかし、一二月二九日の予審終結決定で細川（および相川博）の第一の犯罪事実とされたのは「各個に分散せる左翼分子を糾合して相互に共産主義意識の啓蒙昂揚に努め、左翼組織の拡大強化等を図りたる」ことであり、「細川グループ」と「満鉄グループ」のそれぞれが「相互に意識の昂揚を図ると共に同志的結合の強化に努めたる」としたうえで、両グループが合体し、泊における共産党再建準備会の結成を図ったとする。そのうえで「世界史の動向と日本」論文の『改造』掲載をグループ結成後の具体的行動の第一歩とし、「唯物史観の立場より社会の発展を説き、社会主義の実現が現存社会制度の諸矛盾を解決し得る唯一の道」とする「共産主義的啓蒙論文」と決めつけた（『ドキュメント横浜事件』所収）。

ここでは細川の反撃はまだ実らなかったが、その後、細川の徹底的反抗の姿勢が他の被告も巻き込んだ結果、横浜地裁ではこの横浜事件関係の公判をほとんど開くことができない状況となり、大部分は敗戦後のつじつま合わせの公判・判決で、無理やりの決着となった。そこでは肝心の党再建準備会結成はあとかたもなく消えてしまっていた。

細川はつじつま合わせの公判も拒否したため、ついに治安維持法廃止後の一一月二〇日に「免訴」となった。

獄中書簡にみる細川の真骨頂

細川は一九四二年九月一四日に検挙されると、警視庁世田谷署に勾留され、三一回におよぶ特高警察の訊問を受けた。世田谷署勾留中の獄中書簡は残されていない。四三年五月一〇日、東京刑事地裁検事局に送致され、東京拘置所に移された。ここで検察の取調を受け、起訴後は東京刑事地裁の予審を受けることになった。

現在、獄中書簡として残されているのは、東京拘置所時期の七通（四三年七月五日発信から四四年四月五日発信まで）と横浜刑務所時期の一〇通（四四年七月二二日発信から四五年七月八日発信まで）の全一七通である。すべて封緘葉書にびっしりと、細かな文字で書かれている。月に一通という発信の制約があったと推測される。発信の空白期間があるが、理由は不明である。

これらの獄中書簡の内容は、獄中での健康状態などの近況や差入依頼のリストが多くを占め、なかでも書籍については入手方法も含めて詳細な指示と謝意が毎回繰りかえされている。妻みね子の健康状態は獄中の細川がもっとも懸念するところであり、愛情あふれる懇切な注意が随所でなされていた。

全一七通の獄中書簡からは、「河童自伝」でも十分に述べられなかった細川の戦時下抵抗というべき真骨頂をうかがうことができる。

かつて獄中生活を強いられた大杉栄や小林多喜二がそうであったように、細川も獄中を新たな学習と鍛錬の場とした。「差入書物によって私一生の一大収穫が出来かかってい」るとするように、入獄前には精読できなかった書物群を精力的に読み進めていく。その一つが一高から東京帝大在学中に触れたことのある漢学への再接近であった。とりわけ『書経』と林泰輔『周公と其時代』は「約三十年後の今日、ここでこれらの書物を味読するということは浅からぬ縁」として、その差入を「喜びと満足とに全身溢れた」と感激するほどであった。

これらを通じて、細川は「東洋思想の淵源」の考究に努めた。「六十の手習」と呼び、「毎日毎日、全く喜びと希望とを以てやっています」（四四年二月五日）、「自分で言うのもおこがましく聞こえようが、私の精神裡は空前の早さ、深さ、広さで進歩し、成熟しつつあることを感得されます」（三月六日）、「自然に自分自身を新たにし、元気をつけている」（四月五日）という。さらに予審での訊問が終ったあとの一二月二三日の手紙では、「これから私にとっては一代のホントーの仕事が私なりに出来ることを自覚されます。誠に誠にうれしく、希望は尽きません」と意欲に溢れている。空《から》元気の部分もあると思われるが、こうした意気軒高ぶりを示しつづけることは妻みね子を安心させるだけでなく、これらの検閲にあたる拘置所・刑務所当局への不屈の意思表示ともなった。

戦局がいよいよ窮迫してきた四五年になると、「東洋思想の淵源」探究から感得した憂国の思いが噴出する。「三千年前の周公旦の人物と偉業」に想像をめぐらし、「大混乱大艱難の世界を治め、正大なる周を創建した事績は単に過去のことではない、日本のことでなければならない」（三月六日）とするほか、『詩経』の「狼跋《ろうばつ》」に託して「現時局空前の厳重な状態を前にし、周公旦の大業を沈思黙想しております」（四月二六日）という。これらはいずれも秋月左都夫への伝言というかたちをとっている。

拘置所・刑務所のなかで得られた情報によっても、こうした鋭敏な時代感覚は研ぎすまされていった。大本営発表による戦意高揚・徹底抗戦を呼びかけるラジオのニュースを聞くことができ、四四年からは情報局発行の『週報』や『写真週報』の差入がなされていた。細川は官製情報の背後から戦局の推移や国民意識の変化を読み解き、「日本―世界の出来事、その情勢はよくわかります」（四四年二月五日）、「週報、写真週報は時日がおくれても少しも差支えがありません。世の中のこと、国内の出来事、皆自分の掌の中に見るようです」（四五年三月六日）とする。過剰な戦意高揚の言葉が並ぶなかから、的確に「日本―世界の出来事、その情勢」を認識し、大きな歴史的な流れをつかんでいたのである。

それを可能にしたのは、これまでの自らの学問への絶対的な自信であった。四五年三月六日の書簡には先の引用につづけて、「従来私が深く考え発表して来た通りに続々発現し来り、誠に学問の偉力をしみじみ感じます」、「国の内外の事態は更に私の学問の真価を証明するものと毎日想見しています」と書きつけていた。それは「世界史の動向と日本」で論じたことへの揺るがぬ確信であった。

そうであればこそ、治安維持法違反とされた自らの事件が無実であるとの強い自信を持ちえた。四三年七月五日には「いづれその内《うち》、片付くこと間違いなきこと、今一息きの辛棒《ママ》」とあり、四四年一月五日には「隣人遠藤さんがアメリカから帰宅されたということ、道理のある我が日本にいて年内に帰えれぬこともないと確信しています」とする。四五年になって公判が開かれないままながら、戦争の終結が予感されたのだろう、七月二日には始めて本格的な事件批判を展開するに至る。刑務所による検閲が緩みつつあることも感じていたのだろう。

> 私の公判はのびのびになっていますが、何時までもこうほって置けるわけのものでないから、近い内に開かれるものと期待しています……私の事件は全く公表した諸論文に限ったことであり、それは又我国民中、最良最有識層幾千幾万の人の承知しているところであり、又そればかりでなくここ幾年に亘る日本内外の

重大な事態の推移変化によって、所論の正邪当否がこの幾千幾万人の前に証明されているところであるのです……悪意な曲解邪推を弄しない限り簡単明確なものであって、ずっと前に決着されて居るべきはづのものです。

四四年一二月二九日の予審終結決定では「細川グループ」と「満鉄グループ」が合体して「党再建準備会」を結成したという泊での会合などを取りあげて「左翼組織の拡大強化等を図りたる」と認定していたが、細川はその虚構性を完膚なきまでに論破したと判断して、「全く公表した諸論文に限ったこと」のみが争点になると見通していた。しかも、過去の論述の当否は「我国民中、最良最有識層幾千幾万の人の承知している」ことと絶対的な自信をもち、「ここ幾年に亘る日本内外の重大な事態の推移変化」こそが所論の正しさを証明しているとする。獄中書簡のなかでは刑務所の検閲に配慮してか、「道理のある我が日本」、「裁判所に道理を通うる明智があるはづ」と記してはいるが、現実には警察から検察、裁判所を通じて「悪意な曲解邪推」がまかり通っていた。

　そして特筆すべきは、敗戦を予測し、出獄後の新たな日本における行動を細川ははっきりと自覚していることである。そのためには「どうあってもこの所で病気のため倒れないことに深く固く決心」（四四年三月六日）し、「笑う門には福来る」を信条に快活な生活をおくることを心がける。そのために妻みね子は海野晋吉弁護士の助けも借りて、滋養のある食物を差入れていた。

　四五年になると、「大混乱大艱難の世界」を救うことを急務とし、「現時局空前の厳重な状態」を直視するようになった。秋月の死去を追悼する七月八日の手紙では、「私は何としても生きぬき、全力を傾倒して我が国、我が国民のために尽くさなければなりません。翁の御逝去を前にして、更にこの念は更に切実となって来ています」と書きつけた。この信念は出獄後、戦後の細川の行動と思索において果されていく。

獄中でふざける

妻みね子宛の獄中書簡においては常に意気軒高で快活な姿のみを見せる細川だが、「河童自伝」ではありもしない共産党再建準備会を仕立て上げる特高・司法当局の狂的な振舞いに、あえて「ふざける」行動をとって相対したことが語られる。

「特高の奴がくると、吉右衛門張りで芝居をするんだ。藤吉郎でよく芝居したよ」と語るように、かぶいた対応でからかうことがあったという。「いい加減に大日本主義者だと大日本主義を主張し」て喧嘩したというのも、これに近いだろう。さらに「コソ泥が一緒になった雑房で、髪の毛をのばしてわざわざ穢なくしたり、それで縒《よ》りを盛んに縒るんだ。その縒りを朝鮮髷《まげ》に結うんだ」というところまでいっていた。「肚の中ではぎりぎりした気持ち」だからこそ、あえてこうした「ふざけた」姿をさらした。

また、敗戦後の出獄前のこととして、入浴の際にわかめのようになった花模様の手拭を「女の役者のような髪型にかぶって、おいらんのような髪型をしてそうしてふざけ」たともいう。理不尽な長期の拘留に「そういうことをするよりほかないんだな」と語る。

獄中でこうした「ふざけた」行動をとって当局に抵抗の姿勢を見せつけることは、「河童老人」たる細川だからこそできたともいえる。そのことは日本の敗戦後も「私は最後に残るつもりでおった。執行猶予で出られるんだといってもそれをきかない、そっちが悪いんだから、こっちは悪くないんだから、どこまでも争ってみせる」という強靭な姿勢に通じる。海野弁護士には「ああそうですかというような判決は受けない。あくまで徹底的に争う。したがって全部記録を写してくれ」と求めて、細川のみの分離裁判となった（海野『ある弁護士の歩み』、一九六八年）。その結果、警察と予審の各訊問調書を筆写したものが、海野弁護士のもとに残された（『細川嘉六獄中調書』、一九八九年。ただし、検察の訊問調書を筆写する余裕はなかったという）。

獄中でのもう一つの心境として、細川は「どん底のもの静かな気持ち」にも至っていた。取調にくたびれ果てても、取調室の窓から見える欅《けやき》の若葉から苦しい状況のなかでも進歩していくことを教えられたという。四四年初め、独ソ戦でのスターリングラードの勝利を知ると、「後光がさしたようで愉快」となり、早くも日本の敗戦を見通していた。

秋月左都夫への敬愛

細川は読売新聞社入社の面接で社長の秋月左都夫と会うと、すぐに「秋月の弟子になってやろう」(「河童自伝」)とまでその人物に魅かれたが、その後、二人の間にどのような交友関係があったのかは不明である。大原社会問題研究所時代にも断続的な接点はあっただろうが、懇意な間柄となったのは細川が一九三七年に東京に移って世田谷に居を構えて以来のことと思われる。秋月の家も世田谷にあったからである。頻繁に会うなかで細川の秋月に対する尊敬と信頼の念はいよいよ深まっていったと推測される。東京拘置所と横浜刑務所からの獄中書簡一七通中一二通で、細川は秋月に関連したことを書いている。妻みね子以外に、このような頻度で登場する人物はいない。

秋月左都夫

四三年七月五日の手紙では、夫婦二人の健在とともに「秋月翁が御健在でいてくださること、切願、切望のこと」と記した上で、秋月は「私の修錬を喜び、更に私の将来を教導される親身の人」とする。四四年三月六日には「私共は勿体ないことですが、亡き親につくし得なかったものを老翁によって、老翁の御蔭によって万分の一を達しさせて貰えるというものです」ともいう。すでに秋月は八〇歳近い老齢であった。妻みね子はしばしば秋月を見舞い、細川の感謝の意を伝えている。

一方で、秋月も細川の入獄を憂慮し、『論語』などの書籍の差入をおこなうだけでなく、釈放についても心をくだいていた。それは、「妻への便り」として残された書簡群中に含まれる秋月自身の奥野七郎宛の手紙二通から判明する（読売入社時の上司〔外交部長〕だった奥野から譲られたものだろう）。また、『読売新聞社百年史』には、秋月の別の奥野宛書簡が紹介されている。

細川が東京刑事地裁検事局に送致され、検事の訊問を受けている最中の一九四三年六月一四日に一通目は書かれている。その冒頭には「細川君の事やっては居るが、墓々《ママ》しく行かぬのは遺憾なり」とあり、この時点で何らかの働きかけがあったとみられる。秋月は警察や検察でも取調がなされないまま「ホーリ込んだ切り」になっていると推測し、それは「仏の大革命前の Bastille バスチイユ同然の有様」として「大革命に種々の論評はある仏《ママ》国人の地位を高めた事は争えぬ」と書いている。細川を憂国・愛国者とみているのだろう。「兎にも角にも個人はメチャメチャにされてはなるまい、此反動は憂うべきである」として、戦時下の取締を批判して、細川の取調状況について調べてくれるように奥野に依頼した。

七月七日（消印）の二通目では、弁護士から「当分釈放は六《むず》かしかるべし」という情報を得たことを伝え、取調を担当する検事の名前を知らせてほしいと奥野に伝えている。「手蔓を見つけて一ト運動を試み申度し」という意図があった。

『読売新聞社百年史』で紹介された三通目は八月一八日のもので、秋月の「一ト運動」の結果が不首尾に終わったことを奥野に伝えている。秋月が問い合わせた司法当局者からの回答には「細川の思想は共産主義の信奉の深きものと認むるの外無之」とあったという。

かつて司法官から出発し、オーストリア大使やパリ講和会議の全権団顧問などの経歴を有する秋月は政府当局者の知己を介してだろう、懸命に細川の釈放に奔走していたことがうかがえる。これらのことはみね子にも伝えられ、細川もその尽力ぶりを知っていたと思われる。秋月の訃報を聞かされ、追悼の念を込めた四五年七月八日の手紙には「翁は頭の三つ四つ打擲《ちょうちゃく》されても私を自由にさせたいと仰せられて居られたという深い深い御情けは、私が生きる限り忘れられるものではない」とあった。

もちろん細川の秋月への敬愛は、自身の釈放に尽力してくれたからだけでなく、「現時局空前の厳重な状態」に対する「我が国の間近に迫っている前途を思い煩われた翁の御心胸《ママ》」、すなわち憂国と変革の念を秋月と共有しているという確信にあった。『詩経』から「狼跋」を引用し、「この私の心胸をお話し下さい。序《ついで》の折でいいのです。翁は微笑されるでしょう」とするところに、それはあらわれている。

二人の女性を「解放」

女性問題については、こうした「放談」でなければあまり表に出なかったような事柄をかなりあけすけに語っている。細川は結婚前に付き合いのあった郷里富山の「芸者」、大阪の住友勤務時に出会った「女郎」を、住友退社の土産として「解放」したことを語る。その際、細川にはいずれの女性と結婚してもよいという意思はあったようだが、「野宿でも何でもして、貧乏もとことんまでやる、それに耐えられなければ僕は一緒になれない」という覚悟を示した。ともに尻込みをされると、前借金に相当する金額を手渡して関係を清算したという経緯である（もっとも、それらは久保無二雄から融通してもらったものだったが）。

細川は「そのときには民主主義者じゃないんだ。単なるヒューマニズムなんだ」と語るものの、現在の感覚でいえば釈然としない部分もある。「芸者」、さらに「女郎」という言葉を当たり前のように用いていることも引っかかる。それはこの話題をめぐって聞き手の側にしばしば「笑声」が起り、服部之総も「面白い。田舎の芸者と女郎と、二人ですか。二人の女の人を助けるという話、人道主義からでかいことをやるということ……」と発言するように、女性問題についての古い感覚が細川と服部ら聞き手全体（全部男性）に共有されていたというべきだろう。

牛窪みね子との結婚

大阪の「女郎」との関係を「さっぱりして東京にきた」細川は、読売を経て東大経済学部助手だった一九二〇年春に牛窪みね子（戦後は「サダ」と改名）と結婚する。住友勤務時代の同僚小林晴十郎の妻米子の実姉で、妹の出産の手伝いで西宮に滞在中の二人の出会いがあった。

「妻への便り」第一章の七通の手紙からは、細川の結婚観やみね子への想いの強さを知ることができる。足利出身で、長い療養生活から回復したところだった。とくに妹夫婦が二人の結婚を勧めていたようで、東大経済学部助手となった細川を姉妹で訪ねることもあった。

細川のみね子への想いは、「憂きか情か悔いか愛か」で始まる小林晴十郎宛の一九一九年一一月二四日の葉書で伝えられた。その少し後にみね子の母親死去ということもあった。細川は前述のように二〇年一月二七日の手紙では自らの学問観への理解を求めつつ、結婚観を記していた。それは大阪時代に「女郎」や「芸者」に示した、どんな困難にも打勝ってやっていけるかという条件と同じものだった。

みね子はこれに尻込みせず、十分に細川の結婚観・学問観を理解して結婚の意思を固めていった。細川は二月二日の手紙で「迷霧多きに過ぐる不完全なる人間同士とはいえ、全身を上げて頼みうる微かながら曇りない真心に出会い得たことは何ものにも勝れた貴い仕合せと互に喜ばねばなりますまい」と確認している。この手紙では、最後の宛先を「みね子様」としているが、それには「形式がまだであれど、内輪の書面だから姓は略します」という意味が込められていた。

その後の手紙では東大経済学部の同僚である櫛田民蔵や権田保之助、糸井靖之らとの交遊が雑談風に延々とつづけられる。あるいは「細川」という三人称で、日常生活の様子が記された。このように気ままに書き連ねるほど、すでに二人の関係はぴったりとしっくりしたものになっていたといえる。

その一方で、ラブレターというべき文章も散りばめられている。三月七日の手紙には「机上の例の花を眺めながらあなたのことを思込んでいる」、「毎日あの赤い袖の寝巻が目についてならぬ」とあり、三月一三日には「私等は落《オチ》付く所に落付いた。これからは山も裂け、地も砕け、それは何んだ、地獄にも落ちよ、それが何んだ」という激しい言葉が書きつけられた。

おそらく足利の牛窪家の家庭の事情や新居探しに手間どってであろう、みね子との同居が遅れることに、細川はややいら立っている。先の一三日の手紙には「この大切な二人の生活に無益な障碍を投ずるわけだから、一日も早く一所になるように力めて下さい。四月二日には是非出て来るのですよ。家のことは心配しなくともよい。当座のことは何とでも都合しておけばよい」と記していた。

本「河童自伝」でも妻みね子について、「どんなときでもやっぱりよくくっついてきてくれましたよ。正義感の強い人だし、純情だし、私のやることについては常にくっついてきてくれましたよ。金がなくても本を買おうというときには文句なしに買わしたり、すべてそのような調子ですよ」と語る。また、細川の行動や人物評価などについても「あまり楽観に過ぎないかというようなことをいろいろ注意してくれたり、あなた方は少し買いかぶり過ぎるとか何とかいうことをいいますがね」と助言をしてくれるようになったという。

そして横浜事件で長い獄中生活を送らざるをえなくなったとき、空襲のなかで食糧品や書籍の差入れと激励に努めてくれたことや家の経済を守りとおしてくれたことにも感謝の言葉を述べている。

年譜・著作翻訳一覧

※年譜は、瀬谷實氏作成の年譜に編著者加筆修正した

年譜

一八八八（明治二一）年	九月二七日／富山県下新川郡泊町（現・朝日町）で生まれる
一八九四（明治二七）年	泊尋常高等小学校入学
一八九八（明治三一）年	尋常科卒業、高等科入学
一九〇一（明治三四）年	父死去
一九〇二（明治三五）年	高等科卒業
一九〇四（明治三七）年	宮崎尋常小学校の代用教員になる。一年三ヵ月勤める
一九〇五（明治三八）年	上京。氷屋・納豆売り、司法省雇いなどをしながら正則英語学校に通う
一九〇七（明治四〇）年	小野塚喜平次家の書生となる
一九〇八（明治四一）年	錦城中学校に四年生として編入
一九一〇（明治四三）年	三月／新聞配達をしながら、錦城中学を卒業
	九月／第一高等学校入学
一九一一（明治四四）年	一月／徳冨蘆花講演「謀叛論」を聞く
一九一二（大正元）年	新渡戸稲造校長の修養論を弾劾。泊で米騒動に参加
一九一三（大正二）年	七月／第一高等学校卒業
	九月／東京帝国大学法学部政治学科入学
一九一七（大正六）年	東京帝国大学政治学科卒。母死去。住友総本店に入社

一九一八（大正七）年　九月／二人の女性と別れる。住友総本店退職

一九一九（大正八）年　一月／住友総理事・鈴木馬左也の兄・秋月左都夫（元外交官）が社長をしていた読売新聞社に入社、外交部に勤務。読売で市川正一と知り合う

六月／秋月左都夫がパリ講和会議の日本代表団の顧問としてパリ滞在中に読売新聞が身売りされ社長を退任したため、読売新聞社退社

八月／東大経済学部教授高野岩三郎の推薦で、東大経済学部助手。高野氏を中心とする社会科学研究グループ同人会に参加。月島の労働者実態調査に参加

一九二〇（大正九）年　一月／「森戸事件」（経済学部の機関誌『経済学研究』創刊号に掲載された森戸辰男助教授の論文「クロポトキンの社会思想の研究」が問題とされ、森戸と大内兵衛助教授が起訴され有罪となった）。この事件と経済学部教授会の処置に抗議して細川ら同人会メンバーは相次いで東大を去る

四月／牛窪みね子と結婚

九月／大原社会問題研究所入所。『日本労働年鑑』編集に参加。イギリスの炭鉱労働者の運動研究、マルクスやレーニンの著作にひかれ、帝国主義の研究へとすすむ

一九二二（大正一一）年　九月／日本労働組合総連合結成大会でアナ・ボル論争を見る

一九二五（大正一四）年　夏から一九二六（大正一五）年四月まで、アジア、欧州、ソ連を外遊。モスクワでは片山潜と会い、米騒動の研究をすすめられ、帰国後資料蒐集につとめ、論文を書く（井上清らの『米騒動の研究』はこの資料に負うところが大きい）

一九二七（昭和二）年　秋／大阪朝日新聞記者だった尾崎秀実らと中国革命研究会を大原社研内で一年ほど行う。この時期労働農民党の運動にかかわる

一九二八（昭和三）年　普通選挙法による最初の総選挙では大山郁夫（香川県で立候補）を河上肇らとともに応援演説

一二月／上京して新労働農民党結成大会参加、櫛田民蔵と衝突

一九三〇（昭和五）年　八月／芦屋の自宅でソ連亡命直前の野坂参三と会う

一九三三（昭和八）年　三月／「日本共産党への資金四二〇円提供」で検挙、四月「治安維持法違反」で大阪地裁に起訴され、翌三四年三月、懲役二年執行猶予四年の判決を受ける。この間、三三年四月から三五

年一月までは大原社研を休職

一九三四（昭和九）年　一一月／大原社研内に「支那経済調査科」設置、主査となる

一九三七（昭和一二）年　大原社会問題研究所改組（資金主の大原孫三郎から独立）と移転にともない退所、評議員となり、上京。世田谷に居をかまえる。国際問題、民族問題などの著述と政治評論を『中央公論』『改造』などでおこなう

一九三九（昭和一四）年　風見章の経済的援助を受け、尾崎らとともに支那研究所を山王ビルに設ける。犬養健が責任者で、堀江邑一、西園寺公一、松本慎一らもメンバー。またこの年夏、国民が侵略戦争をどう見ているかを確かめるため北海道から九州四国と旅行

九月／近衛文麿らに農村の現状を話すも、近衛は関心を示さず

一九四〇（昭和一五）年　四月／満鉄調査部東京社会調査室嘱託

六月／昭和研究会東亜班同人

一九四一（昭和一六）年　橘樸らと東亜理念確立に関する研究。ゾルゲ事件で尾崎が逮捕され、支那研究所は解散させられた。「世界史の動向と日本」の準備開始

一九四二（昭和一七）年　七月／泊で研究者・編集者と懇親。妻みね子と群馬県の温泉で休養。『改造』の八、九月号に論文「世界史の動向と日本」を掲載

九月一四日／警視庁世田谷署に治安維持法違反で逮捕される。「泊・横浜事件」へと発展していく

一九四三（昭和一八）年　五月／東京拘置所に移される

九月／東京刑事地裁に起訴

一九四四（昭和一九）年　七月／横浜刑務所未決監に移される

一二月／予審終結決定

一九四五（昭和二〇）年　敗戦後の九月初旬に釈放。治安維持法廃止のため一一月免訴となる

一九四六（昭和二一）年　一月一日、三日、四日付けの『朝日新聞』一面に「わが民族躍進の大道」という論文を掲載。当時の新聞は二ページ建であり、ちなみに元旦の一面トップは昭和天皇の「人間宣言」といわ

れる年頭詔書だった。その同じページで細川は、敗戦による破局からぬけでる大道は民主主義であり、「民主主義とは、国民各自が自由平等の立場において政治、経済、社会全般の主人公となることだと説く

一月／日本共産党入党

一九四七（昭和二二）年
四月／横浜事件被害者によびかけ拷問を加えた特高警官を告訴。五二年四月、最高裁で警官三人が有罪確定。第一回参議院議員選挙で全国区から立候補、当選。五〇年に再選。党国会議員団団長

一九五〇（昭和二五）年
一二月七日／参議院本会議で、トルーマン米大統領の朝鮮戦争での原爆使用発言に関して緊急質問

一九五一（昭和二六）年
一月二五日／宮本百合子の葬儀で弔辞を述べる

四月一六日／参議院本会議でマッカーサー感謝決議に反対する演説をおこなう

九月／マッカーサーの指令により、公職追放。国会議員の資格を剥奪される

その後は、アジア問題研究所を設立・主宰。日本平和委員会、日中国交回復国民会議、日中友好協会、日朝協会、日本ベトナム協会、日本アジア・アフリカ連帯委員会などの役員をつとめる。大月書店の『マルクス・エンゲルス全集』監修者、そしてジャパン・プレス・サービス社顧問となる

一九五八（昭和三三）年
五月／長崎国旗事件を契機に日中関係が悪化したことに際し、風見章らと「反省声明」を共同で発表

一〇月／訪中

一九六一（昭和三六）年
一一月二六日／脳卒中発作、一二月八日国立東京第一病院に入院

一九六二（昭和三七）年
一二月二日／脳出血と急性肺炎で死去。七四歳

一九六六（昭和四一）年
六月二七日／郷里の大安寺にある父母の墓に納骨

一九七二（昭和四七）年
『細川嘉六著作集』全三巻を理論社から刊行。一九七三（昭和四八）年了

一九七六（昭和五一）年
一一月八日／妻・サダ死去

二〇一〇(平成二二)年

一〇月二日／日本共産党常任活動家の墓に合葬

細川は晩年、「自分たちには子どもがいないから、財産は会社（ジャパン・プレス・サービス）にくれてやる。そのかわり、妻の面倒を最後までみるように」と言い残していた。

一人暮らしとなった妻のサダの世話と警護をかねて、当時の社員とその家族は交代で世田谷の細川家に詰めた。サダは、財産はジャパン・プレス・サービスに寄贈するという遺言書を残して一九七六(昭和五一)年に亡くなった。

細川の蔵書の大部分はサダの手により、東京大学社会科学研究所に寄贈され、付属図書室に「細川文庫」となって所蔵されている。その数は三〇九五冊で、半数は英語やドイツ語の原書である。また、米騒動の資料は現在、法政大学大原社会問題研究所にある。

著作翻訳一覧

一九二二（大正一一）年　「英国炭業に於ける賃金制度の展開」『大原社会問題研究所叢書』No.6

一九二三（大正一二）年　「英国に於ける国家内の一国家」『大原社会問題研究所叢書』No.11

「マルクス：猶太人問題を論ず」（久留間鮫造と共訳）『大原社会問題研究所（以降は『大原社研』と記述）雑誌』Vol.1－1（二四年に同人社が出版、二八年に岩波文庫となる）

一九二四（大正一三）年　「社会主義と植民政策に関するエンゲルスの書簡」『大原社研雑誌』Vol.2－1

「社会主義と植民政策（カウツキー）」『大原社研雑誌』Vol.2－1

一九二五（大正一四）年　「帝国主義と無産階級」『大原社研雑誌』Vol.3－1

「支那侵略（レーニン）」『大原社研雑誌』Vol.3－1

「世界生産体系の変遷に関するバルフスの解釈」『大原社研雑誌』Vol.3－2

「レーニンのマルクス論の一節」『大原社研雑誌』Vol.3－2

一九二六（大正一五）年　「世界の明日と中国共産党」『大原社研パンフ』

『労働弁護論　附録』トマス・ホジキンス著　細川嘉六訳、我等社

ホブソン著「帝国主義研究」『大原社研雑誌』Vol.4－1

「英国炭坑争議の争点」『我等』Vol.8－6

一九二七（昭和二）年　「現代植民運動に於ける階級利害の対立」『大原社研雑誌』Vol.5－1（叢文閣から『植民政策批判』に「レーニン：支那侵略」とともに収録）

「英国労働争議の経過と其の社会的意義」『我等』Vol.9－1、2

一九二八（昭和三）年　「帝国主義論」（レーニンの「帝国主義論」を紹介）『マルクス主義講座』Vol.11

『支那革命と世界の明日』同人社

一九三〇（昭和五）年　「ソビエトロシアに対する新帝国主義的ブロックの形成について」『大原社研雑誌』Vol.7－1

一九三二（昭和七）年
「世界帝国主義ブルジョアジーの新世界戦争への巨歩」『大原社研雑誌』Vol.7－3
「大正七年米騒動資料 一」『大原社研雑誌』Vol.9－1
「大正七年米騒動資料 二」『大原社研雑誌』Vol.9－2
「日本社会主義文献解説」『日本資本主義発達史講座』

一九三三（昭和八）年
「大正七年米騒動資料 三」『大原社研雑誌』Vol.10－1

一九三五（昭和一〇）年
「南京政権と世界政治」月刊『大原社研雑誌』Vol.2－12

一九三七（昭和一二）年
「世界的危機の変化と大陸政策の省察」『中央公論』六月号
「日支事変と欧米列強の動向」『中央公論』一〇月号

一九三八（昭和一三）年
「大英帝国の世界政策」『大陸』Vol.1－5
『日清・日露両役の現時局への教訓』創美社

一九三九（昭和一四）年
「英米の動向と大陸政策」『改造』一月号
「支那の民族統一と排日・排英」『アジア問題講座＝政治・軍事編』創元社
「支那民族運動と列強」『改造』五月号
「第二次世界大戦と極東」（座談会／細川嘉六、尾崎秀実、堀江邑一、城戸又一、丸山真男、平貞蔵）、『中央公論』五月号
「現実ソ連の世界政策」『中央公論』五月号

一九四〇（昭和一五）年
「アジア民族の史的発展と大陸政策への省察」『改造』一〇月号
『アジア民族政策論』（一二月）、東洋経済新報社
「東洋の社会構成と日支の将来」（座談会／尾崎秀美、橘樸、平野義太郎、細川嘉六）、『中央公論』夏季特別号
「青年の興起と新政治体制運動」『改造』時局版・巻頭論文

一九四一（昭和一六）年
「アジア民族の運命」（鼎談／橘樸、大久保孝次、細川嘉六）、『改造』六月号
「世界動乱に当面する日本国民」『改造』八月号・巻頭論文

一九四二(昭和一七)年

『植民史』東洋経済新報社

「東亜共栄圏の民族問題」季刊『東亜政治と東亜経済』中央公論社

「民族運動」『支那問題辞典』中央公論社

「世界史の動向と日本」『改造』八、九月号

「日支和平の根本道」『大陸新報』七・七記念特集

「新世界の構想と現実」『大東亜基礎問題研究』第四巻

一九四六(昭和二一)年

「わが民族躍進の大道」『朝日新聞』一月一、三、四日付

「国民に訴う」『民論』一月創刊号

「世界史の動向と日本」(堀江邑一との対談)、『世界評論』二月創刊号

「恒久平和は可能か」(座談会/細川嘉六、古在由重、松本慎一、風早八十二、堀江邑一)、『人民評論』二月号

「市川正一君を想う」『人民』三月号

「米騒動　なぜ起こったか、なぜ暴動化したか――二八年を迎えて」『アカハタ』八月三日付け

「終戦第二年を迎ふ」『新しい世界』Vol.1-2

「『米騒動』とその後の国民的成長―事実と教訓」『世界評論』九月号

「真の祖国復興者は誰か――民主主義と民主統一戦線」『世界評論』四月号

「総選挙と民主統一戦線」『改造』四月号

「選挙戦の民主戦線――民主主義革命の新段階に寄す」『民主評論』五月号

「総選挙の結果と民主人民統一戦線」『時論』五月号

「民族復興への政治的課題」『言論』五月号

「政党の動向と国民の総意」『新生』五月号

「日華関係の過去と将来」『月刊中国』六月号

「発刊に際し勤労大衆諸君へ」『新しい世界』八月号

「平和革命の理論と展望」（検討会／細川嘉六、野坂参三、松本慎一、堀江邑一、加藤勘十、戸沢鉄彦）
『世界評論』八月号
「過去と現在」『自由懇話会』第一〇号
「中国革命の国際的地位」『新人』第二六巻第三号

一九四七（昭和二二）年
「カッパの屁」『ひろば』創刊号
「中日両国はおなじ運命に立つ」『新中国』第二号

一九四八（昭和二三）年
「世界史の根本問題と現在の段階」『探求』八月号
「国際裁判の終結と天皇の責任」『人民戦線』一〇月号

一九四九（昭和二四）年
「内外の情勢を直視せよ」（共著）『憂国の人々に訴う』ナウカ社
「中国革命と『対華白書』」『中央公論』一〇月号

一九五二（昭和二七）年
「民族解放のための徹底闘争」『改造』一〇月号
「惨敗記」『改造』一一月号

一九五三（昭和二八）年
「泊事件と女工哀史」『美しい暮らしの手帖』二一号
「前進する世界の平和勢力」『前衛』七八号

一九五四（昭和二九）年
「書斎の思い出」『思想』三、四月号
「青春のよろこび」『東洋経済新報　別冊一六』
「ジュネーブ会議　コロンボ会議の指示するところ」『アジア問題』第七五号

一九五五（昭和三〇）年
「赤色戦線の河上肇」『増刊・文芸春秋　人物風雲読本』
「獄中で迎えたあの日」『世界』八月号

一九五七（昭和三二）年
「監修者序文」『日本社会主義文献解説』大月書店
「日本の政治と党の課題」（新年座談会／細川嘉六、野坂参三、川上貫一）『前衛』一月号

一九五九（昭和三四）年
「『米騒動』研究の先覚——片山潜の思い出」『アカハタ』八月六日、八日付け
監修『マルクス・エンゲルス全集』大月書店

河童《かっぱ》自伝《じでん》——細川嘉六《ほそかわかろく》 生《お》いたちの記《き》・「放談《ほうだん》」・獄中書簡《ごくちゅうしょかん》

著者——細川嘉六

編・解説者——荻野富士夫／西村 央

発行日——二〇二四年五月二五日 初版第一刷

発行者——山本有紀乃

発行所——六花出版

〒一〇一-〇〇五一 東京都千代田区神田神保町一-二八 電話〇三-三二九三-八七八七 振替〇〇一二〇-九-三二三五二六

校閲——黒板博子・岩崎眞美子

組版・印刷——モリモト印刷

製本所——青木製本

装丁——臼井弘志

著者紹介——荻野富士夫（おぎの・ふじお）

一九五三年埼玉県生まれ。一九八七年より小樽商科大学勤務、現在同大名誉教授。『横浜事件と治安維持法』（二〇〇六年、樹花舎）、『特高警察』（二〇一二年、岩波新書）、「治安維持法の歴史」シリーズ（全六巻、二〇二一年〜二三年、六花出版）ほか。

西村 央（にしむら・ひろし）

一九五〇年北海道生まれ。ジャパン・プレス・サービス代表取締役、ジャーナリスト。「赤旗」記者として国内外を取材、ワシントン支局長、外信部長を歴任。二〇一七年より現職。共著で『スモモの花咲くころに 評伝 細川嘉六』（二〇一九年、能登印刷出版部）

ISBN978-4-86617-242-2

治安維持法の歴史 シリーズ

治安維持法一〇〇年を前にシリーズ完結！

帝国主義戦争の遂行に必須の思想弾圧のための法律＝治安維持法。
天下の悪法が日本国内のみならず、植民地台湾・朝鮮、傀儡《かいらい》国家「満洲国」において
展開したすさまじい暴力性を膨大な資料を駆使して明らかにする。
合法的に人々の思想を裁き、その肉体をもためらいなく死に追いやった
治安維持法の実体に迫る決定版！
国家による法の暴力は現代日本そして世界と無関係かを問いかける！

著▼荻野富士夫
推薦▼青木 理

Ⅰ 治安維持法の「現場」
治安維持法事件はどう裁かれたか
ISBN978-4-86617-134-0

Ⅱ 治安維持法
その成立と「改正」史
ISBN978-4-86617-167-8

Ⅲ 朝鮮の治安維持法の「現場」
治安維持法事件はどう裁かれたか
ISBN978-4-86617-165-4

Ⅳ 朝鮮の治安維持法
運用の通史
ISBN978-4-86617-159-3

Ⅴ 台湾の治安維持法
ISBN978-4-86617-169-2

Ⅵ 「満洲国」の治安維持法
ISBN978-4-86617-192-0

Ａ５判・並製・平均４００ページ
各　巻　２、５００円＋税
全巻揃１５、０００円＋税
ISBN978-4-86617-198-2

《関連図書のご案内》